Ergün Mehmet Caner / Emir Fethi Caner

Islam ohne Schleier

Ich war Muslim – was ich glaubte

Ergün Mehmet Caner / Emir Fethi Caner

Islam ohne Schleier

Ich war Muslim – was ich glaubte

BRUNNEN
VERLAG GIESSEN · BASEL

erschienen unter dem Titel:
Unveiling Islam: An Insider's Look at Muslim Life and Beliefs
Kregel Publications, Grand Rapids, Michigan

Aus dem Amerikanischen von Dr. Friedemann Lux
Lektorat: Helmut Jablonski

Umschlaggestaltung: Ralf Simon
Satz: Die Feder GmbH, Wetzlar
Herstellung: St.-Johannis-Druckerei, Lahr
ISBN 3-7655-1320-2

Inhalt

Anhang

Hinweis zum Gottesnamen

Der islamische Gottesname *Allah* kann im Deutschen mit „Allah" (quasi als Eigenname), aber auch mit „Gott" wiedergegeben werden. Sprachlich sind beide Wiedergaben korrekt, da das arabische *Allah* ursprünglich „Gott" im allgemeinen Sinne meinte, ähnlich dem deutschen Wort *Gott*, das den Gott, wie ihn die Bibel bezeugt, aber auch ganz allgemein ein „höheres Wesen" bezeichnen kann. Arabisch sprechende Christen etwa haben keine Hemmungen, zu „Allah" zu beten und damit den Vater Jesu Christi zu meinen. Auch kennt die arabische Bibel kein anderes Wort für „Gott" als „Allah". Neuere Koranübersetzungen verwenden fast nur noch „Gott".

Wir haben uns in diesem Buch aus zwei Gründen für die Version „Allah" entschieden: Erstens ist der Name *Allah*, wie er im Koran und der Lehre des Islam verwendet wird, keine Allgemeinbezeichnung für irgendein höheres Wesen, sondern ein Name für einen sehr spezifischen, eben den islamischen Gott, auch wenn „Allah" lange vor dem Islam existierte (zusammengezogen aus *al-Ilah* = der Gott). Und zweitens führt die Verwendung von „Gott" für *Allah* in der Praxis leicht zu Missverständnissen und Synkretismen – Vermengungen, die heute z. T. geradezu gewollt sind, wenn z. B. manche Muslime oder Islamkenner den Namen *Allah* vermeiden und stattdessen von „Gott" sprechen, um dem skeptischen Christen so gleichsam eine „politisch korrekte" Sprachbrücke zum Koran zu bauen. Wo in diesem Buch der Name „Gott" verwendet wird, bezieht er sich stets auf den biblischen Gottesnamen oder auf die allgemeine Bedeutung „höheres Wesen".

Vorwort

Ein Mann aus Granit

Er schien aus Granit gemeißelt zu sein. Mit seinen breiten Schultern und muskulösen Beinen stand er wie ein Tiger auf dem kleinen Fußballplatz in Galion (Ohio). Behende wie ein Tänzer führte er das nächste Spielmanöver aus. Dann drehte er sich kurz zu uns um und zwinkerte uns zu. Mit seinen 45 Jahren rannte, spielte und schoss er wie ein junger Mann. Sein Haar war pechschwarz, seine olivenfarbene Haut von der Sonne gebräunt. Sauber rasiert und immer für ein Lächeln gut, das den drei Jungen galt, die neben dem Spielfeld standen, war er mehr als unser Lieblingsfußballspieler. Er war unser Vater, unser Held.

Stundenlang konnte unser Vater mit uns kicken und uns mit Geschichten einer vergangenen Fußballherrlichkeit unterhalten – Spiele in der Türkei, in Deutschland und anderen Ländern. Mit starkem Akzent sang er uns laut und begeistert türkische Lieder vor, deren Texte wir prompt verhunzten.

Aus all den Erinnerungen an unseren Vater sticht jener Fußballnachmittag im Gedächtnis von Ergün Caner ganz besonders hervor: Der Rauch der ungezählten Pall Mall- und Chesterfield-Zigaretten in Vaters gelbem Auto. Seine elegante Nase, die gleichsam vor seinem Gesicht zu schweben schien. Die starken, rauen Hände, in denen die Sprudelflasche schier verschwand. Die Fahrt zurück nach Hause, zu unserem Zweifamilienhaus in Whitehall (Ohio). Jeder Augenblick hat sich in Ergüns Gedächtnis eingebrannt. Man schrieb das Jahr 1978. Doch vier Jahre später würde unser Vater zu seinen drei Söhnen sagen: „Ich kenne euch nicht mehr." 17 Jahre danach sollten wir unseren Helden ein letztes Mal sehen.

Viele Autoren behaupten, dass sie ihr Buch „aus Liebe zur Sache geschrieben haben". Das können wir – Ergün und Emir Caner – nicht sagen. Das Schreiben dieses Buches war für uns ein anstrengendes, ja manchmal schmerzliches Graben in bisher unausgesprochenen Erinnerungen, die nie weit unter der Oberfläche lagen. Dieses Buch ist kein „Enthüllungsjournalismus" oder eine Parteinahme für die „liebe Mama" gegen den „bösen Vater". Unser Vater war in jeder Hinsicht unser Held: intelligent, herzlich, liebevoll, stattlich, entschlossen, hart arbeitend und lustig. Es machte ihm kein Vergnügen, seine Söhne zu verstoßen und zu enterben; es brach ihm vielmehr das Herz. Aber angesichts seines Glaubens und der Lehren des Islam war es das Einzige, was er tun konnte. An jenem Augusttag des Jahres 1999, als unser Vater an Krebs starb, war es, als ob ein greller Scheinwerfer die Realität der Religionen und unserer Beziehung zu Jesus Christus als unserem Herrn und Heiland beleuchtete.

Wir möchten, dass Sie, wenn Sie sich auf den folgenden Seiten über den Islam, seine Lehren und seine Anhänger zu informieren beginnen, die menschliche Seite der Religionen sehen, wo Glaube oft die totale Trennung von Kultur, Volkszugehörigkeit, Verwandtschaft und Freunden bedeutet. Um der himmlischen Herrlichkeit in Jesus Christus gewiss zu sein, mussten wir Caner-Brüder unseren Vater – unseren irdischen Helden – loslassen, und vielen in der Welt ist es ähnlich ergangen.

Seit dem 11. September 2001 haben wir überall in Amerika in unzähligen Versammlungen, Konferenzen, Colleges, Universitäten, Kirchen und Tagungen gesprochen. Oft verstehen die Reporter nicht, dass unser Vater uns verstieß: Wie kann man seine engste Verwandtschaft verlieren, bloß weil man die Religion wechselt? Ist Religion denn nicht etwas Familienfreundliches? Ist die Kernfamilie nicht das Wichtigste im Leben?

Solche Fragen verraten eine typisch postmoderne, „westliche" Einstellung. Im Rest der Welt bedeutet die Hinkehr zu Jesus Christus oft gerade das: verstoßen werden, enterbt werden, Verhaftung, manchmal sogar Tod. In jenen Teilen der Welt, in denen der Glaube eben keine Privatsache ist, erscheint die westliche Haltung schlicht als dumm. In diesem Augenblick, in dem Sie diese Zeilen lesen, werden woanders in der Welt um des Evangeliums willen Männer und Frauen ausgepeitscht, gefoltert, eingesperrt, geschlagen und innerlich gebrochen. Häuser werden angezündet, ganze Familien hingerichtet, Menschenleben fallen dem Hass zum Opfer. Und falls Sie glauben, dass es Christenverfolgungen mit Folter und Mord in unserer aufgeklärten Welt nicht mehr gibt, dann liegen Sie falsch. In manchen Ländern fließt das Blut von Christen über Kopfsteinpflaster, Feldwege, Hinterhöfe und auf den Betonfußboden der Gefängnisse.

Die erstaunten Fragen der Medien verraten aber noch einen anderen Irrtum: dass alle Religionen im Grunde gleich seien und es verschiedene Wege zu Gott gebe. Der Weg sei nicht so wichtig, Hauptsache, man sei unterwegs ...

Diese Einstellung ist typisch für den religiösen „Einheitsbrei" (auch Synkretismus genannt), der sich heute im Westen breitmacht. Allen Vertretern dieses Synkretismus möchten wir klipp und klar sagen, dass wir nicht „unsere Religion gewechselt" haben. Nicht wir haben etwas getan, als wir Christen wurden, sondern Gott selber hat an uns gehandelt; er hat uns durch das Sterben Jesu Christi am Kreuz von Golgatha erlöst.

Wir sind keine besonders „religiösen" Menschen. Wer uns sieht, kommt kaum auf den Gedanken, dass wir zusammen schon 30 Jahre lang als Pastoren tätig gewesen sind. Oder dass wir heute beide Professoren der Theologie sind. Wir entsprechen nicht den üblichen Klischees eines Pastors. Ergün Caner hat sich jahrelang den Kopf kahl rasiert, trägt einen Spitzbart und neigt zu einem afro-amerikanischen Predigtstil. Emir Caner spielt regelmäßig Basketball und Tennis, und sieht aus, als ob er einer studentischen Verbindung angehört. Keiner von uns passt in das Klischee des „Frommen", aber wir haben beide Christi erlösendes Handeln erfahren. Denn das Christentum ist keine Religion im üblichen Sinne, sondern eine persönliche Beziehung zu Gott durch den Glauben an Jesus Christus.

Es ist wichtig, sich darüber klar zu sein, dass biblisches Christentum von der Existenz von Wahrheit ausgeht. Wahrheit aber impliziert die Existenz des Irrtums. Wenn zwei Wahrheitsansprüche, die sich gegenseitig ausschließen, einander gegenüberstehen, können nicht beide richtig sein. Entweder der Islam hat Recht mit seiner Behauptung, dass es nur einen Gott – Allah – gibt, und dass Mohammed sein Prophet ist, oder das Christentum hat Recht, wenn Jesus selbst sagt: „Ich bin der Weg und die Wahrheit und das Leben; niemand kommt zum Vater denn durch mich" (Johannes 14,6). Beide können nicht Recht haben.

In öffentlichen Diskussionen müssen wir uns von Muslimen oft die Frage anhören: „Habt nicht eigentlich ihr euren Vater verstoßen, als ihr euch von den Lehren des Korans abgewandt habt?“ Vielleicht haben sie sogar Recht. Wir alle drei – Ergün, Emir und Erdem (Mark) Caner – hatten nicht vor, mit unserem Vater zu brechen. Aber wir wussten um die Konsequenzen, die es für uns haben würde, Jesus Christus nachzufolgen, und vielleicht haben wir uns insofern tatsächlich von unserem Vater abgewandt. Aber um das ewige Leben durch Jesus Christus zu bekommen, muss man oft durch die schmerzliche Beendigung von Beziehungen hindurch. Vielleicht haben einige unserer Leser dies ebenfalls durchgemacht; wir verstehen sie gut.

Die Brüder Caner lernen Jesus Christus kennen

Unser Vater, Acar, lernte unsere Mutter in Schweden kennen, wo er studierte. Nachdem sie sich verliebt, verlobt und geheiratet und ihre ersten beiden Söhne, Ergün und Erdem, in Stockholm bekommen hatten, zogen unsere Eltern nach Amerika, das Land der unbegrenzten Möglichkeiten, wo Emir in Ohio geboren wurde.

Die Ehe war von Beginn an zum Scheitern verurteilt, sie war ein Kampf der Kulturen. Unsere Mutter war ein Einzelkind, in Stockholm aufgewachsen und durch halb Europa gereist. Mit zwanzig hatte sie bereits an der Sorbonne in Paris studiert und viel von der Welt gesehen. Vater war aus anderem Holz geschnitzt. Als jüngstes Kind in seiner Familie hatte er sich alles, was er besaß, selber erarbeitet und war zutiefst in der islamischen Kultur verwurzelt. Die beiden hatten eindeutig unterschiedliche Vorstellungen von der Ehe.

Die in Amerika vollzogene Scheidung war schmerzlich. Wie bei den meisten Scheidungen wurden wir Kinder die „Seile“ in dem Tauziehen zwischen den Eltern. Am Wochenende pendelten wir zwischen Columbus und Gahanna (Zentral-Ohio) hin und her. Doch selbst diese Erfahrungen als Scheidungswaisen konnten uns nicht auf die Verstoßung durch unseren Vater vorbereiten.

Als Schüler der Oberschule war Ergün ein typischer junger Mann, außer dass er ein frommer Muslim war. Auch nach der Scheidung unserer Eltern waren wir in der Moschee erzogen worden. Jedes Wochenende fuhren wir in die Broad Street in Columbus (Ohio), wo das von unserem Vater mitgegründete „Islamic Foundation Center" lag. Die Moschee in Toledo lag zu weit weg, so dass man das Foundation Center gegründet hatte. Hin und wieder übernahm unser Vater sogar den Gebetsruf.

Wir sprachen die vorgeschriebenen täglichen Gebete und feierten den Ramadan. Wir lasen regelmäßig im Koran und im Hadith. Wir waren in jeder Hinsicht fromme, ernste Muslime. Aber unsere Frömmigkeit entsprang nicht der Liebe, sondern der Angst. Kein Muslim kennt so etwas wie Heilsgewissheit. Jeder Muslim hat Angst vor den Schalen der Waage des Gerichtes, die einmal seine guten gegen die bösen Taten aufwiegen wird. Was das Christentum betraf, so brachte man uns bei, dass es der Feind des Islam sei und dass der Konflikt zwischen den beiden Religionen auf die Zeit der Kreuzzüge zurückgehe, als die Muslime zu Tausenden abgeschlachtet wurden.

Doch das alles konnte Jerry Tackett nicht stoppen. Jerry, Ergüns bester Freund in der Oberschule, war der Sohn eines Predigers und ein aktives Mitglied der Stelzer Road Baptist Church. Jerry kannte nicht all die belastenden historischen Zusammenhänge zwischen Muslimen und Christen; er erzählte Ergün ganz einfach, dass Jesus ihn liebe, und lud ihn zu evangelistischen Gottesdiensten in seine Kirche ein. Die Atmosphäre in der Stelzer Road Baptist Church war ganz anders, als Ergün erwartet hatte. Die Menschen waren freundlich. Sie lachten nicht, wenn er sich mit den ihm unbekannten christlichen Liedern abmühte. Sie liebten ihn – den Muslim – trotz seiner Reserviertheit. Sie liebten ihn buchstäblich zum Kreuz Jesu hin.

Als Ergün von der rettenden Gnade in Jesus Christus hörte, wurde ihm klar, dass der Islam an einer fundamentalen Stelle falsch lag: Jesus konnte unmöglich ein Prophet gewesen sein, wie das die islamische Lehre behauptet. Jesus war aufgrund einer doppelten Anklage verhaftet worden – von den Römern wegen Anstiftung zum Aufruhr, von den Führern der Juden als Gotteslästerer, weil er behauptet hatte, Gott zu sein. Der Islam versucht das Problem der Auferstehung Jesu dadurch zu umgehen, dass er lehrt, dass nicht Jesus am Kreuz starb, sondern Judas oder eine andere stellvertretende Person. Doch selbst diese Konstruktion vermag das Problem der Gottheit Jesu nicht aus dem Weg zu räumen, berichten doch auch außerbiblische Geschichtsschreiber, dass Jesus behauptete, Gott zu sein – ein Akt der Gotteslästerung, auf dem die Höchststrafe stand.

Um an einen Gedankengang des christlichen Autors C. S. Lewis anzuknüpfen: Wenn Jesus behauptete, Gott zu sein, kann er kein Prophet gewesen sein. Er konnte verrückt sein, wie jemand, der sich für Napoleon hält. Wenn er aber verrückt war, konnte er nicht einer von Allahs Propheten sein. Er konnte zweitens ein Betrüger und Hochstapler sein, aber auch als solcher konnte er nicht ein Prophet gewesen sein. Blieb für Ergün nur noch die dritte Möglichkeit: dass Jesus der war, als den er sich ausgab: Immanuel – Gott mit uns.

An jenem Evangelisationsabend spürte Ergün das Ziehen des Heiligen Geistes geradezu wie eine Hand. Als er am folgenden Tag, einem Freitag, wieder zum Islamischen Zentrum fuhr, war er bereits eine „neue Kreatur" (2. Korinther 5,17), durch die Gnade und Sühne Jesu frei geworden von der Gerichtswaage der Angst. Er rechnete fest damit, dass andere Muslime auch frei von dieser Angst werden wollten, aber dies war leider nicht der Fall.

Doch seine Brüder hörten ihn an. Auch Erdem nahm Jesus Christus schon bald darauf als seinen Heiland an. Im folgenden Jahr lud Ergün seinen Bruder Emir zu einem Evangelisationsgottesdienst ein. Dort hörte Emir zum ersten Mal in seinem Leben, dass Gott ihn liebe und eine persönliche Beziehung zu ihm haben wolle. Er war zwar schon früher in christlichen Gottesdiensten gewesen. Doch hier war es das erste Mal, dass ein Prediger ganz offen darüber sprach, dass allein das Evangelium und das von Jesus am Kreuz vergossene Blut uns retten kann. Der Prediger betonte, dass Gottes Erlösungsangebot allen gilt: Es gebe nur einen Weg, aber dieser Weg stehe jedem offen, der an Christus glaubt. Am 4. November 1982 wurde Emir Christ.

Ergün trat 1982 in den Dienst am Evangelium – er wurde Pastor. Es war das letzte Mal für die nächsten 17 Jahre, dass er unseren Vater sah. Unser Vater verstieß seine Söhne. Es hätte schlimmer kommen können: Nach muslimischen Vorstellungen hatten wir alle drei den Tod verdient.

Siebzehn Jahre später

17 Jahre später, vier Tage vor seinem Tod, konnten wir Caner-Brüder wieder bei unserem Vater sein. Seine zweite Frau hatte ihn überredet, uns zu empfangen, und so flogen wir voller Hoffnung zu ihm. Inzwischen war Erdem verheiratet und hatte einen Sohn, Anthony, war ein erfolgreicher Börsenmakler und weiter aktiv in seiner Kirche. Emir hatte promoviert und war jetzt Dozent. Ergün hatte 1994 Jill Morris geheiratet und einen vier Monate alten Sohn. Ergün und Emir waren beide ordinierte Pastoren, einzig Ergüns Doktorarbeit war noch nicht fertig.

Als wir drei Brüder das Haus unseres Vaters betraten, mussten wir an jenen Tag auf dem Fußballplatz denken, damals, vor so langer Zeit. Wir waren die drei Söhne von Acar Mehmet Caner, unserem Helden. In unserer Kultur ist es ein wichtiger Tag, seinen ersten Sohn in die Arme seines Großvaters zu legen. Als Ergün dies jetzt tat, füllten sich seine Augen mit Tränen. 17 Jahre nach der Verstoßung trafen er und sein Vater sich ein letztes Mal.

Wir unterhielten uns über dies und das. Ergün lernte seine beiden Halbschwestern kennen, die er noch nie zuvor getroffen hatte. Mehrere andere Männer aus der Moschee waren zugegen; einige von ihnen hatten uns in unserer Jugend unterwiesen. Wir alle erwähnten nicht das Offensichtliche: dass unser Vater im Sterben lag.

Gerne würden wir diese Geschichte mit einer Bekehrung auf dem Sterbebett abschließen, doch dies geschah nicht. Unsere Mutter kam 1991 zum Glauben, unsere Großmutter 1995. Aber unser Vater hat nie Christus als seinen Herrn kennengelernt; so weit wir wissen, ging er ohne ihn in die Ewigkeit. In dem Augenblick, wo wir diese Worte schreiben, kommen uns erneut Tränen.

Die Diskussion, die die Ereignisse des 11. September 2001 in Amerika in Gang gesetzt haben, ist uns nicht ganz neu. Seit 1982 sprechen wir über den Islam und bringen unseren brennenden Wunsch zum Ausdruck, dass die 1,2 Milliarden Muslime weltweit Jesus finden mögen. Jahrelang endeten unsere Gastvorträge immer gleich: Der Pastor der Gastgemeinde klopfte uns anerkennend auf die Schulter und dankte uns für unsere Ausführungen über diese faszinierende Weltreligion.

Doch als mehrere tausend Menschen bei lebendigem Leibe im World Trade Center verbrannt waren, begannen die Leute, uns wirklich zuzuhören.

Denken Sie jedoch bitte nicht, dass dieses Buch eine Kampfschrift gegen eine andere Religion ist. Wir möchten, dass die Christen den Islam besser verstehen und ihren eigenen Glauben besser darstellen können. Wir wollen das Erstere, weil der Islam unsere Geschichte, unsere Vergangenheit ist. Und wir wollen das Zweite, weil wir uns wünschten, die Gelegenheit gehabt zu haben, unserem Vater – unserem Helden – Christus zu bringen.

Danksagungen

Mehrere prägende Persönlichkeiten auf unserem Weg als Christen haben unseren Dienst und dieses Buch ermöglicht:

Mark Erdem Caner, der weiseste von uns Brüdern

Jerry Tackett, der Ergün zum Glauben an Jesus Christus führte

Clarence Miller, der Emir zum Glauben führte und uns taufte

Brian Grable, der Ergün in die Nachfolge Jesu einführte, ohne es zu merken

Roger Williams, der Ergün beibrachte, wie man ein Pastor wird

David Eppling, das leuchtende Beispiel eines Pastors und Freundes

Jim und Monica Hunt, die uns auf unserer geistlichen Reise treu begleitet haben

Dr. Paige und Dorothy Patterson, die uns das geistliche Rüstzeug zu unserem Dienst gaben und wie Eltern zu uns waren

Dr. Mac Brunson, Ergüns Pastor und Freund

Dr. Richard Wells und das Criswell College und Southeastern Baptist Theological Seminary, die uns beide die nötige Zeit gaben, dieses Buch fertigzustellen

Ergüns Frau, Jill: Du bist mehr als nur die Mutter unseres Sohnes, du bist mein Herz. *Jag älskar dig.*

Emirs Frau, Hana: Meine größte Kraft- und Inspirationsquelle. *Miluji te.*

Fröstelnde Worte in einer Angst einflößenden Welt

Das flimmernde Bild im Fernsehen sieht irgendwie unwirklich aus. Ein sichtlich schadenfroher Usama bin Ladin ruht sich nach einem Mahl bei einem Vertrauten in Kandahar in Afghanistan aus. Er deutet seine zentrale Rolle an bei der Vorbereitung und Ausführung der Flugzeugentführungen und Terrorangriffe am 11. September 2001, die die ganze Welt in Angst und Schrecken versetzten. Er spricht über das Schicksal eines der bereitwilligen „Märtyrer" dieser Operation und zitiert aus dem *Hadith:*[1]

> Mir ist befohlen worden, die Menschen zu bekämpfen, bis sie sagen, dass es keinen Gott gibt außer Allah und dass Mohammed sein Prophet ist.
> Einige mögen fragen: Warum willst du gegen uns kämpfen?
> Es gibt eine Verbindung zwischen denen, die sagen: Ich glaube an einen Gott, und Mohammed ist sein Prophet, und jenen, die nicht [... in der Videoaufnahme unverständlich ...]

Denen, die nicht dem wahren *fiqh* [islamisches Recht], dem *fiqh* Mohammeds, dem wirklichen *fiqh* folgen. Sie nehmen das, was gesagt wird, einfach für bare Münze.

Zufrieden berichtet er, dass der Anschlag den Islam offenbar weltweit ins Rampenlicht gerückt hat und womöglich einen der Höhepunkte der neueren islamischen „Mission" darstellt:

> Die jungen Leute, die die Operationen ausführten, akzeptierten kein fiqh im allgemeinen Sinne, sondern das fiqh, das der Prophet Mohammed gebracht hat. Diese jungen Männer [... unverständlich] hielten mit ihren Taten in New York und

> Washington Reden, die alle anderen Reden, die anderswo in der Welt gehalten werden, übertönten. Diese Reden werden von Arabern wie von Nichtarabern – sogar von Chinesen – verstanden. Sie stehen über allem, was die Medien sagten. Einige von ihnen sagten, dass in Holland, in einer der großen Städte, die Anzahl der Menschen, die in den Tagen nach den Operationen den Islam annahmen, größer war als die Zahl, die in den letzten elf Jahren den Islam annahmen. In einem islamischen Radiosender hörte ich, wie jemand, der in Amerika eine Schule leitet, sagte: „So viele Menschen wollen islamische Bücher haben, um sich über den Islam zu informieren, dass wir gar nicht mehr nachkommen." Dieses Ereignis hat die Menschen ins Nachdenken [über den wahren Islam] gebracht, was dem Islam sehr genutzt hat.

Usama bin Ladin sprach hochzufrieden über seine Einschätzung der Zahl der Opfer und der Zeitspanne zwischen den beiden Terrorakten:

> [... unverständlich ...] Wir berechneten im voraus die Zahl der Todesopfer beim Feind, nach der Position des Turms. Wir gingen davon aus, dass drei oder vier Stockwerke getroffen werden würden. Ich war dabei der Optimistischste [... unverständlich ...] Aufgrund meiner Erfahrung auf diesem Gebiet ging ich davon aus, dass das Feuer von dem Treibstoff in dem Flugzeug das Stahlskelett des Gebäudes schmelzen und die Aufschlagstelle und alle Stockwerke darüber zum Einsturz bringen würde. Mehr hatten wir nicht gehofft.

Zwischen dem Einschlag der ersten und der zweiten Maschine in die Türme lagen zwanzig Minuten. Und der Zeitunterschied zwischen dem ersten Einschlag und dem Flugzeug, das auf das Pentagon stürzte, betrug eine Stunde.[2]
Bin Ladin sprach weiter von seinem Ziel, „Amerika aus seinen Höhlen herauszuholen", und beendete das Video mit einem grausigen Gedicht:

Ich bezeuge, dass gegen die scharfe Klinge
sie inmitten von Schwierigkeiten immer zusammenstanden ...
Wenn die Dunkelheit über uns kommt
und wir von einem scharfen Zahn gebissen werden, sage ich ...
„Unsere Häuser schwimmen in Blut, und der Tyrann
geht frei umher in ihnen.“ ...
Und von dem Schlachtfeld verschwanden
die blitzenden Schwerter und die Pferde ...
Und das Weinen wird übertönt
vom Schlag der Trommeln und des Rhythmus. ...
Sie stürmen seine Festungen und rufen:
„Wir werden unsere Überfälle nicht stoppen,
bis ihr unsere Länder frei gebt!“

Alle Menschen der Nationen, die am 11. September 2001 Mitbürger verloren, vor allem aber diejenigen in den USA, vernahmen hier den Originalton des Terrorismus. Für viele, besonders in den Medien, war dieses Video der eindeutige Beweis dafür, dass Usama bin Ladin ein führender Kopf bei diesen Anschlägen gewesen war. Seine islamischen Verteidiger, die drei Monate lang vor den Kameras lautstark Beweise gefordert hatten, mussten nun schweigen. Für alle, die den Koran und den Hadith nicht kannten, war die Aufzeichnung ein Schock; und für alle, die mit den Fundamenten des muslimischen Glaubens vertraut waren, war sie eine traurige Bestätigung.
In den ersten Monaten nach den Anschlägen fanden wir, die Autoren, uns unversehens an der Front eines Krieges der Worte und der Bilder wieder. Als Männer, die im strikten Gehorsam gegenüber Koran und Hadith erzogen worden waren, standen wir plötzlich vor der Aufgabe, Gerüchte und Mythen zu zerstreuen, besonders was die islamische Theologie und die Idee des „Heiligen Krieges“ *(Djihad)* betraf.
Anfangs waren unsere lautesten Kritiker Christen, die glaubten, dass wir den Djihad und die islamischen Vorstellungen über das ewige Schicksal der Märtyrer nicht wirklich verstanden hatten. Doch das war vor der Veröffentlichung besagten Videos.
Usama bin Ladin erwähnte die gleichen „Wellen“ des Djihad, von denen auch wir sprachen. Er zitierte ausgiebig aus dem Hadith und

erklärte, dass die Anschläge ein Fanal für die *Fatwa* (islamisches Rechtsgutachten) war, die zwei Jahre zuvor als eine Art von „Kriegserklärung" an den Westen unterzeichnet worden war. Er sprach von dem allgemeinen Aufruf zum Djihad und der Verpflichtung zum Kampf.
Als die Videobänder veröffentlicht waren, wurde unser Leben und das unserer Familien ein einziger „Marathonlauf" aus Interviews und Vorträgen in überfüllten Sälen; und nach den Vorträgen kamen die unzähligen zu beantwortenden E-Mails. Und ganz nebenbei mussten wir noch unsere normale Arbeit tun: Emir mit seinem vollen Lehrauftrag am Southeastern Baptist Theological Seminary in Wake Forest (North Carolina), Ergün am Criswell College in Dallas (Texas).
Blieb uns noch unsere „Freizeit" für das Schreiben dieses Buches. Wir hatten das Projekt zwar mit dem amerikanischen Verlag schon seit einiger Zeit konzipiert, aber nach dem 11. September 2001 begann der Zeiger der Uhr zu rasen. Jeder fand, dass unser Buch so bald wie möglich erscheinen müsse. Und so setzten wir uns jeden Abend, (wenn unsere Frauen und Kinder im Bett waren) an den Computer und schrieben uns die Finger wund.
Dieses Buch ist kein wissenschaftliches Werk, sondern ein Überblick für den allgemeinen Leser, der den Glauben, die Motive und die Geschichte des Islam erklärt. Sie halten also ein Buch in der Hand, das in seiner Art einzigartig ist: geschrieben von zwei Professoren der Theologie, die Brüder und ehemalige Muslime sind. Wir haben eine Menge Information zu einem Paket geschnürt, das auch Menschen ohne Vorkenntnisse über den Islam öffnen können. Das Buch wendet sich in erster Linie an Christen, die unser Anliegen teilen, den 1,2 Milliarden Muslimen in der Welt das Evangelium Jesu Christi zu bezeugen.
Einige Hinweise: 1. Beachten Sie, dass dies ein kurzer Abriss mit Quellen ist, keine systematische Theologie des Islam. Wir haben jedoch Anmerkungen mit weiterführender Literatur zum genaueren Studium eingebaut. 2. Die arabischen Ausdrücke erscheinen in vereinfachter deutscher Umschrift, nicht in der wissenschaftlichen Transkription. Wundern Sie sich also nicht, wenn Sie in verschiedenen Büchern unterschiedliche Schreibweisen finden (z. B. Dschihad / Jihad / Djihad); die phonetische Wiedergabe des arabischen Wortlautes kann

immer nur eine Annäherung sein. Und 3. haben wir bewusst einen eher lockeren Schreibstil gewählt, gewissermaßen das schriftliche Äquivalent einer Vorlesung vor Studenten: präzise, ohne pedantisch zu werden.

Als dieses Buch in der amerikanischen Version in Druck ging, bestätigte sich unsere Sicht des Islam und seiner Ziele erneut. Am Dienstag, den 18. Dezember 2001, ging eine schockierende Rede des Vorsitzenden der Palästinensischen Autonomiebehörde, Yassir Arafat, die dieser in Jerusalem gehalten hatte, durch die Weltpresse. Arafat erwähnte einen palästinensischen Jugendlichen, der im Gazastreifen während einer Schießerei mit dem israelischen Militär getötet worden war, und rief alle Palästinenser auf, diesen jungen Mann als leuchtendes Beispiel eines muslimischen Märtyrers zu betrachten. Er sagte, dass er bereit sei, *siebzig* Palästinenser zu opfern, um den Tod *eines* Israeli zu erreichen. Seine Rede wurde mehrfach im palästinensischen Rundfunk ausgestrahlt:

> Wir werden das Heilige Land mit unserem Blut und unserem Geist verteidigen. Wir tragen nicht nur Uniformen, wir sind alle Soldaten. Wir sind alle Märtyrer im Paradies.

An dieser Stelle, so der Bericht der *World Tribune*, begann die Menge zu skandieren, dass Millionen Palästinenser bereit seien, als Märtyrer auf Jerusalem zu marschieren.[3]

Diese Angst einflößenden Worte Arafats stehen für eine Position in der muslimischen Welt, die verbreiteter ist als die meisten Nichtmuslime wahrhaben wollen.

In der zweiten Sure des Korans *(al-Baqara,* „Die Kuh") stehen zwei Verse in einem bemerkenswerten Kontrast zueinander. Zuerst fordert Allah die Muslime auf, die Nichtgläubigen zu bekämpfen, „bis die Verführung aufgehört hat, und der Glauben an Allah da ist" (2,193).[4] Doch in der gleichen Sure fordert Allah später Mohammed auf, den Islam niemandem mit Gewalt aufzuzwingen: „Es sei kein Zwang im Glauben" (2,256).

Möge die muslimische Welt auf Führer hören, die bereit sind, der zweiten Aufforderung zu folgen. Und mögen unsere Kirchen voll sein von dem freundlich-mutigen Zeugnis für die Wiederkunft Christi: „Gott wird das zu einer Zeit geschehen lassen, die er bestimmt, weil er der himmlische und alleinige Herrscher, der König der Könige und der Herr der Herren ist“ (1. Timotheus 6,15; Übersetzung von Klaus Berger).

1. Sicherheit, Politik und Heiliger Krieg

Gott liebt dich! Diese Liebe Gottes zu allen Menschen ist der unerhörte Anspruch des Evangeliums, ja der Schlüssel dazu, Menschen für den christlichen Glauben zu gewinnen. Der Koran kennt eine solche Aussage nicht. Während die Bibel lehrt, dass Gott die Sünde hasst und dem Sünder zürnt (vgl. z. B. Sprüche 6,16–19; Jeremia 4,4; Römer 1,18; Jakobus 4,4), erklärt die heilige Schrift des Islam, dass Allah den Sünder *hasst*: „Siehe, Allah liebt nicht die Übertreter" (Sure 2,190).

Die Bibel sagt:

> Denn also hat Gott die Welt geliebt, dass er seinen eingeborenen Sohn gab, damit alle, die an ihn glauben, nicht verloren werden, sondern das ewige Leben haben. (Johannes 3,16)
>
> Das habe ich euch geschrieben, damit ihr wisst, dass ihr das ewige Leben habt, die ihr glaubt an den Namen des Sohnes Gottes. (1. Johannes 5,13)
>
> Gott aber erweist seine Liebe zu uns darin, dass Christus für uns gestorben ist, als wir noch Sünder waren. (Römer 5,8)

Der Koran sagt:

> Und spendet in Allahs Weg und stürzt euch nicht
> mit eigner Hand ins Verderben; und tut Gutes,
> denn siehe, Allah liebt die Gutes Tuenden. (Sure 2,195)

> Sprich: „So ihr Allah liebet, so folget mir. Lieben wird euch Allah und wird euch eure Sünden verzeihen, denn Allah ist verzeihend und barmherzig.“ (Sure 3,31)

> „Gehorchet Allah und dem Gesandten; denn wenn ihr den Rücken kehrt – siehe, Allah liebt nicht die Ungläubigen.“ (Sure 3,32)

Der größte Unterschied zwischen Christentum und Islam ist das *persönliche Wesen Gottes.*

Allah hat Propheten und Boten gesandt, um die Wahrheit zu verkündigen. Im Christentum hat Gott der Vater seinen Sohn gesandt, um die Wahrheit zu *sein*, für unsere Sünden zu sterben und uns mit ihm zu versöhnen. Der Muslim hofft, sich die Erlösung durch seine guten Werke verdienen zu können (Sure 3,31). Der Mensch muss Allah lieben, damit dieser ihn liebt. Im Christentum hat Gott uns zuerst geliebt, um unsere Erlösung festzumachen.

Für den muslimischen Gläubigen gibt es keine Heilsgewissheit. Er kann nur darauf hoffen und warten, dass Allahs Wille sich erfüllt. Gute Werke können einem Hoffnung auf den Himmel geben, aber eben keine Gewissheit, dass man hineinkommt. Weil Gott in der Gleichung nicht vorkommt, muss die Frage, ob man in den Himmel kommt oder nicht, bis zum Jüngsten Gericht offen bleiben. Für den Christen dagegen ist das Gericht Gottes bereits bei der Kreuzigung Jesu (die Mohammed und der Islam verwerfen) vollstreckt worden.

Der fatalistische Allah

> Und nicht entsandten Wir einen Gesandten, es sei denn mit
> der Sprache seines Volkes, um ihnen (Unsre Offenbarung)
> deutlich zu machen. Und Allah führt irre, wen Er will,
> und leitet recht, wen Er will; und Er ist der Mächtige, der Weise.
> (Sure 14,4)

Es gefällt Allah, Menschen in die Hölle zu schicken – so die fatalistische Aussage des Islam. Fatalismus ist der Glaube, dass alles, was geschieht, im voraus festgelegt ist und die Menschen nichts daran ändern können. Ein fatalistischer Allah schickt die Menschen ganz nach seinem Belieben in den Himmel oder in die Hölle. Kein Wunder, dass der Islam keine Heilsgewissheit kennt. Man braucht nur auf Mohammed selbst zu schauen, um die tiefe Ungewissheit und Angst zu erkennen, die solch eine Lehre hervorbringt.

Der verunsicherte Bote

> Mohammed sagte: „Bei Allah, obwohl ich der Gesandte Allahs bin, weiß ich doch nicht, was Allah mir tun wird.“ (Hadith 5,266)[1]

Obwohl Mohammed sich als den größten aller Propheten, als Gesandten Allahs selber sah, hatte er Zweifel an seiner eigenen Erlösung. Wenn aber der, der ihnen den Glauben gegeben hat (oder, wie der Muslim sagt, die Wahrheit *wiederhergestellt* hat), selber Angst um sein ewiges Heil hatte, wie sollen dann die Muslime so etwas wie Heilsgewissheit haben können?
Der Koran befiehlt dem Muslim, Allah und seinem Gesandten zu gehorchen (Sure 3,32) und seinem Beispiel zu folgen. Das aber heißt: Je tiefer jemand den Koran versteht und diesem Beispiel folgt, um so weniger Gewissheit wird er haben, das Paradies zu erlangen. Und ein je feineres Gespür man für sein moralisches Versagen im Leben hat, um so verunsicherter muss man werden.

Der verunsicherte Gläubige

> Und jeden Menschen – befestigt haben Wir ihm sein Los
> an seinem Hals, und heraus wollen Wir für ihn holen am Tag der Auferstehung ein Buch, das ihm geöffnet vorgelegt werden soll.
> (Sure 17,13)

Dieser Satz ist nur auf den ersten Blick unproblematisch. Der fromme Muslim hütet sich, sich nur auf seine guten Werke zu verlassen; damit würde er Allahs Allmacht lästern. Eine der meistzitierten Redewendungen in der muslimischen Welt, *In scha'Allah* („Wenn Allah will"), illustriert die Verzwicktheit dieses Themas. Und wenn der Muslim keine Gewissheit über sein ewiges Schicksal haben kann, so kennt er doch viele der Dinge, die ihn davon abhalten, die Freuden des Paradieses zu genießen.

> Siehe, den Ungläubigen ist's gleich, ob du sie warnst oder nicht warnst, sie glauben nicht. Versiegelt hat Allah ihre Herzen und Ohren, und über ihren Augen ist eine Hülle, und für sie ist schwere Strafe. (Sure 2,6–7)

„Allah liebt nicht die Ungläubigen" (Sure 3,32). Der Muslim kann absolut sicher sein, dass Allah einen Gläubigen, der die Lehren und den Glauben des Islam verworfen hat, nicht wieder zurechtbringen wird. Dies ist der Grund, warum so viele Muslime ihre Kinder, die zu einer anderen Religion (vor allem dem Christentum) konvertiert sind, verstoßen. Warum sie auch lieben, wenn der Allmächtige sie nie mehr lieben wird? Und der schlimmste aller Sünder ist sowieso der Muslim, der seinem Glauben an Allah den Rücken kehrt.

> Mohammed sprach: „Der Verstorbene wird im Grab nicht wegen großer Dinge, die er hätte meiden sollen, gefoltert, sondern weil er sich mit seinem Urin befleckt hat."
> (Hadith 2,460)

Der Muslim wird angewiesen, zu fasten, zu beten, am Gottesdienst teilzunehmen, den Armen Geld zu geben und eine Pilgerfahrt nach Mekka zu machen – doch all dies scheint nicht auszureichen, ihn vor der Hölle zu bewahren, wenn er sich mit Urin beschmutzt hat.[2]

Der an Allah Glaubende muss auch Angst haben, wer was über ihn redet. „Der Verstorbene wird bestraft wegen des Weinens seiner Verwandten" (Hadith 2,375). Die Hinterbliebenen dürfen sich also ihrer Trauer nicht zu sehr hingeben, oder der Verstorbene wird es ausbaden müssen. Und wenn jemand schlecht über einen anderen redet, wird damit für diesen „die Hölle bekräftigt" (Hadith 2,448).

Im ganzen muslimischen Denken ist die Hölle viel näher als der Himmel. Der Gläubige wird ständig an Allahs Zorn und an den gefährlichen Weg hin zur ewigen Strafe erinnert. So glaubte Mohammed z. B., dass dann, wenn jemand ein Fieber hatte, dieses Fieber „von der Hitze der Hölle" kam (Hadith 7,619). Der Koran hat entsprechend viel darüber zu sagen, wen Allah alles *nicht* liebt:

> Allah liebt nicht die Übertreter. (Sure 2,190)
> Allah liebt keinen Ungläubigen und Sünder. (2,276)
> Allah liebt nicht die Ungerechten. (3,57)
> Allah liebt nicht den Hochmütigen, den Prahler. (4,36)

Politik und ewiges Heil

Jede Religion, die Erlösung von persönlicher Gerechtigkeit abhängig macht, basiert darauf, dass der Gläubige zuerst Gott liebt, bevor dieser den Gläubigen liebt. Der Gläubige muss Allah gewissermaßen anreizen, ihn zu lieben, indem er ihm Beweise seiner Treue gibt. Doch im Gegenzug erwartet der Gläubige, dass Allah ihn belohnt. Mit seinem Gehorsam verdient er sich Wohlergehen und Sicherheit (Sure 24,51–55).

Genau hier liegt der fundamentale Schwachpunkt einer Religion, in der es keine wirkliche Beziehung zwischen Gott und Mensch gibt. Allah leitet die Menschen durch seinen Boten Mohammed in die Wahrheit, aber der Gläubige sollte nicht erwarten, mit Allah persönlich ins Gespräch zu kommen. Der Islam kreist ganz um Pflichterfüllung und Belohnung; Liebe spielt vergleichsweise keine Rolle.

Die islamische Welt misst den Segen Allahs auf verschiedene Weise. Die Muslime, „die glauben und das Rechte tun", werden politisch siegreich sein; Allah wird sie „zu Nachfolgern auf Erden einsetzen" (d. h. ihnen Macht geben), wie schon denen, die vor ihnen lebten (Sure 24,55). Nach einem muslimischen Gelehrten erben die Menschen, die dem Koran gehorsam sind, Autorität, „damit sie Allahs Gesetz aufrecht erhalten".[3]

Das Ansammeln und Aufrechterhalten von Autorität und Macht ist ein wichtiges Thema in der Beziehung der Muslime zu Allah. So wie der Einzelne Wohlergehen von diesem Arrangement erwartet, so ist

auch Allah bereit, denen, die sein Gesetz durchsetzen, Wohlergehen zu geben. Kein Wunder, dass die siegreichen muslimischen Krieger immer so schnell dabei waren, den eroberten Völkern den Islam aufzuzwingen oder sich zumindest seinem Gesetz zu beugen.
Das Prinzip des Wohlergehens erstreckt sich auch auf andere Lebensbereiche. Der gläubige Muslim rechnet damit, dass er, solange er Allah treu bleibt, in Frieden und Sicherheit leben wird, frei von Verfolgung durch irgendwelche Unterdrücker. Er wird seinen Glauben nicht heimlich zu praktizieren brauchen. Doch um sich diese Religionsfreiheit für sich selber zu erwerben, muss er paradoxerweise anderen Menschen ihre Religionsfreiheit wegnehmen. Ein modernes Beispiel für dieses real existierende Paradox ist Saudi-Arabien.
Der Schlüssel zu diesem Paradox liegt darin, dass nach islamischem Verständnis von Wohlergehen Politik und Religion Hand in Hand gehen. Die islamische Wohlstandstheologie ist ein Schlüsselelement für eine zum gegenseitigem Nutzen gestaltete Beziehung zu Allah. Politik und Religion sind hier untrennbar miteinander verknüpft. Wenn Allah Erfolg schenkt, erwartet er, dass seine Gläubigen sein Reich politisch und geistlich ausdehnen. Politischer Erfolg ist wesentlich für die Gewissheit des ewigen Heils, wenn auch keine Garantie.

> O ihr, die ihr glaubt, nehmt nicht Meinen Feind und euern Feind zu Freunden. Ihr zeigt ihnen Liebe, wiewohl sie an die Wahrheit, die zu euch gekommen, nicht glauben. Sie treiben den Gesandten und euch aus, darum dass ihr an Allah euern Herrn glaubt. Wenn ihr auszieht zum Kampf in Meinem Weg und im Trachten nach Meinem Wohlgefallen und ihr ihnen insgeheim Liebe zeigt, dann weiß Ich sehr wohl, was ihr verbergt und was ihr zeigt. Und wer von euch dies tut, der ist abgeirrt vom ebenen Pfad. (Sure 60,1)

Das ewige Heil des Muslims ist weiter von seinem Hass auf die Feinde Allahs abhängig. Das gerade zitierte Gebot Mohammeds ist für alle Gläubigen gedacht und gilt noch heute. Der Muslim darf Menschen, die der Sache Allahs schaden wollen, nicht trauen, und das Allerschlimmste, was die Feinde Allahs tun können, ist, einen Muslim zum Unglauben zu verführen (Sure 60,2).

Der Muslim hat daher, um seine Chancen, ins Paradies zu kommen, zu erhöhen, die Feinde des Islam zu hassen. Er darf diese noch nicht einmal heimlich lieben, und wenn er es trotzdem tut, wird Allah ihn entsprechend richten. Der gläubige Muslim hat alle, die sich gegen die Ausbreitung der Sache Allahs stellen, äußerlich wie innerlich leidenschaftlich zu hassen.

Djihad und ewiges Heil

> Und wahrlich, so ihr im Wege Allahs erschlagen werdet
> oder sterbet, wahrlich, Verzeihung von Allah und Barmherzigkeit
> ist besser, als was ihr zusammenscharrt. (Sure 3,157)

> Der Prophet sprach: „Wer an [heiligen Kämpfen] für
> die Sache Allahs teilnimmt, und dies ungezwungen,
> aufgrund des Glaubens an Allah und an seine Gesandten,
> wird von Allah belohnt werden – entweder mit einer Belohnung
> oder Beute [wenn er überlebt], oder er wird ins Paradies
> aufgenommen werden [wenn er im Kampf als Märtyrer stirbt]."
> (Hadith 1,35; vgl. Adel Theodor Khoury, So sprach der Prophet,
> Nr. 540)

In den Medien werden wir heute ständig mit der politisch korrekten Version berieselt, dass mit *Djihad* das „innere Streben nach Frömmigkeit" gemeint sei (der kleine Djihad?) und nicht der militärische Kampf (der große Djihad?). Doch man braucht keine islamische Theologie studiert zu haben, um zu sehen, dass der Koran dem, der im Kampf für den Islam sein Leben verliert, das Paradies viel eher verspricht als irgendjemand sonst.

Der Hadith stellt klar, dass es beim Djihad auch um einen blutigen Kampf mit militärischen Mitteln geht. Allahs Gesandter sagt: „Es gibt keine Hidschra [Auswanderung von Mekka nach Medina] mehr nach der Eroberung [Mekkas], aber es bleiben der Djihad und die gute Absicht; und wenn ihr [von dem muslimischen Herrscher] in den Kampf gerufen werdet, dann geht sofort" (Hadith 52,42).

Die Verheißung des ewigen Heils ist das tiefste Motiv hinter der Leidenschaft für Allah bei dem eifrigen jungen muslimischen Krieger. Er folgt den Fußtapfen des Boten Mohammed, der ebenfalls für die Sache Allahs kämpfte. Er gehorcht den edlen Worten des Korans und des Hadith, die seinen Gebrauch des Schwertes legitimieren. Und sollte er im Kampf sterben, hat er seinen Herzenswunsch erreicht – Allahs Garantie eines Platzes auf der höchsten Ebene im Paradies.

Die Suche nach einem persönlichen Gott

Der junge Timothy wuchs in Ägypten auf, als Sohn frommer Muslime. Er studierte den Koran und schloss sich dem Sufismus an, einer mystischen islamischen Richtung, um eine innigere Beziehung zu Allah zu bekommen. Mit 14 Jahren fing er an, an jedem ersten Montag des Monats nach dem Mondkalender öffentlich den Islam zu predigen.

Darum bemüht, andere für seinen Glauben zu gewinnen, begann Timothy einen Briefwechsel mit einem Christen in den USA. Zwei Jahre lang beantwortete John fleißig seine Briefe. Dann kam er zu einem Besuch nach Ägypten, und Timothy war schockiert. Wie er später erzählte: „Ich wurde eifersüchtig auf die innige Gottesbeziehung, die John hatte, und fing an, den Koran noch fleißiger zu rezitieren."

Nach einem unglaublichen Gewissenskampf erhielt Timothy eine Gottesoffenbarung:

> Eines Nachts erschien Christus mir in einem Traum und sagte mit sanfter Stimme: „Ich liebe dich!" Ich sah, wie hartnäckig ich ihm all die Jahre widerstanden hatte, und antwortete unter Tränen: „Ich liebe dich auch! Ich kenne dich! Du bist der Ewige, für immer und ewig." Ich wachte auf, mein Gesicht nass von Tränen, erfüllt von einer gewaltigen Freude. Ich glaubte, dass Christus selber meinen Geist und mein Herz angerührt hatte, und ich ließ ihn hinein. Ich wurde von einer mächtigen Liebe zu Christus erfüllt. Ich tanzte und sprang, sang Preislieder auf seinen Namen und redete Tag und Nacht mit ihm. Noch im Bett drückte ich Gottes unfehlbares Wort, die Bibel, an meine Brust.[4]

Timothy hatte gefunden, was er sein ganzes Leben gesucht hatte: eine innige, persönliche Liebesbeziehung zu Gott. Jetzt hatte er Heilsgewissheit. Aber all dies hatte seinen Preis. Dass Timothy seinen neuen Glauben nicht versteckte, kostete ihn fast das Leben. Verfolgt und inhaftiert, suchte er Zuflucht in der Liebe Christi. Er wurde schließlich zum Tode verurteilt, aber er konnte fliehen und in die USA emigrieren. Jetzt, Jahre danach, hält er nach wie vor an der größten Verheißung der Bibel, der ewigen Erlösung, fest. Er beendet sein Zeugnis so:

> Bitte lass mich in meinen Nöten nicht ungeduldig auf deine Erlösung werden, Herr, sondern gib mir Geduld, dass ich als Soldat des Kreuzes Christi Mühen erdulden kann! Herr, möge Deine Liebe mich so verzehren, dass das Tun Deines Willens mein wahres Lebensbrot wird.[5]

2. Mohammed: Der militante Bote

Und sie sangen ein neues Lied: Du bist würdig, zu nehmen das Buch und aufzutun seine Siegel; denn du bist geschlachtet und hast mit deinem Blut Menschen für Gott erkauft aus allen Stämmen und Sprachen und Völkern und Nationen. (Offenbarung 5,9)

Siehe, Wir haben dich entsandt als einen Zeugen und Freudenboten und Warner. Auf dass ihr glaubet an Allah und Seinen Gesandten und dass ihr ihm beisteht und ihn ehret und ihn preiset morgens und abends. (Sure 48,8–9)

Führer verlangen Gehorsam. Jede große Religion will durch die Augen ihres Gründers betrachtet werden. Im Christentum wie im Islam verlangen die Stifter Achtung und Unterwerfung. Mohammed wie Christus wiesen ihre Jünger an, auf ihre Worte zu hören und ihr Leben als Vorbild für einen gottgefälligen Wandel zu betrachten. In Philipper 2,5 fordert Paulus die Philipper auf: „Ein jeder sei gesinnt, wie Jesus Christus auch war." Im Koran ruft der Prophet aus: „Wahrlich, in dem Gesandten Allahs hattet ihr *ein schönes Beispiel* für jeden, der auf Allah und den Jüngsten Tag hofft und oft Allahs gedenkt" (Sure 33,21).
Weder im Christentum noch im Islam muss Beispielen und Vorbildern bis in alle Einzelheiten nachgeahmt werden. Doch Jünger und Anhänger müssen den Geboten und Lehren der Stifter wirklich vertrauen können. Ein erstes Kriterium über den Wert von Islam und Christentum besteht darin, zu untersuchen, ob Mohammed und Jesus Christus würdige Vorbilder sind.
Da Muslime und Nichtmuslime äußerst unterschiedliche Biographien über Mohammed geschrieben haben, gehen wir am sichersten, wenn wir die historischen Quellen befragen. Eine allgemein zugängliche

Quelle ist der *Hadith,* also die Überlieferung der mündlichen Tradition, die die Muslime – fast noch aus der Zeit des Propheten – sorgfältig bewahrt haben (s. u. Kapitel 5).

Mohammeds Leben

Geburt, Kindheit, Schicksalsschläge

Die Bibel und der Islam lehren, dass Jesus von der Jungfrau Maria geboren wurde. Die Herkunft und Kindheit Mohammeds ist komplexer und weniger glücklich als die Jesu. Mohammed wurde um 570 n. Chr. in Mekka in einen Stamm hineingeboren, der der Wächter der Kaaba war, eines Heiligtums, in dessen Mauer ein als heilig geltender „schwarzer Stein" eingemauert ist, der für Opfer an verschiedene heidnische Götter benutzt wurde. Mohammeds Vater Abdallah starb noch vor seiner Geburt, seine Mutter Amina verlor er mit sechs Jahren. Zwei Jahre lang sorgte der Großvater Abd al-Muttalib für den Knaben, dann starb auch er, worauf Mohammeds Onkel Abu Talib sein Vormund wurde. Trotz all dieser Schicksalsschläge verlebte Mohammed offensichtlich eine recht normale Kindheit, außer dass er – nach islamischer Legende – nie an den heidnischen Aktivitäten im Leben von Mekka teilnahm.

Die Liebe seines Lebens

> O Prophet, sprich zu deinen Gattinnen[1]: „So ihr das irdische Leben begehrt mit seinem Schmuck, so kommet her; ich will euch ausstatten und will euch geziemend entlassen." (Sure 33,28)

Als junger Mann gewann Mohammed die Gunst der reichen Kaufmannswitwe Chadidja und betrieb einen blühenden Karawanenhandel nach Syrien. Schließlich heiratete er die 15 Jahre ältere Chadidja.

Die Ehe war für beide erfüllend, obwohl ihre beiden Söhne bereits im frühen Kindesalter starben. Aus der Ehe gingen auch vier Töchter hervor, von denen zwei künftige Kalifen (die geistlichen und politischen Führer des Islam nach Mohammed) heirateten.
Als Mohammed 50 Jahre alt war, starb Chadidja. 25 Jahre lang hatte Mohammed sich zu *einer* Frau gehalten, die seine große Liebe und Stütze war. Damit war er in seiner kulturellen Umgebung eine Ausnahme, denn die meisten höher gestellten Männer nahmen sich zahlreiche Frauen. Erst später hatte Mohammed elf Frauen und Nebenfrauen; die jüngste war ganze neun Jahre alt, als die Ehe geschlossen wurde.

Die erste Offenbarung: göttlich oder dämonisch?

> Sprich: „Ich bin kein Neuerer unter den Gesandten, und ich weiß nicht, was mit mir und euch geschehen wird. Ich folge nur dem, was mir offenbart ward, und ich bin nur ein offenkundiger Warner." (Sure 46,9)

Durch seine Ehe frei von finanziellen Sorgen, hatte Mohammed 15 Jahre lang Muße zum Meditieren. Als Vierzigjähriger erlebte er seine – wie er sie empfand – Berufung zum letzten und endgültigen Propheten durch den Engel Gabriel. In der gängigsten Darstellung heißt es:

> Und in jener Nacht, in der Gott [Allah] ihn durch die Sendung auszeichnete und sich damit der Menschen erbarmte, kam Gabriel zu ihm. Als ich schlief, so erzählte der Prophet später, trat der Engel Gabriel zu mir mit einem Tuch wie aus Brokat, worauf etwas geschrieben stand, und sprach: „Lies!" „Ich kann nicht lesen", erwiderte ich. Da presste er das Tuch auf mich, so dass ich dachte, es wäre mein Tod. Dann ließ er mich los und sagte wieder: „Lies!" „Ich kann nicht lesen", antwortete ich. Und wieder würgte er mich mit dem Tuch, dass ich dachte, ich müsste sterben. Und als er mich freigab, befahl er erneut: „Lies!" Und zum dritten Male antwortete ich: „Ich kann nicht lesen." Als er mich dann nochmals fast zu

Tode würgte und mir wieder zu lesen befahl, fragte ich aus Angst, er könnte es nochmals tun: „Was soll ich lesen?" Da sprach er: „Lies im Namen deines Herrn, des Schöpfers, der den Menschen erschuf aus geronnenem Blut! Und der Edelmütigste ist dein Herr. Er, der das Schreibrohr zu brauchen lehrte, der die Menschen lehrte, was sie nicht wussten." (Sure 96,1–5) Ich wiederholte die Worte, und als ich geendet hatte, entfernte er sich von mir. Ich aber erwachte, und es war mir, als wären mir die Worte ins Herz geschrieben.[2]

Mohammeds „Berufung" wirft gewisse Probleme auf. Obwohl der künftige Prophet in seiner Vision einen von Gottes Erzengeln sieht, äußert er sich skeptisch über die Begegnung. Warum aber sollte der angeblich größte Prophet die Echtheit seiner eigenen Schlüsselvision bezweifeln? Zwei mögliche Gründe lassen sich anführen: Entweder Mohammed war zu schwach oder zu naiv, um die Prophezeiung zu verstehen, oder aber Allah offenbarte sich nicht deutlich genug oder verstand nicht die Schwäche seines Propheten.

Mohammed hatte eine Heidenangst vor der Quelle seiner Offenbarung und dachte zunächst, dass er von einem bösen Geist *(Djinn)* besessen sei. Er vertraute sich schließlich seiner Frau an. Der Hadith von Sahih al-Bukhari erklärt:

Nach dieser Offenbarung eilte der Gesandte Gottes [Allahs] zitternden Herzens nach Hause. Er lief zu Hadiga [Chadidja] Bint Huwailid und rief: „Bedeckt mich! Deckt mich zu!" Sie hüllten ihn in Decken ein, bis die Furcht von ihm gewichen war. Später redete er mit Hadiga und erzählte ihr, was geschehen war. Er schloss seinen Bericht mit den Worten: „Ich hatte schreckliche Angst!" Hadiga entgegnete: „Aber nein, bei Gott! Niemals wird Gott dir Schaden zufügen! Du hast doch ein gutes Verhältnis zu deiner Verwandtschaft und behandelst die Menschen stets wohlwollend; du unterstützt den Bedürftigen, bewirtest den Gast und stehst denen bei, die sich in einer unglücklichen Lage befinden." (Hadith 1.1.3; Sahih al-Buhari, *Nachrichten von Taten und Aussprüchen des Propheten Muhammad,* S. 24f.)

Für alle, die dem Glauben des Stifters des Islam nacheifern wollen, sind Mohammeds Zweifel zutiefst beunruhigend. Wo gibt es einen

Propheten, der Zweifel an der Quelle seiner Offenbarungen hat? Die biblischen Propheten fragten sich zuweilen, wie Gott seinem Wort Geltung verschaffen würde, aber nie hatten sie auch nur den geringsten Zweifel, dass er es war, der zu ihnen gesprochen hatte. Kein Prophet in der Bibel kommt auf den Gedanken, Gottes Offenbarung Dämonen zuzuschreiben oder (das sagten Zeitgenossen) von Dämonen besessen zu sein.

Und schließlich: In der islamischen Theologie sind Frauen den Männern intellektuell unterlegen. Ein Hadith erklärt: „Der Prophet sprach: ‚Ist nicht das Zeugnis einer Frau gleich dem halben Zeugnis eines Mannes?' Die Frauen sagten: ‚Ja.' Er sprach: ‚Dies ist so wegen der Schwäche des Geistes der Frau.'" Doch es war Chadidja, die Mohammeds Offenbarungen bestätigte.

Man beachte auch, dass Mohammed seine erste Vision im Monat Ramadan empfing, dem heiligen Fastenmonat des Islam, in welchem sich die Muslime von Essen, Trinken, Geschlechtsverkehr und anderen Dingen enthalten.

Weitere Offenbarungen

> Sie werden dich einen Lügner nennen. Sie werden dich verfolgen; sie werden dich verbannen, und sie werden dich bekämpfen.
> (Waraqa bin Naufal an Mohammed)

Nach der ersten Offenbarungsperiode schwieg die Stimme Allahs etwa drei Jahre lang. Der Prophet wurde depressiv; war vielleicht Allah mit seinem Verhalten und Gehorsam nicht zufrieden? Selbst seine treue Chadidja fragte: „Scheint es nicht, dass deinem Herrn etwas an dir missfällt?" Mohammed suchte Trost an seinem Lieblingszufluchtsort, einer Höhle am Berg Hira nordöstlich von Mekka. Hier erlebte der Prophet die „schwarze Nacht" seiner Seele, spielte gar mit dem Gedanken, seinem Leben durch einen Sprung in den Abgrund ein Ende zu setzen. Doch nach einem seiner muslimischen Biographen fand er durch die Worte Allahs Frieden:

> Beim lichten Tag und der Nacht, wann sie dunkelt, dein Herr hat dich nicht verlassen und nicht gehasst! Und wahrlich, das Jenseits ist besser für dich als das Diesseits, und wahrlich, geben wird dir dein Herr, und du wirst zufrieden sein. Fand Er dich nicht als Waise und nahm dich auf? Und fand dich irrend und leitete dich? ... Und was deines Herrn Gnade anlangt, verkünde sie. (Sure 93, 1–11)[3]

Nach hartem Seelenkampf drang Mohammed schließlich zur Bestätigung seiner Berufung durch. Bedenkt man seinen seelischen Zustand, so drängt sich die Frage auf, wie glaubwürdig seine Berufung ist. Mehrere Male hielt der gequälte Prophet sich für dämonisch besessen. Was war es, das ihn plötzlich davon überzeugte, dass er jetzt das hörte, was er so verzweifelt suchte – die Stimme Gottes selber?

Erstens muss man die Wünsche und Ambitionen seiner Frau in Rechnung stellen. Sie versicherte ihrem Mann, dass er „der Prophet dieser Nation“ werden würde.

Zweitens kann man die Art der Bestätigung seiner Offenbarungen mit Recht hinterfragen. Mohammeds Frauen glaubten, dass seine unkontrollierbaren Krämpfe und Zuckungen die Echtheit seiner Visionen bewiesen. Aisha, seine jüngste Frau, argumentierte so:

> Alle im Raum hatten Angst vor dem Unheimlichen, das sich da ankündigte, nur ich nicht. Ich fürchtete mich nicht, denn ich wusste, dass ich unschuldig war und dass Allah nicht ungerecht zu mir sein würde. Was meine Eltern betraf, so sahen sie, als der Prophet aus seinem Krampf aufwachte, so bleich aus, als wollten sie sterben, bevor der Klatsch sich als wahr erweisen würde. Als Mohammed sich gefasst hatte, setzte er sich auf und begann sich den Schweiß von der Stirn zu wischen. Dann sagte er: „Frohe Kunde! O Aisha, Allah hat den Beweis deiner Unschuld vom Himmel gesandt.“[4]

Drittens wurden Mohammeds Offenbarungen im Laufe der Zeit immer exzentrischer. Einmal behauptete er, zu den Toten zu sprechen. Von seinen Gefährten darüber befragt, antwortete er: „[Die Toten] hören mich nicht weniger als ihr dies tut, außer dass sie mir nicht antworten können." Mohammed behauptete nicht nur, mit den Toten zu kommunizieren, er betete auch für sie auf dem Friedhof Baqi al Gharqad. Die muslimischen Gelehrten versuchen nicht, dieses Phänomen wegzuerklären, sondern glauben, dass Mohammed die Gabe der übersinnlichen Wahrnehmung hatte. Ein Kommentator nennt die Kommunikation zwischen Lebenden und Toten eine „unzweifelhafte Tatsache".[5]

Mohammed schwankte zwischen Offenbarungen vom Satan und von Allah. Die berühmteste dieser Visionen führte zu den so genannten „Satanischen Versen". In ihnen offenbart Mohammed seinen Anhängern die Worte Allahs so:

> Was meint ihr drum von al-Lat und al-Uzza,
> und Manat, der Dritten daneben?
> Sie sind die zwei hochfliegenden Schwäne,
> und ihre Fürsprache werde erhofft.
> Solche wie sie missachtet man nicht. (vgl. Sure 53,19ff.)[6]

Diese Offenbarung, die ihnen befahl, das Beten zu gewissen Götzen zuzulassen, schockierte Mohammeds Anhänger. Mohammed, der die theologische Widersprüchlichkeit und das Zugeständnis ans Heidentum erkannte, zog die Offenbarung darauf zurück, mit der Begründung, der Satan habe ihn zum Schreiben dieser Verse verführt. Angeblich kam der Engel Gabriel zu ihm und erklärte: „Allah streicht aus, was Satan eingefügt hat." Wie erwartet, erhielt Mohammed rasch eine neue Offenbarung, die die letzten drei Zeilen in den oben zitierten Versen strich.

Viertens scheint Mohammed es gelegentlich für notwendig befunden zu haben, die Worte Allahs eigenmächtig zu verbessern; bei mehreren Gelegenheiten ersetzte er Allahs Weisheit durch seine eigene. Ein Hadith erwähnt die unbekümmerten „Korrekturen" des Propheten:

> Bei mehreren Gelegenheiten hatte er [Mohammeds Schreiber] mit dem Einverständnis des Propheten die Abschlussworte von Versen verändert. Als zum Beispiel der Prophet sagte: „Und Allah ist mächtig und weise" [aziz, hakim], schlug Abdullah b. Abi Sarh vor,

> stattdessen zu schreiben: „wissend und weise" [alim, hakim], und der Prophet antwortete, dass er nichts dagegen einzuwenden habe. Nachdem er etliche solche Veränderungen beobachtet hatte, sagte Abdallah dem Islam ab, mit der Begründung, dass die Offenbarungen, wenn sie wirklich von Gott kamen, unmöglich auf den Vorschlag eines bloßen Schreibers wie ihm selber verändert werden konnten. Nach seinem Abfall ging er nach Mekka und schloss sich dort den Koraischiten an.[7]

Fast 1400 Jahre später muss jeder ernsthaft Fragende die gleiche Frage stellen wie der Schreiber Abdallah: Wie kann ein Botschafter Allahs das Recht, die Macht oder die Anmaßung haben, Worte Gottes zu verändern? Selbst wenn seine Quelle Gott gewesen sein sollte, ist der Koran nicht vertrauenswürdig, weil sein menschlicher Verfasser leichtsinnig und unbedacht mit dieser Offenbarung umging.
Man beachte, dass Abdallah sich wieder den Koraischiten anschloss, die verschiedene Götter verehrten. Für Abdallah war die Vielgötterei, die Mohammed so bekämpfte, überzeugender geworden als der neue Monotheismus.

Verfolgung und Mordpläne

Als Mohammed den Mekkanern predigte, dass ihre Göttinnen bloße Mythen und dass Allah der einzig wahre Gott war, wurde er bald verfolgt. Kurz darauf starb seine Frau Chadidja wie auch sein größter Gönner, Abu Talib. Ohne ihren Schutz waren noch nicht einmal seine eigenen Stammesgenossen bereit, für den Propheten einzutreten. Der Angriff auf Mohammed begann mit verbalen Ausfällen: selbsternannter Prophet, ein Verrückter, Lügner und Besessener. Mohammed sah ein, dass er in Mekka nicht mehr sicher war.
Bevor er Mekka verließ, will Mohammed seine Reise durch den Himmel gemacht haben. Zuerst kam er durch das Gebiet um Jerusalem, wo er den großen alten Propheten begegnete, darunter Mose und Jesus. Allah benutzte diese phantastische Reise, um seinem Propheten die täglichen Gebete des Islam zu erklären. Für viele in Mekka machte

diese Himmelsreise das Maß voll; sie wollten diesen verrückten Propheten nicht mehr sehen. Doch zwei Jahre später, im Jahre 621, nahm ein Dutzend Männer aus Medina bei der jährlichen Pilgerfahrt zur Kaaba heimlich den Islam an, und im folgenden Jahr stießen weitere zu der Gruppe. Diese Männer schlossen mit ihrem neuen Führer einen Schutzvertrag, der sogar den Einsatz des eigenen Lebens einschloss.
Die allmählich größer werdende neue Sekte erbitterte die Oberhäupter Mekkas so sehr, dass sie einen Plan zur Ermordung Mohammeds fassten; hätte man erst einmal den Propheten beseitigt, würde dieser neumodische Glaube von alleine wieder aufhören. Sie ahnten nicht, dass ihr Plan zur chronologischen und theologischen Geburtsstunde des islamischen Glaubens werden würde. Heute beginnen die Muslime ihren Mondkalender mit der Flucht *(Hidschra)* Mohammeds von Mekka nach Medina und sehen in der Beschützung Mohammeds durch Allah während dieser Verfolgungszeit einen Beweis ihres Glaubens.
Es gelang Mohammed und seinem besten Freund Abu Bakr zusammen mit vielen Anhängern, den Häschern zu entkommen und am 24. September 622 Medina zu erreichen. Dort wurden die an Allah Gläubigen wohlwollend aufgenommen, denn in diesem Gebiet war die jüdisch-monotheistische Tradition stark verbreitet. Der Prophet passte sich rasch den kulturellen Gepflogenheiten des Judentums an. Dem Beispiel der Juden folgend, wandten die Muslime ihr Gesicht beim Beten in Richtung Jerusalem (und nicht Mekka) und übernahmen den jüdischen Versöhnungstag als Fastentag.
Es gelang Mohammed rasch, die verschiedenen Parteien in der Region zu vereinigen. Er lehrte die Bürger, in Frieden miteinander zu leben und einander vor den Feinden draußen zu beschützen. Doch die Juden bemerkten schon bald die Widersprüche zwischen ihren heiligen Schriften und dem Koran und verwarfen Mohammeds Botschaft und Autorität. Der Koran spart denn auch nicht mit der Verurteilung der Juden:

> Kämpfet wider jene von denen, welchen die Schrift gegeben ward [d. h. die Juden und die Christen], die nicht glauben an Allah und an den Jüngsten Tag und nicht verwehren, was Allah und Sein

> Gesandter verwehrt haben, und nicht bekennen das Bekenntnis der Wahrheit, bis sie den Tribut aus der Hand gedemütigt entrichten. (Sure 9,29)

> Wahrlich, du wirst finden, dass unter allen Menschen die Juden und die, welche Allah Götter zur Seite stellen, den [muslimischen] Gläubigen am meisten feind sind. (Sure 5,82a)

> Siehe, die Ungläubigen vom Volk der Schrift und die Götzendiener werden in Dschahannams Feuer [ins Feuer der Hölle] kommen und ewig darinnen verweilen. Sie sind die schlechtesten der Geschöpfe. (Sure 98,6)

Mohammeds Erbe

Djihad

Mohammed hatte zwar die Region vereinigt, aber keinen Lebensunterhalt mehr. Er konnte seine Familie nicht mehr ernähren. So begannen die Muslime, Handelskarawanen zu überfallen. Sie hielten das für ihr gutes Recht, hatten ihre Feinde sie doch aus ihrer Heimat vertrieben; sie waren Kämpfer für die Sache Allahs. Doch nicht alle der neuen Gläubigen waren bereit, das Schwert zu nehmen, um an die Macht zu kommen und eine theokratische Herrschaft aufzurichten. So ließ Allah durch seinen Krieger-Propheten Mohammed allen, die für ihn kämpften, gewisse Anreize in Aussicht stellen:

> Und nicht sind diejenigen Gläubigen, welche (daheim) ohne Bedrängnis sitzen, gleich denen, die in Allahs Weg streiten [djihad] mit Gut und Blut. Allah hat die, welche mit Gut und Blut streiten, im Rang über die, welche (daheim) sitzen, erhöht. Allen hat Allah das Gute versprochen; aber den Eifernden hat Er vor den (daheim) Sitzenden hohen Lohn verheißen. Rangstufen von Ihm und

> Vergebung und Barmherzigkeit; denn Allah ist nachsichtig und barmherzig. (Sure 4,95–96)

> Und diejenigen, die da auswanderten und aus ihren Häusern vertrieben wurden und in Meinem Weg litten und kämpften und fielen – wahrlich, bedecken will Ich ihre Missetaten, und wahrlich, führen will Ich sie in Gärten, durcheilt von Bächen. (Sure 3,195)

Mohammed selber gab das Beispiel für den Djihad (Kampf, Heiliger Krieg). Dies war nicht der Kriegsaufruf einer Regierung; es ging um ein persönliches Verlangen, das im Himmel zur größten Belohnung führt. Ethische Werte spielten dabei kaum eine Rolle; was die Muslime auch taten, es war gerechtfertigt, da ihre Sache gerecht war. Allein durch den Kampf im Djihad, so glaubten sie, konnten sie die Vergebung all ihrer Sünden erlangen. So ist es kein Wunder, dass auch heute noch der Djihad in hohem Ansehen steht.
Mohammeds Rezept für den Sieg ist in den Koran eingegangen und damit gleichsam verewigt worden:

> Vorgeschrieben ist euch der Kampf, doch ist er euch ein Abscheu. Aber vielleicht verabscheut ihr ein Ding, das gut für euch ist, und vielleicht liebt ihr ein Ding, das schlecht für euch ist; und Allah weiß, ihr aber wisset nicht. ... Verführung ist schlimmer als Totschlag. Und sie werden nicht eher aufhören, euch zu bekämpfen, als bis sie euch von eurem Glauben abtrünnig machten, so sie dies vermögen. (Sure 2,216–217)

Die militärischen Unternehmungen Mohammeds

> Sind aber die heiligen Monate verflossen, so erschlaget die Götzendiener, wo ihr sie findet, und packet sie und belagert sie und lauert ihnen in jedem Hinterhalt auf. (Sure 9,5)

Der Muslim, der sich fragt, wen er denn bekämpfen soll, erhält eine eindeutige Antwort in Sure 9,29: „Kämpfet wider jene von denen, welchen die Schrift gegeben ward, die nicht glauben an Allah und an den Jüngsten Tag." Dieser Befehl endet erst, wenn die Feinde „gedemütigt" sind und den islamischen Herrschern ihren Schutztribut entrichten. Dieses Tributprogramm verbindet im Islam Religion und Staat. Die persönliche Sicherheit jedes Nichtmuslims liegt hier in den Händen des gleichen militanten Muslims, der für das Töten der „Ungläubigen" den Himmel versprochen bekommt. Der Hadith erklärt, dass kein Muslim, der einen Ungläubigen tötet, des Todes schuldig ist.

Und hier stoßen wir auf den tiefsten Unterschied zwischen Jesus Christus als Gott und Heiland und Mohammed als dem Propheten Allahs. Jesus Christus vergoss sein eigenes Blut, damit die Menschen zum Frieden mit Gott kommen können. Mohammed vergoss das Blut anderer, damit seine Anhänger auf der ganzen Arabischen Halbinsel die Macht an sich reißen konnten. Und wenn wir bedenken, dass Mohammed das große Vorbild für jeden ist, „der auf Allah und den Jüngsten Tag hofft" (Sure 33,21), dann brauchen wir, wenn wir nach einer Erklärung für die ausgeprägte Gewaltneigung des Islam suchen, nicht weiter zu gehen als bis zur Person seines Gründers. War Mohammed ein Mann des Friedens, der das Blut anderer Menschen nur als letztes Mittel vergoss? Tötete er im Rahmen von gewöhnlichen Kriegen oder aus persönlicher Rache? Die Antworten auf diese Fragen lassen die ethische Integrität der islamischen Weltanschauung in keinem guten Licht erscheinen.

Ein für den Propheten wichtiges Datum war die Schlacht von Badr im März 624. Mohammed hatte mit 300 seiner Männer eine große Handelskarawane, die nach Mekka unterwegs war, überfallen. Die Beute hatte einen hohen Wert – eine Finanzspritze, die die muslimischen Krieger gut brauchen konnten. Als Antwort auf den Überfall schickten die Mekkaner 950 Soldaten gegen die Muslime. Die Schlacht war kurz und endete in einem überzeugenden Sieg für die Muslime, die nur 14 Mann verloren, während die Mekkaner 45 Gefallene und 70 Gefangene zu beklagen hatten. Der Prophet schrieb den Sieg der Macht Allahs zu. Um mehr Männer für den Kampf des Islam zu gewinnen, offenbarte Mohammed Allahs Worte an seinen Boten: „O du Prophet, feuere die Gläubigen zum Kampfe an; sind auch nur zwanzig Standhafte unter euch, sie überwinden zweihundert, und so unter euch hundert sind, so überwinden sie tausend der Ungläubigen ..." (Sure 8,65).

Bei diesem Sieg verübte Mohammed eine Greueltat, die sein Rachebedürfnis demonstriert. Unter den Kriegsgefangenen war auch ein persischer Dichter namens Uqba bin Abu Muayt, der zu behaupten wagte, dass seine Volksmärchen angenehmer anzuhören seien als der Koran. Der Krieger-Prophet befahl, ihn hinzurichten. Als der Dichter ausrief: „O Mohammed, wenn du mich tötest, wer wird dann für meine Kinder sorgen?", erwiderte der Prophet: „Das Feuer der Hölle." Andere Gefangene hatten mehr Glück. Viele wurden ohne Bedingungen freigelassen, wenn sie große Familien hatten. Andere erhielten unter der Auflage ihre Freiheit, dass sie anderen Menschen das Lesen und Schreiben beibrachten. Im Ganzen scheint das Vorgehen Mohammeds unberechenbar gewesen zu sein und stark von seinen Launen und seiner Beurteilung von den „Vergehen" der Gefangenen abhängig.

Mohammed wurde zusehends mächtiger und selbstbewusster. Er und seine Anhänger waren nicht mehr bereit, Gehorsamsverweigerung und Spott gegen Mohammed oder den Namen Allahs zu dulden. Man machte kurzen Prozess mit Menschen, die den Namen oder die Sache Allahs beleidigten. Ein Beispiel ist die Dichterin Asma, die ständig Satiren auf den Prophet verfasste. Eines Abends drang Umayr bin Awf, einer der militärischen Führer der Muslime, in das Haus der Dichterin ein, die gerade eines ihrer sieben Kinder stillte. Ibn Awf war fast blind, doch das mäßigte nicht seinen Eifer. Er riss Asma das Kind aus den Händen und metzelte sie nieder. Darauf kehrte er in das Lager zurück und berichtete Mohammed, was er getan hatte. Die muslimischen Gelehrten können der Geschichte eine tröstliche Seite abgewinnen: Der Stamm Banu Khutmah, zu dem Asma gehörte, trat später zum Islam über.

Das gespannte Verhältnis Mohammeds zu den Juden zeigt sich am deutlichsten in seiner Auseinandersetzung mit dem mekkanischen Dichter Kaab. Als Sohn eines arabischen Vaters und einer jüdischen Mutter, war Kaab ein intelligenter Kritiker des Erfolgs und des Charakters des Propheten. Mohammed teilte doppelt aus: intellektuell und militärisch. Er heuerte einen begabten Dichter namens Hassan bin Thabit als „Hofpoeten“ an und befahl seinen Anhängern, den unliebsamen Kaab zu liquidieren. Eines Abends wurde Kaab von seinem Haus fortgelockt und ermordet. Einer der Glaubenskrieger, Abu Nailah, packte Kaab bei den Haaren, riss ihn zu Boden und befahl seinen Freunden: „Tötet den Feind Allahs!“ Sie durchbohrten Kaab mit dem Schwert.

Obwohl die Muslime unbesiegbar schienen, mussten sie bald lernen, dass das Missionieren mit dem Schwert nicht einfach ist. Bei der Schlacht von Uhud z. B. zeigte sich, dass die Mekkaner aus ihren vergangenen Niederlagen gelernt hatten und das Terrain viel besser kannten als die Muslime. Es entspann sich ein harter Kampf. Einer der Muslime tat sich durch besondere Entschlossenheit hervor. „Bei Gott, er tötete Männer und verschonte niemanden, wie ein wild gewordenes Kamel.“ Die Muslime benutzten den Schlachtruf *„Allahu Akbar* – Allah ist groß!“ Mohammeds Dichter Hassan bin Thabit rief aus: „Wir zerstreuten sie wie Rehkitze.“ Weder Frauen noch Tiere wurden verschont. Thabit weiter: „Wir stießen, erschlugen, züchtigten sie. ... Hätte nicht die harithitische Frau ihre Standarte gepackt, wir hätten sie alle zum Markt gebracht und wie Ziegen verkauft.“

Aber der Kampf wendete sich, als die muslimischen Bogenschützen gegen die Anweisung Mohammeds ihren bedrängten Kameraden in ihrer Nähe zu Hilfe eilten. Die Muslime wurden von den voranstürmenden Mekkanern an den Flanken gepackt und schließlich umzingelt, worauf die Frauen von Mekka sich dem Kampf anschlossen und ihre Krieger mit ihren Tamburinen anfeuerten. Mohammed und der Rest seiner Mannen mussten sich auf eine Anhöhe zurückziehen. Die Mekkaner, den Triumph in ihrer Hand, schrieben den Sieg ihrem Gott Hubal zu. Mohammed aber schrie: „Allah ist über die Maßen hoch und herrlich! Unsere Toten sind im Paradies, eure in der Hölle!“ Die Muslime wurden besiegt und mussten sich neu gruppieren.

Im Jahre 627 kämpfte eine arabische Allianz von 10.000 Kriegern gegen die Muslime von Medina. Als die Mekkaner sahen, dass sie den tiefen Graben vor den muslimischen Befestigungen nicht überwinden konnten, traten sie den Rückzug an. Mohammed sah seine Chance, den letzten jüdischen Stamm auszulöschen, und beschuldigte die Juden eines Komplotts mit den Mekkanern. 800 Juden wurden am Rande eines Grabens geköpft; die Hinrichtungen dauerten den ganzen Tag bis weit in die Nacht.

Kritiker mögen einwenden, dass die Kreuzritter und andere „christliche" Soldaten ganz ähnliche Verbrechen gegen die Menschlichkeit begangen haben. Aber es geht hier nicht darum, was die Gläubigen alles in einem Krieg tun, das die Ehre Mohammeds oder Allahs oder Christi beschmutzt. Beide Seiten haben ihr Sündenregister, ja der Krieg als solcher zeigt, wozu Menschen fähig sind. Es geht vielmehr um die Ehrenhaftigkeit der Stifter einer Religion. Die Greueltaten der Kreuzfahrer waren nicht von Jesus Christus befohlen. Die muslimischen Apologeten bringen also kein besonders starkes Argument für Mohammeds moralisches Verhalten vor, wenn sie seine blutigen Kriege mit denen der Kreuzfahrer auf eine Stufe stellen, die eindeutig mit ihren Feldzügen der Heiligen Schrift zuwiderhandelten.

Mohammeds persönliche Fehler und Schwächen sind nicht als Bagatellen anzusehen. Unter den Muslimen gilt er zwar als sterblicher Mensch, aber als ein überaus edler, dem die Gläubigen nacheifern sollen. Leider tun sie dies nur zu oft. Es ist darum kein Wunder, dass viele Muslime bereit sind, für ihren Glauben zu sterben, und dass andere sich kein Gewissen daraus machen, für Allah und seinen Propheten auch zu töten. Jesus war ein weit größerer Prophet des Friedens und der Barmherzigkeit als Mohammed. Letzterer kannte keine Schonung im Krieg; ethische Bedenken spielten bei ihm im Kampf keine Rolle. Jesus hingegen gab sein Leben dahin, sein Wesen war durch und durch von Barmherzigkeit geprägt. Mohammed dagegen war unberechenbar und alle, die ihm nicht folgen wollten, erfuhren seinen Hass.

Nach der Liquidierung der Juden von Medina wandte sich Mohammed zügig seinem alles beherrschenden Ziel zu, der Eroberung von Mekka. Die Stadt seiner Geburt sollte die heilige Stadt des Islam werden. Kasten 1 gibt einen Überblick über die Ereignisse, die in der Einnahme von Mekka gipfelten.

Die Erfolgsjahre

627	Mohammed unterwirft die Verbündeten der Mekkaner/ Koraischiten Mohammed begibt sich mit 1400 Anhängern auf eine Pilgerfahrt nach Mekka.
628	Mohammed und die Führer von Mekka unterzeichnen einen zehnjährigen Friedensvertrag, der dem Propheten die Pilgerreisen nach Mekka erlaubt. Mohammed bekämpft die Juden von Khaybar. Er glaubt nicht, dass er Arabien kontrollieren kann, ohne sie auszulöschen. Die Juden beiben nur am Leben durch die Zahlung einer jährlichen Abgabe. Mohammed heiratet Safia, eine Jüdin.
630	Die Koraischiten brechen den ausgehandelten Frieden und töten mehrere der Verbündeten Mohammeds. Der erzürnte Prophet bietet 10.000 Mann auf, die auf Mekka marschieren und jeden, der sich ihnen entgegenstellt, niedermachen. Er nimmt die Stadt fast ohne Widerstand ein. Sein Rivale Abu Sufyan tritt sofort zum Islam über. Die heidnischen Götzenbilder werden zerstört, die Kaaba zum Zentrum des Islam. Nur vier Personen werden hingerichtet, darunter eine Dichterin, die satirische Verse über Mohammed verfasste.

Alles in allem konnte sich Mohammed großmütig und versöhnlich geben. Dies ging so weit, dass er sich im Krieg keinen größeren Anteil an der Beute gönnte, als die anderen bekamen. Allerdings war er aber jemand, der Verbrechen gegen die Menschlichkeit beging.

Wenn wir den Feldherrn Mohammed betrachten, ist Verschiedenes festzustellen. Erstens: Mohammed war weniger grausam als viele andere Krieger der Arabischen Halbinsel. Zweitens: Sein großes Ziel war die Bekehrung seiner Stammesgenossen zum Islam, der in seinen Augen einzig wahren und zum Paradies führenden Religion. Und drittens war er auf dem Schlachtfeld ein gerissener Taktiker.

Aber es zeigen sich auch schnell dunklere Seiten seines Charakters. Erstens hatte Mohammed keinerlei Verständnis für seine Kritiker. Zweitens traf er keine eindeutige Unterscheidung zwischen Kämpfern und Nicht-Kombattanten wie Frauen und Kindern. Drittens hat sich die Großzügigkeit, die er gegenüber seinem eigenen Stamm in Mekka zeigte, anderswo nicht wiederholt. Weder die Juden noch Angehörige anderer Stämme erfuhren solche Gnadenerweise. Viertens erlaubte Mohammed seinen Führern die Anwendung barbarischer Taktiken, um den Feind zu besiegen. Fünftens ist es bezeichnend, dass Bekehrungen meist nur durch Zwang erreicht wurden. Mohammeds Ziel war die totale Kontrolle über die Arabische Halbinsel, und zu diesem Zweck zwang er alle unterworfenen Stämme, sich zum Islam zu bekehren. Wo der Widerstand größerer Gruppen von Juden und Christen dies nicht praktikabel erscheinen ließ, mussten die Besiegten die Oberhoheit des Islam und seiner Anhänger anerkennen und eine Schutzsteuer zahlen.

Wie erklären muslimische Historiker und Theologen diese Tatsachen? Muhammed Haykal, ein bekannter Verteidiger des islamischen Glaubens, schreibt: „Kann man dies auch nur einem Teil, wie winzig er auch sein mag, des Schlachtens gleichsetzen, das im Ersten oder Zweiten Weltkrieg geschah? Ist es mit den Ereignissen der Französischen Revolution vergleichbar oder der vielen anderen Revolutionen unter den christlichen Nationen Europas?“[8] Der Vergleich, der gezogen wird, steht auf tönernen Füßen. Erstens waren die beiden Weltkriege keine Religionskriege. Zweitens zogen die meisten Europäer als Reaktion auf Angriffe gegen die Souveränität ihrer Staaten in den Krieg; sie waren keine Kriegstreiber wie Mohammed, und ihr Ziel war nicht Eroberung, sondern Freiheit und Überleben. Drittens scheren Muslime gerne alle Aktivitäten des Abendlandes oder des Westens als „typisch christlich“ über einen Kamm. Sie sehen nicht die Ironie in ihren Verallgemeinerungen, wenn sie dem Westen vorwerfen, alle Muslime für Terroristen zu halten. Wenn ihre Vergleiche mit dem „christlichen Westen“ wirklich stimmten, könnte dieser mit Recht die Selbstmordattentäter als die eigentlichen Repräsentanten des Islam bezeichnen.

Vor die Aufgabe gestellt, die Handlungen des Krieger-Propheten zu erklären, behauptet Haykal kurzerhand, dass selbst dann, wenn alle Anklagen gegen Mohammed wahr seien, er sie immer noch „mit dem einfachen Argument, dass die Großen über dem Gesetz stehen", zurückweisen könne. Nach einer solchen Erwägung wäre Mohammed – obschon nur ein Prophet Allahs und sein Bote – über Menschenrechte und sonstige Verantwortlichkeiten erhaben, eben weil er „so groß" war. Er konnte töten, wen und wann er wollte. Er konnte mehr als vier Frauen heiraten, obwohl das islamische Gesetz seiner Zeit dies verbot.

Die Ironie bei all dem ist, dass die muslimischen Gelehrten Mohammed als Vorbild hinstellen. Haykal kommt zu dem Schluss: „[Mohammeds] Leben stellt das *höchste Ideal*, das *perfekte* Vorbild und die konkrete Verwirklichung der Befehle seines Herrn dar."[9] Muss man da noch fragen, woher die heutigen militanten Islamisten ihre Inspiration beziehen?

Die größte Gefahr für Christen und Juden besteht erst dann, wenn sie als Unterworfene in einer islamisch gewordenen Gesellschaft leben müssen. In einer solchen Gesellschaft ist Religionsfreiheit ein Fremdwort. Der Koran ordnet an, dass jeder, der „eine Gewalttat im Lande begangen hat" (Sure 5,32) – ein völlig subjektives Urteil – einer der folgenden vier Strafen unterliegt:

> Siehe, der Lohn derer, welche Allah und Seinen Gesandten befehden und Verderben auf der Erde betreiben, ist nur der, dass sie getötet oder gekreuzigt oder an Händen und Füßen wechselseitig verstümmelt oder aus dem Lande vertrieben werden. Das ist ihr Lohn hienieden, und im Jenseits wird ihnen schmerzliche Strafe. (Sure 5,33)

Die heutigen muslimischen Länder unterscheiden sich stark in der Auslegung, was ein „Verrat" gegen Allah und den islamischen Staat bedeutet. Ganz in der Tradition Mohammeds gehen die Kriterien hierbei weit über einen bewaffneten Aufstand hinaus bis hin zur bloß verbalen Unterordnung. Christliche Missionare würden sich allerdings in jedem Fall des Verrats schuldig machen.

Der polygame Prophet

> Die Männer sind den Frauen überlegen wegen dessen, was Allah den einen vor den anderen gegeben hat, und weil sie von ihrem Geld (für die Frauen) auslegen. Die rechtschaffenen Frauen sind gehorsam und sorgsam in der Abwesenheit (ihrer Gatten), wie Allah für sie sorgte. Diejenigen aber, für deren Widerspenstigkeit ihr fürchtet – [erstens] warnet sie, [zweitens] verbannet sie in die Schlafgemächer [oder: weigert euch, euer Bett mit ihnen zu teilen] und [drittens] schlagt sie. (Sure 4,34)[10]

Mohammeds Frauen rühmten ihn als guten Ehemann, obwohl er es (wenngleich nur als letztes Mittel) befürwortete, dass Ehemänner ihre Frauen schlugen. Er hielt solche Männer nicht für die besten Muslime – was aber kaum eine Verdammung dieser Praxis bedeutet. Während der Ehe mit Chadidja, seiner ersten Frau, blieb Mohammed entgegen der polygamen Praxis seiner Zeit 25 Jahre lang monogam. Doch nach der Schlacht von Uhud vergrößerte er seinen Haushalt, wahrscheinlich um so politische Allianzen zu schließen. Insgesamt heiratete er elf Frauen und nahm sich zwei weitere als Konkubinen (siehe Kasten 2 auf Seite 53).

Mohammed war eine vielschichtige Persönlichkeit. Seine eheliche Treue und Güte lag weit über der damals gängigen Ethik der heidnischen Stämme der Arabischen Halbinsel. Auf der anderen Seite entspricht seine ausdrückliche Erlaubnis, die Ehefrau zu schlagen (obwohl er selbst offensichtlich seine Frauen nicht geschlagen hat!), wohl kaum der Eheethik des 21. Jahrhunderts (außer in muslimischen Gesellschaften). Seine Polygamie ist vor dem Hintergrund der (christlichen wie heidnischen) Sittengeschichte akzeptabel, doch verglichen mit der Schöpfungsordnung, wie sie in 1. Mose 2,24 sichtbar wird, sündig und nicht nachahmenswert. In der Bibel wird die Polygamie des öfteren erwähnt, doch nirgends empfohlen, wogegen der Koran es einem Mann ausdrücklich erlaubt, sich mehr als eine Frau zu nehmen. Insgesamt gesehen stellt Mohammeds Frauenbild eine Verbesserung des zu seiner Zeit Üblichen dar. Für das 21. Jahrhundert dürfte es aber bei weitem nicht ausreichen. Der Islam misst der Ehefrau keinen

Die Frauen Mohammeds

Name der Frau	Ungefähres Jahr der Heirat	Alter bei der Heirat
Chadidja	595	40
Sawda	620	30 (?)
Aisha	623	9
Hafsa	625	18
Umm Salma	626	29
Zaynab	626	30
Djuweiriyeh	627	20
Zaynab bint Jahsh	627	38
Rayhana (Jüdin)	627	(?)
Maryam (Christin)	628	(?)
Umm Habeeba	628	35
Safia	628	17
Maimuna	629	27

besonders hohen Status bei und gewährt ihr keinen Schutz vor den Repressalien, denen sie in den heutigen konservativen islamischen Gesellschaften ausgesetzt ist.

Wie sah Mohammed selber seine Frauen? Einmal sagte er: „Sei freundlich zu den Frauen, die aus deiner Rippe kommen. Wenn du versuchst, eine Rippe gerade zu biegen, wirst du sie brechen. Nimm die Frauen so an, wie sie sind, mit all ihren Biegungen."[11] Er war gerne mit seinen Ehefrauen zusammen. „Ich liebe kleine Kinder und Frauen und Wohlgerüche." Aber, so fuhr er fort, „diese können mir nicht das Glück geben, das ich im Gebet finde". Dies ist die Erklärung dafür, dass Mohammed so manche Nacht lieber stehend und mit geschwollenen Füßen im Gebet verbrachte als im Bett mit einer seiner zahlreichen Frauen.

Mohammed hatte selbst als reicher Mann einen einfachen Lebensstil. Er baute für seine Frauen Wohnungen aus Lehmziegeln, und einmal wies er Aisha an, keine Kleider wegzuwerfen, die man noch flicken konnte. Nach einer Eifersuchtsszene zwischen seinen Frauen verließ er sie für einen Monat, um zu meditieren und herauszufinden, ob er sich von einer von ihnen oder gar von allen scheiden lassen sollte. Von dieser Meditationsreise brachte er eine Offenbarung Allahs zurück:

> O Prophet, sage deinen Frauen: Wenn euch nach dem Leben dieser Welt und ihren Eitelkeiten verlangt, so kommt – ich will euch großzügig versorgen und in herrlicher Kleidung in die Welt schicken. Wenn aber euer Verlangen nach Allah und dem Propheten und dem Paradies steht, dann benehmt euch so, wie es sich ziemt. Für die, die dies tun, hat Allah eine große Belohnung bereit.[12]

Mohammeds Ehen lassen sich in drei Kategorien einteilen: Liebesheiraten, diplomatische Heiraten und Stammesheiraten. Seine erste Ehe mit Chadidja war eindeutig von gegenseitiger Liebe, Hingabe und Treue gekennzeichnet. Zu den diplomatischen Ehen gehört u. a. die mit Umm Salma, einer Witwe, deren Mann in der Schlacht von Uhud gefallen war. Mohammed wusste, dass sie aus dem Stamm seines früheren Feindes, Makhzum, war, und wünschte eine Versöhnung mit diesem Clan, indem er ihn zum Islam bekehrte. Die Stammesheiraten waren Ehen mit Frauen, die weitläufig mit Mohammed verwandt waren.

Die berühmteste Stammesheirat war die mit seiner achten Frau, Zaynab. Sie war Mohammeds Kusine mütterlicherseits, und man arrangierte zunächst eine Heirat zwischen Zaynab und Mohammeds Adoptivsohn Zaid. Die Ehe war kinderlos und unglücklich, und manche Historiker gehen davon aus, dass Zaynab von vornherein eigentlich Mohammed heiraten wollte. Mohammed zögerte, seine eigene Schwiegertochter zu ehelichen; oder ging dies vielleicht doch, weil sein Sohn ja nicht sein eigener, sondern nur adoptiert war? Er bekam schließlich eine Offenbarung Allahs:

> Und (gedenke), da du zu dem sprachst, dem Allah Gnade erwiesen hatte und du [Zaid ist gemeint] : „Behalte deine Gattin für dich und fürchte Allah“, und du in deiner Seele verbargst, was Allah

> offenkundig tun wollte, und die Menschen fürchtetest, wo Allah mehr verdient, gefürchtet zu werden. Und als Zaid die Sache mit ihr erledigt [d. h. die Ehe aufgelöst] hatte, verheirateten Wir dich mit ihr, damit es für die Gläubigen keine Sünde sei, die Gattinnen ihrer Adoptivsöhne zu heiraten, wenn sie die Sache mit ihnen erledigt haben. Und Allahs Befehl ist zu tun. (Sure 33,37)

Diese Heirat musste also stattfinden, um das heidnische Tabu der Ehe mit einem Adoptivverwandten aufzulösen. Mohammed beteuerte, dass er durch diese Ehe Zaid schützte und für ihn sorgte. Die obige Sure enthüllt auch einiges über das islamische Eheverständnis allgemein. Es reicht als Scheidungsgrund aus, wenn die Eheleute nicht miteinander harmonieren. Wie ein Koran-Kommentator schreibt: „Ehen werden auf der Erde geschlossen und nicht im Himmel, und es gehört nicht zu Allahs Plan, Menschen in einem Band zu quälen, das eine Quelle des Glücks sein sollte, aber stattdessen nur Elend bringt."[13]
Die Frau hat im Islam gewisse Rechte, ist jedoch dem Mann nicht gleichberechtigt. Der Koran stellt fest: „Und sie sollen (gegen ihre Gatten) verfahren, wie (jene) gegen sie in Güte; doch haben die Männer den Vorrang vor ihnen; und Allah ist mächtig und weise" (Sure 2,228). Einige Kommentatoren sehen diesen Vorrang der Männer als einen ökonomischen, doch der Wortlaut des Koran ist hier einmal mehr mehrdeutig und überlässt die Auslegung dem Leser. Man beachte auch, dass im Koran zwar der Mann sich von der Frau scheiden lassen kann, es jedoch kein solches Recht für die Frau gibt.
Die fragwürdigste der Ehen Mohammeds war die mit der jungen Aisha. Mohammed verlobte sich mit ihr, als sie sechs Jahre alt war, und heiratete sie mit neun. Sie war die einzige Jungfrau, die der Prophet je heiratete. Aisha wurde eine überaus loyale Ehefrau Mohammeds, aber auch eine sehr eifersüchtige. Als Allah dem Propheten sagte, er könne „zu dir nehmen, wen du willst" (Sure 33,51), erwiderte die junge Frau: „Mir scheint, dass dein Herr sich beeilt, dir deine Wünsche zu erfüllen." Sie liebte Mohammed heftig und diente ihm noch nach seinem Tod. Der Nachwelt hinterließ sie über 2.000 Hadithe, diente mehreren muslimischen Führern als Beraterin und besuchte täglich das Grab ihres verstorbenen Mannes. Mohammed starb in ihrem Schoß – ein

klares Zeichen ihrer Vorrangstellung unter den anderen Ehefrauen; sie war damals gerade 18 Jahre alt.

Wie ein Prophet von edlem Wesen sich (selbst in der damaligen Kultur) eine so junge Frau nehmen konnte, bleibt ein Geheimnis. Viele übergehen die Ehe mit Aisha. Ein Erklärungsversuch ist, dass Mohammed Aisha zunächst nicht aus Liebe heiratete, sondern um die Bande zu ihrem Vater, Abu Bakr, seinem engsten Freund, zu stärken.

Ein Zentrum für den Islam: Mohammed und Mekka

Als Mohammed siegreich in Mekka eingezogen war, begab er sich als Erstes zu der Kaaba, umrundete sie sieben Mal auf seinem Kamel und verlangte, dass man ihm die Tür zum Heiligtum öffnete. Er ging hinein, nahm eine vom Alter gezeichnete hölzerne Götzenstatue, die eine Taube darstellte, und schleuderte sie zu Boden. Nachdem er so 360 Götzenfiguren entfernt hatte, erklärte Mohammed: „Die Wahrheit ist gekommen, die Lüge ist nicht mehr." Er entfernte auch die Bilder an den Wänden, darunter Darstellungen Christi und der Jungfrau Maria. Als die Kaaba leer war, sprach er zu dem Stamm:

> Es ist kein Gott außer Allah, nichts ist außer ihm.
> Er hat seine Verheißung an Seinen Diener erfüllt
> und Seine Feinde in die Flucht geschlagen.
> Koraisch! Allah nimmt dir deine Götzen,
> und der Hochmut deiner Vorfahren, er ist nicht mehr.
> Denn der Mensch kommt von Adam,
> Adam aber kam aus dem Staub.[14]

Damit war das Zentrum des Islam für immer etabliert. Mohammed verlangte von jedem Muslim, eine Pilgerfahrt zur Kaaba zu machen, und bis zu diesem Tag ist die Kaaba der Brennpunkt des Islam, zu dem Jahr um Jahr Millionen Pilger kommen.

Nach diesem einschneidenden Ereignis überstürzten sich die Ereignisse. Viele Frauen begannen, wie die Gattinnen des Propheten ihre Gesichter zu verschleiern. Im Jahre 631, das als „Jahr der Abordnungen" in die islamische Geschichte eingegangen ist, sandten die arabischen Stämme Boten nach Medina, um sich Allah und seinem Propheten zu unterwerfen. Mohammed seinerseits sandte Missionare über die ganze Halbinsel, um Konvertiten für den neuen Glauben zu gewinnen. Sein großes Ziel war jetzt erreicht – religiös und politisch war er der Herr Arabiens. Die Kämpfe zwischen den Stämmen hörten auf, und an die Stelle der Blutsverwandtschaft als engstem Band trat die Glaubensgemeinschaft unter dem Namen Allahs, wie dies in den islamischen Ländern heute noch ist.

Der Tod in den Augen Mohammeds

> Jede Seele soll den Tod schmecken, und ihr sollt nur euern Lohn empfangen am Tag der Auferstehung; und wer da dem Feuer entnommen und ins Paradies geführt wird, der soll glückselig sein. Und das irdische Leben ist nur ein trügerischer Nießbrauch. (Sure 3,185)

Im Februar 632 machte der Prophet Allahs, ohne es zu ahnen, seine letzte Pilgerreise von seinem Heim in Medina nach Mekka. Hier sprach er die letzten Worte an seine Anhänger:

> O ihr Gläubigen, hört meine Worte, denn ich weiß nicht, ob ich noch ein Jahr unter euch werde weilen dürfen. Euer Leben und euer Besitz sind heilig und unantastbar, [und dies müsst ihr] der eine gegenüber dem anderen befolgen, bis ihr vor dem Herrn erscheinen werdet, so wie dieser Tag und Monat heilig für alle ist. Und vergesst nicht, dass ihr vor dem Herrn werdet stehen müssen, der von euch Rechenschaft über eure Taten verlangen wird. ... Hört auf meine Worte, beachtet sie wohl. Wisset, dass alle Muslime Brüder sind. Ihr seid alle eine Bruderschaft, und niemand soll etwas von seinem Bruder nehmen, was ihm nicht aus freien Stücken gegeben wird. Flieht die Ungerechtigkeit. Und lasst die, die hier versammelt sind, es denen weitersagen, die es nicht sind, die aber, wenn sie es später erfahren, es vielleicht besser im Gedächtnis behalten als die, die es jetzt hören.[15]

Nach Medina zurückgekehrt, verbrachte Mohammed seine letzten Tage bei seiner geliebten Aisha. Seinen versammelten engsten Freunden und Verwandten erklärte er: „Ich habe nur das für rechtmäßig erklärt, was Allah so in seinem Buch geboten hat." Er wandte sich dann an seine Tochter Fatima und seine Tante Safiyah und sagte: „Arbeitet beide an dem, was euch die Gunst des Herrn verschaffen wird; denn wahrlich, ich habe keine Macht, euch auf irgendeine Weise zu erlösen." Am 8. Juni 632 starb Mohammed. Er wurde zu Hause begraben; später wurde dort eine Moschee errichtet. Sein treuer Gefährte Abu Bakr eröffnete seinen Anhängern: „O Muslime! Falls einige von euch Mohammed verehrt haben, dann lasst mich euch sagen, dass Mohammed tot ist. Doch wenn ihr wirklich Allah verehrt, dann wisset, dass Allah lebt und nie sterben wird!"
Wie sah Mohammed den Tod? Zahlreiche Stellen im Koran beziehen sich auf den Tod des an Allah Gläubigen und des Ungläubigen. Für den Ungläubigen ist das Bild, gelinde gesagt, düster:

> Sähest du nur die Engel die Ungläubigen zu sich nehmen, wie sie ihnen ihr Gesicht und den Rücken schlagen und (sprechen): „Schmecket die Strafe des Verbrennens! Solches für das, was eure Hände voraussandten!" Und weil Allah nicht ungerecht ist gegen Seine Diener. (Sure 8,50–51)

> ... getränkt soll er werden mit Eiterfluss. Er soll ihn hinunterschlucken und kaum unter die Gurgel bringen, und kommen soll der Tod zu ihm von allen Seiten, ohne dass er sterben könnte; und vor ihm ist harte Strafe. (Sure 14,16–17)

Da erwartet den an Allah Gläubigen ein wesentlich besseres Schicksal:

> Aber gesprochen wird zu denen, welche gottesfürchtig waren: „Was hat euer Herr hinabgesandt?" Sie werden sprechen: „Gutes." Diejenigen, die Gutes tun, erhalten Gutes hienieden; aber die Wohnung des Jenseits ist besser, und wahrlich, herrlich ist die Wohnung der Gottesfürchtigen. Die Gärten Edens, sie treten

in sie ein, die durcheilt sind von Bächen; sie erhalten in ihnen, was sie wollen. Also lohnt Allah den Gottesfürchtigen. (Sure 16,30–31)

In Mohammeds Denken sind der Tod und das ewige Schicksal des einzelnen Menschen von Allah vorherbestimmt. Doch Allah sieht auch die Werke des Menschen an. Der Koran stellt fest: „Und jeden Menschen – befestigt haben Wir ihm sein Los an seinem Hals" (Sure 17,13). Ob Mohammed in den Himmel kam, war also außer von Allahs Gnade von seinen guten Werken abhängig. Der Muslim kennt keine Erbsünde, also die christliche Lehre, dass der Mensch bereits als Sünder geboren wird. Die Sünde kommt vielmehr aus Unwissenheit und Stolz. Für Mohammed war Allah aufgrund seiner Heiligkeit unendlich weit erhaben über seine Schöpfung, doch paradoxerweise wird am Tag des Gerichts der Unterschied zwischen Heilig und Unheilig gar nicht so absolut sein; Allah verlangt lediglich, dass auf der Gerichtswaage das Gute schwerer wiegt als das Böse.

Ein moderner Held?

Ist Mohammed jemand, dem man als dem perfekten Vorbild des Gehorsams gegenüber Gott folgen kann? Die Antwort ist eindeutig. Wie können wir seinen Offenbarungen und Visionen vertrauen, wenn er selber an ihnen zweifelte, ja sich manchmal für dämonisch besessen hielt? Seine eigene Pflegemutter, Halima, gibt an, dass sie ihn für „vom Teufel besessen" hielt.

Zweitens: Wie können wir Mohammeds „Offenbarungen" als von Gott kommend akzeptieren, wenn er sie manchmal eigenmächtig veränderte? Dieser leichtsinnige Umgang mit den Worten Allahs wirft einen weiteren Schatten auf seine Glaubwürdigkeit.

Die Taten Mohammeds sind teilweise moralisch verwerflich. Er tötete Kritiker, weil sie es wagten, ihre Meinung zu sagen, und befahl, eine Frau schwer zu schlagen, um ihr Informationen abzupressen. Er war im Krieg ohne Schonung und überfiel Handelskarawanen, um seine Bewegung zu finanzieren. Er verletzte sogar die moralischen Grundregeln der Kriegsführung, als er während eines heiligen Monats kämpfte. Trotz all dem wird er im Islam als der geliebte Prophet hoch gepriesen. In den Worten eines muslimischen Gelehrten:

> Mohammed ist der begnadetste unter den Menschen,
> der ehrwürdigste der Gesandten, der Prophet der Gnade,
> das Haupt (Imam) der Gläubigen, der Träger des Banners
> des Lobpreises, der Fürsprecher, der hoch Erhöhte,
> der Besitzer des Paradiesflusses, unter dessen Fahne die Söhne
> Adams am Tage des Gerichts sein werden. Er ist der beste
> der Propheten, seine Nation die beste der Nationen ... und sein
> Glaube das edelste aller Bekenntnisse.[16]

Eine ehrliche Darstellung des Lebens Mohammeds muss unter die Schlüsselwörter *Vielschichtigkeit* und *Opportunismus* zusammengefasst werden. Das irdische Leben Jesu Christi, des Sohnes Gottes, ist dem Mohammeds an Integrität, Güte und Weisheit unendlich überlegen.

Jesus hat nie einem Menschen das Leben genommen. Christus ist das Urbild wahrer Liebe. Er kam und wurde verworfen, und während wir noch Sünder waren, starb er für uns (Römer 5,8).

Es ist eine Sache, sich über Mohammeds Leben zu unterhalten; es ist eine ganz andere, ihm nachzueifern. Im Koran befiehlt Mohammed: „Erschlaget die Götzendiener, wo ihr sie findet“ (Sure 9,5). Diese Passage lässt nur zwei Deutungen zu: Entweder sie ist *deskriptiv*, d. h. eine Beschreibung, wie Mohammed im 7. Jahrhundert die heidnischen Stämme auf der Arabischen Halbinsel bekämpfte. Oder aber sie ist *präskriptiv*, d. h. sie fordert die muslimischen Gläubigen auf, den Kampf fortzusetzen, bis der Sieg Allahs allumfassend ist. Viele Anhänger Mohammeds verstehen die Passage im zweiten Sinne, als Anweisung zum Kampf. In einer Welt, die nach Frieden hungert, sich das Leben dieses Krieger-Propheten zum Vorbild zu nehmen, bedeutet unweigerlich Blutvergießen.

3. Die Geschichte des Islam: Eine blutige Spur

Was ich nicht weiß, macht mich nicht heiß

Bei einer neueren Umfrage des Meinungsforschungsinstituts Gallup wurden US-Teenager nach drei der grundlegendsten Daten der amerikanischen Geschichte befragt:[1]

- *In welchem Jahr entdeckte Christoph Kolumbus Amerika?*
  Nur 42 Prozent nannten das Jahr 1492; 22 Prozent gaben eine falsche Antwort, 36 Prozent gar keine.
- *In welchem Krieg ging es zentral um die Rechte der einzelnen US-Staaten?*
  39 Prozent nannten den amerikanischen Bürgerkrieg (Sezessionskrieg), 18 Prozent gaben eine falsche Antwort, 43 Prozent fiel gar nichts ein.
- *In welchem Jahr erlangten die Vereinigten Staaten ihre Unabhängigkeit?*
  Nur einer von vier Teens wusste, dass die Erklärung der Unabhängigkeit von England 1776 unterschrieben wurde – obwohl ein Nationalfeiertag daran erinnert. 19 Prozent antworteten falsch, satte 56 Prozent konnten gar keine Antwort geben.

Doch die Unwissenheit der Amerikaner über ihre eigene Geschichte ist harmlos im Vergleich zu ihrer Unwissenheit über die Geschichte der Alten Welt und des Orients, insbesondere des Islam. Vielen Zeitgenossen ist nicht klar, dass die heutige verfahrene Situation das Ergebnis eines 14 Jahrhunderte währenden Kampfes zwischen zwei religiösen und politischen Giganten ist, dem Islam und dem Christentum (siehe Kasten 3 auf Seite 62).

Stationen im islamisch-christlichen Konflikt	
691	Bau des Felsendoms in Jerusalem
715	Große Moschee in Damaskus
732	Schlacht von Tours und Poitiers: Ende des islamischen Vordringens in Europa
1095–1291	Insgesamt sieben Kreuzzüge
1453	Die türkischen Osmanen erobern Konstantinopel
1492	Ganz Spanien wieder römisch-katholisch
1914–1918	Das Osmanische Reich besiegelt seinen Untergang durch die Kriegsallianz mit Deutschland.

Bernard Lewis, Professor für Nahoststudien an der Princeton Universität, zieht die folgende Bilanz der „Angriffe und Gegenangriffe, Djihads und Kreuzzüge, Eroberungen und Rückeroberungen“:

> In den ersten tausend Jahren war der Islam auf dem Vormarsch, während das Christentum auf dem Rückzug und ständig bedroht war. Der neue Glaube eroberte die alten christlichen Länder der Levante [Länder um das Mittelmeer] und Nordafrikas und fiel in Europa ein, wo er eine Zeit lang Sizilien beherrschte. ... In den letzten drei Jahrhunderten, seit der erfolglosen zweiten türkischen Belagerung von Wien im Jahre 1683 und dem Aufstieg der europäischen Kolonialreiche in Asien und Afrika, ist der Islam in der Defensive gewesen, und die christliche und nachchristliche Kultur Europas und ihrer Töchter hat die ganze Welt, einschließlich des Islam, in ihren Einflussbereich gebracht.[2]

Lewis' Artikel erschien im September 1990 im *Atlantic Monthly Magazine*, exakt elf Jahre vor den Anschlägen auf das World Trade Center und das Pentagon. Während dieser Jahre erfüllten die Muslime Lewis' Prognose und kehrten in ungeahnten Zahlen zu ihren Wurzeln zurück: der Grundvorstellung, dass die Welt entweder im „Haus des Islam" oder im „Haus des Krieges" lebt. Aus der muslimischen Perspektive, so Bernard Lewis, „lebt der Großteil der Welt noch außerhalb des Islam, und selbst in den islamischen Ländern ist – jedenfalls nach der Meinung der radikalen Muslime – der islamische Glaube unterhöhlt und das Gesetz des Islam außer Kraft gesetzt. Die Verpflichtung zum Heiligen Krieg beginnt somit zu Hause und setzt sich dann im Ausland, gegen den gleichen ungläubigen Feind, fort."[3]

Mit der Rückkehr des Islam zu dem Denken, das seine ersten tausend Jahre prägte, geraten „Ungläubige" jeder Rasse, Religion und Herkunft in das Zielvisier der muslimischen Glaubenskrieger. In diesen „neuen Kreuzzügen" steht der Westen in einem Kampf, der nur äußerlich auf politischer Ebene geführt wird, aber seinem inneren Wesen nach religiös motiviert ist.[4]

Die vier apokalyptischen Reiter Mohammeds (632–661)

Abu Bakr (632–634): Konsolidierung der Bewegung

Mit dem Tod Mohammeds 632 n. Chr. war das Schicksal der neuen Religion plötzlich ungewiss. Der erste Kalif (Vertreter und Nachfolger) Mohammeds wurde sein persönlicher Gefährte und Schwiegervater Abu Bakr, einer der Ersten, der zu dem neuen Glauben übergetreten war. Abu Bakr – mit der Taktik des Djihad wohlvertraut – erreichte drei wichtige Ziele:

1. Er warf die aufständischen arabischen Stämme nieder und festigte die Vorherrschaft des Islam auf der Arabischen Halbinsel.

2. Mohammeds Botschaft wurde durch erste Verschriftlichungen für die Nachwelt festgehalten. Die erste schriftliche Version des Korans kam unter dem 3. Kalifen Uthman zustande.
3. Die Eroberungen erfüllten Mohammeds Befehl: „Es darf keine zwei Religionen auf der Arabischen Halbinsel geben."[5]

Umar (634–644): Der „Apostel Paulus" des Islam

Auf die Sicherung der Basis folgte sofort die Expansion. Der zweite Kalif, Umar, brachte in rascher Folge Syrien und Palästina (634–38), den heutigen Irak (636), Ägypten (639) und Persien (642) unter seine Kontrolle. Auch Jerusalem kam unter islamische Herrschaft.[6]
Ein politisches Genie, gelang es Umar meisterhaft, dieses wachsende Territorium zu regieren. Noch heute verehren ihn die meisten Muslime als den gerechtesten der Kalifen. Als Vorreiter einer Politik der Milde gegenüber Nichtmuslimen stellte Umar die Christen (= „Umar-Vertrag") wie folgt unter den Schutz des islamischen Reiches:

> Der Schutz gilt für ihr Leben und ihren Besitz, ihre Kirchen und Kreuze, ihre Kranken und Gesunden und für alle ihre Glaubensgenossen. Ihre Kirchen sollen nicht als Wohnhäuser verwendet noch abgerissen werden, noch soll ihnen oder ihrem Gelände oder ihren Kreuzen ein Schade geschehen, noch darf ihr Besitz in irgendeiner Weise verletzt werden. Es soll keinen religiösen Zwang für diese Menschen geben, noch soll einer von ihnen wegen der Religion einen Schaden erleiden. ... Was hier geschrieben steht, steht unter dem Bunde Allahs und der Verantwortung Seines Boten, der Kalifen und der Gläubigen und soll so lange gelten, wie sie [die Christen] die Djizya [die Steuer für ihren Schutz], die ihnen auferlegt ist, zahlen.[7]

Diese Rechte erhielten die Nichtmuslime, die sich der Oberherrschaft des Islam gebeugt hatten. Der Schutz der „Ungläubigen" war erst möglich, wenn der Friede (so wie der Islam ihn definierte) hergestellt war. John Kelsay, ein Ethiker und Experte auf dem Gebiet der Werte im Krieg, erläutert:

> Der Weg der Sorglosigkeit und der Weg der Unterwerfung finden ihre institutionelle Entsprechung in der Existenz von islamischen und nichtislamischen politischen Einheiten. Die Erstere kann man als das Territorium des Islam (dar al-islam) beschreiben, die Letztere ist das Territorium des Krieges (dar al-harb). Das Territorium des Islam bezeichnet eine politische Einheit, die die Werte des Islam als die höchsten anerkennt. ... Das Territorium des Islam ist theoretisch das Territorium des Friedens und der Gerechtigkeit. ... Konkreter ausgedrückt war für die sunnitischen Theoretiker der Djihad die Form des islamischen Handelns, die an der Schnittstelle zwischen Territorium des Islam und Territorium des Krieges lag.[8]

Der Djihad (Heilige Krieg) ist folglich erst dann vorbei, wenn die ganze Welt Allah unterworfen ist und allein seine Gesetze gelten.
Die Toleranzedikte Umars waren nicht so milde, wie sie auf den ersten Blick aussehen. Ein Chronist Umars, Ibn Timmiya, erwähnt die Restriktionen, mit denen sie verbunden waren:

- Die eroberten Christen hatten kein Recht, neue Kirchen und Versammlungsstätten zu bauen.
- Sie hatten auch nicht das Recht, bereits bestehende Kirchengebäude umzubauen.
- War eine Stadt im Sturm erobert worden, durften die Muslime die Kirchengebäude in ihr konfiszieren.
- Die Muslime hatten das Recht, jede Kirche in einem eroberten Land zu zerstören.

Von dem Chronisten darüber befragt, was mit denen geschehen solle, die diese Regeln verletzen, antwortete Omar: „Jeder, der solche Bedingungen verletzt, wird schutzlos sein, und es wird den Muslimen erlaubt sein, ihn als Rebellen und Ketzer zu behandeln, also ihn zu töten.“[9]

Uthman (644–56) und Ali (656–61): Bürgerkrieg

Im Jahre 644 wurde Umar von Uthman, einem persischen Sklaven, ermordet. Uthman galt als selbstsüchtiger, nur auf den Vorteil seines Clans bedachter Herrscher. Gegen Ende seiner Herrschaft waren die Muslime tief gespalten. Er wurde schließlich in seinem eigenen Haus beim Lesen des Korans ermordet. (Es war Uthman, der die 1. Redaktion des Korans vornahm, und noch heutige Ausgaben tragen seinen Namen.) Der Hass auf Uthman war so groß, dass sein Leichnam tagelang nicht beerdigt wurde – nach dem Koran ein großes Vergehen. Schließlich wurde er in seinen blutgetränkten Kleidern beigesetzt, eine symbolische Anerkenntnis seines Märtyrertums.[10]
Nach Uthman ergriff sein Schwiegersohn Ali bin Abu Talib (ein Vetter Mohammeds) die Zügel des Reiches. Mohammeds Witwe Aisha kämpfte erbittert gegen Ali und seinen Stamm. In zwei ergebnislosen Schlachten kämpften Muslime gegen Muslime. 661 wurde auch Ali ermordet. Seitdem ist der Islam durch die Frage der Nachfolge des Propheten gespalten, ob ein Nachkomme Mohammeds (wie z. B. Ali) regieren soll (wie die Schiiten meinen) oder durch Wahl (wie die Sunniten meinen).

Die gesegnete Frucht des Djihad (661–1095)

Nach Alis Tod bekam der Islam eine neue, größere Vision: die Eroberung der gesamten damals bekannten Welt. Im Jahre 732 schien dieses Ziel zum Greifen nahe. Die Muslime eroberten Zypern (647), Tunesien und Kabul (670), die Insel Rhodos (672), Nordafrika (700), Spanien (711) und Marokko (722), griffen mehrfach Byzanz (Konstantinopel) an und erreichten in Turkestan die Grenze zu China (715). Ein Jahrhundert nach seiner Entstehung erstreckte der Islam sich bis zur Westgrenze Chinas und der Südgrenze Frankreichs; Nordafrika stand vollständig unter seiner Herrschaft.
Die neue Hauptstadt der islamischen Welt wurde Damaskus in Syrien. Die Expansion des Reichtums und des Territoriums des Islam vollzog sich praktisch unangefochten. In diese Zeit fällt auch der Bau zweier

symbolträchtiger Moscheen: des Felsendoms in Jerusalem, der 691 auf dem alten jüdischen Tempelberg errichtet wurde, um die Überlegenheit des Islam über das Judentum zu demonstrieren, und der Großen Moschee in Damaskus (715) an Stelle der St. Johannes-Kathedrale, um die Überlegenheit über das Christentum zu demonstrieren.[11]

Die Wende: Die Schlacht bei Tours und Poitiers

Die Schlacht bei Tours und Poitiers in Zentralfrankreich (732) ist als eine der wichtigsten Schlachten der Weltgeschichte anzusehen. Der Islam hatte sich ganz Nordafrika und Spanien unterworfen. Wenn er auch noch Frankreich überrannte, konnte er leicht Italien erobern, das Zentrum der abendländischen Christenheit. Bei Tours und Poitiers konnte der Frankenkönig Karl Martell („Der Hammer") die Araber stoppen:

> Fast sieben Tage belauerten die beiden Armeen einander und warteten auf den richtigen Augenblick, den Kampf zu beginnen. Schließlich machten sie sich zum Kampf fertig. Und in der Hitze der Schlacht ... standen die Männer des Nordens Brust an Brust, wie ein Bollwerk aus Eis, und mit mächtigen Schwerthieben machten sie die Araber nieder. Um ihren Feldherrn geschart, schlugen die Männer der Austrasier [Austrasien = das östliche Frankenreich] alle vor ihnen in die Flucht. Ihre unermüdlichen Hände lenkten ihre Schwerter in die Brust [des Feindes].[12]

Der Islam war (in Europa) besiegt – wenigstens für den Augenblick. Die Muslime begannen, ihre Schwerter nach Osten zu richten.

Der Aufstieg Bagdads

Die Dynastie der Abbasiden (Bagdad) vernichtete 750 die Umaijaden (Damaskus), so dass Bagdad als neue Hauptstadt Damaskus ablöste. Das Schwergewicht der Kraftanstrengungen verlagerte sich mehr auf

eine „innere Expansion" des Islam in Theologie, Recht und Wissenschaft.
Bagdad erlebte eine Blütezeit als Zentrum des Reichtums und der Wissenschaft und als Tor für Handel und Kultur. Arabische Gelehrte erfanden das Uhrenpendel, den magnetischen Kompass und die Algebra. Die Bibliothek in Bagdad, mit Schriften von Aristoteles und Plato, suchte ihresgleichen in der Welt. Muslimische Ärzte nahmen chirurgische Eingriffe unter Betäubung vor, entdeckten, dass Epidemien sich durch Körperkontakt und über die Luft ausbreiten, entwickelten die erste mobile Klinik (auf dem Rücken eines Kamels) und trennten die Pharmakologie von der Medizin.[13]
Der Islam lenkte seine Energien auf das Gebiet des Intellekts und der Entdeckungen. Eines seiner ersten historischen Werke, Ibn Ishaqs *Das Leben des Propheten*, war eine ausgezeichnete Mohammed-Biographie. Zusätzlichen Schub erhielt die arabische Literatur durch die Übernahme der Kunst des Papiermachens von den Chinesen. Die arabische Küche wurde um Pflaume, Artischocke, Blumenkohl, Sellerie, Kürbis und Aubergine bereichert. Diese Periode gilt heute als das Goldene Zeitalter des Islam.

Kairo

So beeindruckend die intellektuellen Leistungen in dieser Zeit auch waren, die politischen Ziele des Islam litten. Drei Jahrhunderte lang weitete sich sein Territorium nicht aus; mehrere Regionen verkündeten ihre Unabhängigkeit; neue Dynastien forderten die Vorherrschaft Bagdads heraus. Die Dynastie der Fatimiden, die Kairo als ihre Hauptstadt wählte, beherrschte eine Zeit lang Nordafrika, Palästina und einen Großteil Syriens.
Kairo beherbergt die älteste Universität der Welt (gegründet 975), die Al-Azhar-Universität, doch in die islamische Geschichte ist sie vor allem wegen des sechsten Kalifen der fatimidischen Dynastie, al-Hakim (996–1021), eingegangen, der sich zur Inkarnation Gottes erklärte. Seine blutige Verfolgung der Christen und die Zerstörung koptischer heiliger Stätten beschwor eine der dunkelsten Stunden der

Geschichte herauf, die Zeit der Kreuzzüge. Als al-Hakim spurlos verschwand, rankten sich bald Sagen um seinen Verbleib.

Die Kreuzzüge (1095–1291)

Die Kreuzzüge waren das Ergebnis der Übernahme der islamischen Doktrin des Heiligen Krieges durch die christliche Welt. Bereits zwei Jahrhunderte vor dem ersten Kreuzzug hatte Papst Leo IV. (847–55) jedem, der gegen die Ungläubigen kämpfte, die Vergebung seiner Sünden zugesagt, womit er die Idee des westlichen Djihad fest im abendländisch-christlichen Denken verankerte.[14] Johannes VIII. (872–82) und andere Päpste wiederholten die Zusage, dass ein Christ, der im Krieg gegen die Ungläubigen fiel, des ewigen Heils gewiss sein könne. 1064–65 wurden 7000 Christen, die auf einer Pilgerfahrt nach Jerusalem waren, Opfer eines arabischen Hinterhalts.

> Sie fielen plötzlich in die Hände der Araber, die sich auf sie stürzten wie hungrige Wölfe auf die lange erwartete Beute. Sie schlachteten die ersten Pilger wie Tiere ab, ja rissen sie in Stücke. Zuerst versuchten die Unsrigen, sich zu wehren, aber sie waren, arme Männer, die sie waren, bald gezwungen, im Dorf Zuflucht zu suchen. Nachdem sie geflohen waren, wer kann in Worte fassen, wie viele dort getötet wurden, wie viele Todesarten es gab oder wie groß die Not und die Trauer waren?[15]

Damit hatten die Christen einen guten Grund, ihren Kreuzzugglauben in die Tat umzusetzen. Ein ungeheurer Zorn auf die Ungläubigen ging durch das Abendland. Die Kreuzfahrer standen bereit, es den Muslimen an Brutalität gleichzutun.

Der Herold der Kreuzzüge

Gott will es! So lautete der Schlachtruf von Papst Urban II. (1088–99). Die Kirche des Abendlandes stand unter dem Schock des Bruchs zwischen der Ost- und der Westkirche im Jahre 1054. Ein Kreuzzug gen Osten konnte vielleicht dazu beitragen, Rom und Konstantinopel wieder zu vereinigen.

Im ersten Kreuzzug konnten die christlichen Heere Antiochien und Jerusalem erobern, deren Bevölkerung sie fast auslöschten. Vor allem die Juden, die sich gleichsam zwischen Hammer und Amboss wiederfanden, wurden gnadenlos niedergemacht und ihre Synagogen zerstört.

Die Christen sahen das Gemetzel geradezu als Gnadenzeichen Gottes: Er hatte den heidnischen Feind vernichtet und seinen Kindern die kostbaren Stätten des Heiligen Landes zurückgegeben. Dieses Denken führte den Zisterzienserabt Bernhard von Clairvaux (1090–1153) zu einer Theologie, in welcher die höchste und edelste Berufung des Christen die zum „Priester-Ritter“ war – eine Aufwertung des Berufes des Soldaten und eine Abwertung des Priesterstandes. Doch selbst Bernhards Redekunst reichte nicht aus, um die christlichen Kämpfer auf das militärische Genie des Sultans Saladin (1138–93) vorzubereiten.

Saladin vereinigte die sich bekämpfenden islamischen Gruppen, erklärte den Djihad und eroberte 1187 Jerusalem zurück. Doch das Kreuzfahrerheer, das 1191 unter Richard Löwenherz von England Akko belagerte, war zu stark. Richard ließ die 2700 muslimischen Gefangenen vor den Stadtmauern Akkos niedermachen. Die Muslime hatten christliches Blut vergossen, und jetzt dankten die Christen Gott, dafür Rache nehmen zu können.

Das Ergebnis der Kreuzzüge

Die Zeit der Kreuzzüge endete 1291 mit der Eroberung von Akko, dem letzten christlichen Bollwerk, durch die Mamelucken. In einer Zeit großer Fortschritte in Wissenschaft, Kunst und Philosophie (vor allem in der islamischen Welt) demonstrieren die Kreuzzüge, wessen die Kämpfer auf beiden Seiten fähig waren. Die bei weitem meisten Schlachten wurden von den Muslimen gewonnen, so dass die Zeit der Kreuzzüge in der Endbilanz den Islam stärkte und das Christentum schwächte. Aus einer christlichen Perspektive betrachtet,

- blieb die erhoffte Wiedervereinigung der Kirche aus;
- ging es den Kreuzrittern viel mehr um Beute und die Eroberung bestimmter Stätten als um eine geistliche Erneuerung;
- war der Sieg mit dem Schwert wichtiger als Mission und Evangelisation.

Im Denken vieler Muslime haben die Kreuzzüge nie aufgehört; für viele Christen wurden sie eine schwere Hypothek ihrer Geschichte.

Die Front wandert nach Osten (1298–1515)

In die Zeit der Kreuzzüge fällt der Aufstieg des Mongolenreiches unter Dschingis-Khan (1162–1227). Der Mongolensturm verschonte auch Bagdad nicht, das 1258 zerstört wurde. Die Landwirtschaft im Nahen Osten leidet heute noch unter der ökologischen Barbarei der Mongolen, die u. a. Salz auf die Felder streuten. Die Mongolen, Feinde der Christen wie der Muslime, konnten erst in Ägypten von der muslimischen Allianz gestoppt werden.

Was die Mongolen letztlich besiegte, war nicht das Schwert, sondern der Islam selbst. Viele der Mongolenkrieger bekehrten sich; gegen Ende des 13. Jahrhunderts erhob ein Mongolenführer den Islam sogar zur Staatsreligion seines Reiches. Andere Führer blieben Feinde des Islam, aber die Muslime überlebten diese größte Bedrohung ihrer Geschichte. Der kulturelle Preis, den der Islam zahlte, war indessen hoch: Viele muslimische Gelehrte wurden deportiert oder getötet, zahlreiche Kulturzentren geplündert und zerstört.[16]

Neue Blüte unter den Osmanen (1515–1919)

Als die Reformation die theologische Landkarte der Christenheit neu zeichnete, etablierten sich im Islam die Turkvölker (Osmanen) als die neuen Helden des Glaubens. Während die Christen sich theologisch aufsplitterten, wurde der Islam durch pure politische Notwendigkeit wiedervereinigt.
Zwei historische Ereignisse des 15. Jahrhunderts trugen zu dieser Wiederbelebung bei: die Eroberung Konstantinopels und der Verlust Spaniens. 1453 eroberten die Osmanen, nachdem sie bereits weit auf den Balkan vorgestoßen waren, Konstantinopel (Byzanz), das unter dem Namen Istanbul zur neuen Hauptstadt des Osmanenreiches wurde. Ein zeitgenössischer Bericht über die Schlacht um Konstantinopel demonstriert die Bedeutung des Djihad:

> Hier kam die zentrale Rolle des Führers in dem Kampf, als der Sultan sich erhob und, dem Vorbild des Gesandten Allahs in der Schlacht von Uhud folgend, mit wenigen Worten ein Beispiel äußersten Mutes gab, indem er sagte: „Meine Söhne, hier bin ich, bereit, zu sterben auf dem Weg Allahs. Wer immer ein Märtyrer werden möchte, folge mir.“ Darauf folgten die Muslime ihrem Führer wie die Flut eines Dammes und rissen die Sperren des Unglaubens fort, bis sie die Stadt betraten und in dieser das Wort des Monotheismus erhoben. ... So fiel die Stadt [Konstantinopel], die acht Jahrhunderte lang den Muslimen getrotzt hatte. [Ahmed, beglaubigt durch Al Albany][17]

Wenige Jahrzehnte später, 1492, wurde die Rechristianisierung *(Reconquista)* Spaniens unter Ferdinand von Aragon und Isabella von Kastilien mit der Eroberung Granadas abgeschlossen, womit wieder ganz Westeuropa christlich war. Trotzdem gaben die Türken ihre Pläne zur Eroberung Europas nicht auf; zweimal belagerten sie Wien. Kein Wunder, dass viele Christen in den Türken „Söhne der Hölle“ sahen.
Auf dem Zenit seiner Macht erstreckte sich das Osmanenreich von Polen im Norden bis zur Spitze der Arabischen Halbinsel im Süden, von Bagdad im Osten bis nach Marokko im Westen. Die Osmanen herrschten in

Jerusalem, Mekka, Kairo, Tunis und Belgrad. Doch dann begann der Niedergang ihres Reiches – sowohl aufgrund innerer Spannungen als auch durch den aufkommenden westeuropäischen Kolonialismus.

Im 18. Jahrhundert etablierte sich Russland als Schutzherr des christlichen Balkans gegen die Türken. Das 17. bis 20. Jahrhundert erlebte einige Kriege zwischen Russland und den Osmanen. Der größte russische Erfolg war der Krieg von 1768–74, der nicht nur der türkischen Armee, sondern auch ihrer Flotte schwere Verluste zufügte. Die russisch-türkischen Kriege brachten Bulgarien, Rumänien und Serbien die Freiheit vom osmanischen Joch.

Das Ende des „kranken Mannes am Bosporus“ wurde vorbereitet durch die Allianz der Türken mit Deutschland im 1. Weltkrieg. 1923 wurden auf der Konferenz von Lausanne neue Grenzen durch das einstige Osmanenreich gezogen.

Damit war der islamische Vulkan nach tausend ungeheuer aktiven Jahren erloschen. Selbst in Europa war seine Bilanz beeindruckend. 800 Jahre lang hatten die Araber und Mauren Spanien kontrolliert, 600 Jahre Portugal, 500 Jahre Griechenland und Bulgarien, 400 Jahre Rumänien und Serbien, 300 Jahre Sizilien und 150 Jahre Ungarn. J. Dominguez kommentiert: „Italien, Österreich, Bosnien, Kroatien, die Walachei, Albanien, Moldawien, Armenien, Georgien, Polen, die Ukraine und das östliche und südliche Russland – sie alle waren Schlachtfelder, auf denen der Islam siegte oder besiegt wurde, in blutrünstigen, grausamen, äußerst verlustreichen Konflikten, die sich über weit mehr als tausend Jahre hinzogen.“[18]

Der Islam in der Defensive

Mit dem Niedergang des Osmanenreiches stand der Islam vor einer Situation, die seinem bisherigen Denken fremd war und in der er sein Heil in einer defensiven Überlebensstrategie suchte. Vorbei war die Zeit, in der irgendwo ein Held aufstand, um die Fahne des wahren Glaubens weiterzutragen; vom 18. bis zum 20. Jahrhundert mussten sich die einstigen Eroberer in die undankbare Strategie des bloßen Überlebens schicken.

Ein besonderer Stachel für die Muslime war die Kolonialisierung Afrikas und Asiens. In den letzten beiden Jahrzehnten des 19. Jahrhunderts wurde praktisch ganz Afrika unter den europäischen Kolonialmächten (vor allem England und Frankreich, daneben Deutschland, Italien, Belgien, Spanien und Portugal) aufgeteilt, wobei viele der heutigen Staatsgrenzen gezogen wurden. Doch das Schlimmste in den Augen der Muslime war nicht die politisch-wirtschaftliche Fremdherrschaft, sondern die Entsendung von christlichen Missionaren. Für den Muslim waren – und sind noch heute – Kolonialismus und Mission zwei Seiten derselben Münze, wobei die Missionare ihnen sogar noch verhasster sind als die Kolonisatoren. So ist David Livingstone (1813–73), der 1840 als Missionar und Forscher nach Süd- und Zentralafrika ging, für viele Christen ein Held des Glaubens; für die Muslime ist er eine der finstersten Gestalten des Abendlandes.
Doch was das Maß des Kolonialismus voll machte, war, dass Großbritannien, das nach dem 1. Weltkrieg das Mandat über Palästina erhielt, den Juden eine Heimstätte in Palästina zusagte, die sich später (jetzt allerdings gegen den Widerstand der Briten) in der Gründung des modernen Staates Israel erfüllte (1948). Jetzt hatten die Muslime noch nicht einmal mehr die Alleinherrschaft über eine ihrer heiligsten Stätten, Jerusalem – und wer trug daran die Schuld? Die christlichen Europäer und ihre amerikanischen Verbündeten ...

Schlussfolgerungen

Mehrere Schlussfolgerungen sind aus den 1400 Jahren muslimisch-christlicher Geschichte zu ziehen:

- Mit Ausnahme der Kreuzzüge wurden fast alle Kriege von den Muslimen begonnen – eine logische Folge der Theologie des Djihad.
- Krieg ist in der Geschichte des Islam kein Nebenthema, sondern das Hauptinstrument der religiösen Expansion.
- Konservative Muslime sehen die westliche Kultur als Bedrohung für ihre Traditionen und ihren Glauben.
- Auch wenn der Islam drei Jahrhunderte lang in der Defensive war, hat er die vorangehenden tausend Jahre der Eroberungszüge im

Namen Allahs nicht vergessen. Dieser militante Islam erlebt heute eine Renaissance.

Heute tobt ein kultureller, politischer, theologisch und sozialer Kampf um die Seele der Muslime. Wie Bernard Lewis erklärt, haben die muslimischen Ideale in den vergangenen Jahrhunderten eine dreifache Niederlage erlitten: Erstens verlor der Islam seine dominierende Rolle auf der Weltbühne, zweitens wurde durch die Invasion der Ausländer und ihres Denkens seine Herrschaft in seinen eigenen Ländern untergraben, und drittens beflügelte das Gedankengut der Moderne die Emanzipation der Frau und die Rebellion der Kinder. „Es war dabei nur natürlich, dass diese Wut [der Muslime] sich primär gegen den altbösen Feind richtete und ihre Kraft aus den alten Glaubenssätzen und Loyalitäten schöpfte."[19]

Viele rechtgläubigen Muslime sind überzeugt, dass sie keine andere Wahl haben, als in die Offensive zu gehen. Und je größer ihre Überzeugung, dass der Westen den Islam und seine Werte herabsetzt, um so größer das Risiko der Gewalt. Hier ein Teilüberblick über die derzeitige Lage:

- In Algerien tobt nach wie vor ein blutiger Krieg zwischen der Islamistischen Heilsfront (FIS) und der (gemäßigt islamischen) Regierung.
- 1996 wurde die fundamentalistisch orientierte Wohlfahrtspartei die stärkste Fraktion im türkischen Parlament.
- Nach der Befreiung von der irakischen Besatzung im Golfkrieg hat Kuweit nicht-islamische Schuleinrichtungen sowie christliche Mission verboten.
- Die Regierung von Brunei (Nordwest-Borneo) übt unter dem Deckmantel der Religionsfreiheit massiven Druck auf die christlichen Schulen im Land aus, den christlichen durch islamischen Religionsunterricht zu ersetzen. Christliche Versammlungen mit mehr als fünf Personen wurden verboten.
- Alle Bürger Mauretaniens müssen sunnitische Muslime sein. Religionswechsel wird als Verbrechen bestraft.
- Obwohl die Verfassung von Bangladesh die Religionsfreiheit garantiert, ist der Islam 1998 in einem Zusatzartikel zur Staatsreligion erklärt worden.

- Die islamischen Führer in Kenia haben den Djihad gegen die African Inland Church sowie gegen die internationale Hilfsorganisation World Vision erklärt.
- 1992 verbot die Regierung von Tansania das Predigen außerhalb von Kirchengebäuden.[20]

Vieles wäre darüber hinaus noch zu nennen, wie z. B. die Reformbewegung der Muslimbruderschaft (in Ägypten) und das Erstarken des Wahhabitismus (in Saudi-Arabien) als Folge des Ölreichtums. Sie alle transportieren den islamistischen Fundamentalismus. Der Islam ist erneut zu einer realen Macht und ernst zu nehmenden Gefahr geworden.

Aus der Vergangenheit lernen

1524 trat Balthasar Hubmaier (1480–1528), einer der gelehrtesten Anführer der Täufer, in seinem Buch *Von Ketzern und ihren Verbrennern* für die volle Religionsfreiheit ein. Seine Einstellung zu den Muslimen hat auch für uns Heutige Modellcharakter. Er schrieb, dass ein türkischer Muslim „nicht durch unser Tun bezwungen werden kann, auch nicht durch Feuer oder Schwert, sondern allein durch Geduld und Flehen, wobei wir voll Geduld des Gerichtes Gottes warten".[21] Hubmaier stellte sich gegen das machtpolitische System seiner Zeit; er wurde schließlich als Ketzer verbrannt.

Wir heutigen Christen sollten in der religiösen Toleranz Hubmaiers stehen. Es ist die Pflicht der an Jesus Christus Glaubenden, Muslime durch Liebe zu überzeugen und ernsthaft für sie zu beten.

4. Der Koran – die „Mutter des Buches"

Tonys Geschichte

Als Tony sein Studium begann, war sein Zimmernachbar im Studentenwohnheim Asklar. Tony war in einer mit Leben erfüllten Kirche groß geworden, hatte mit zwölf Jahren Jesus Christus als Herrn und Heiland angenommen und mehrere Jahre die Jugendgruppe der Gemeinde geleitet. Mehrmals war er bei missionarischen Einsätzen dabei; Gott hatte ihn gebraucht. Aber sein Zimmernachbar schien eine „harte Nuss" zu sein. Was immer Tony auch sagte, Asklar war nicht aus der Reserve zu locken.

Jedes Mal, wenn Tony einen Bibeltext zitierte, konterte Asklar prompt mit Koranstellen, die das, was Tony sagte, glatt auf den Kopf stellten. Die Muslime schienen die Geschichten des Alten Testaments zu kennen, aber irgendwie erschienen sie völlig verdreht.

Tony war dabei, ein Schlüsselelement der islamischen Theologie kennen zu lernen. Der Koran enthält viele Geschichten aus dem Alten Testament und den Evangelien, aber in abgeänderter Form. Der etwa sechs Jahrhunderte n. Chr. entstandene Koran ist stellenweise eine islamisch umfunktionierte „Nacherzählung" der Bibel. Um seinen Freund erreichen zu können, musste Tony sich zuerst über jenes Buch kundig machen, das Asklar ständig las.

Autorität

Nach traditioneller islamischer Darstellung wurde während der Zeit des 3. Kalifen, Uthman (644–656), der Koran nach Aufzeichnungen des Propheten Mohammed zusammengestellt. Das arabische Wort

„Koran" *(Qu'ran)* ist aus der Wurzel *qara'a* („lesen", „rezitieren") abgeleitet. Als der Engel Gabriel Mohammed im Juli 610 in der Höhle auf dem Berg Hira (ca. 5 km nordöstlich von Mekka) erschien, befahl er ihm dreimal, zu „lesen" bzw. zu „rezitieren".
Der Islam betrachtet den Koran als die endgültige Offenbarung Allahs. Im Arabischen wird der Koran auch *al-Kitab* („Das Buch", „Die Schrift"), *al-Furkan* („Die Unterscheidung") und *al-Dikhr* („Die Erinnerung") genannt.
Manche Christen glauben, der Koran sei so lang wie die Bibel, aber er besteht aus nur 114 Kapiteln (den Suren), 6.616 Versen *(ayat)*[1], 77.943 Worten und 338.606 Buchstaben (im arabischen Urtext). Nach Aussage der islamischen Gelehrten wurden Mohammed 90 der Suren in Mekka geoffenbart, die übrigen 24 in Medina. Die Bibel hat 1.189 Kapitel und ist ca. drei Mal so lang wie der Koran.

Offenbarung

Die Frage der Offenbarung stellt die islamische Dogmatik vor ein Problem. Allah ist unendlich erhaben und hat mit keinem Menschen Gemeinschaft, aber er möchte trotzdem den Menschen seine Wahrheit mitteilen. Diesen Zwiespalt versucht die islamische Theologie durch die *rusul* („Gesandten") zu überbrücken – Menschen, die Propheten waren und mit Allah kommunizieren konnten.
Diese Kommunikation ist jedoch eine Einbahnstraße, ein Monolog Allahs an die Menschen. Jeder der Propheten erfüllte seine Sendung, indem er ein Buch schrieb; die letzte und daher – so die Muslime – wichtigste Offenbarung wurde dem letzten Propheten, Mohammed, zuteil.
Der Islam lehrt, dass der Koran eine wortwörtliche Kopie der endgültigen Gottesoffenbarung ist, die auf ewigen Schrifttafeln im Himmel geschrieben ist. Sie verweisen dazu auf Sure 85,21–22: „Ja, es ist ein ruhmvoller Koran auf verwahrter Tafel."
Nach der muslimischen Überlieferung wurden diese Offenbarungen im Monat Ramadan, in der „Nacht der Macht" *(Lailat al-Qadr*, vgl. Sure 97), in den untersten der sieben Himmel herabgesandt. Von dort

wurden sie durch Gabriel an Mohammed weitergegeben (Sure 25,32). Da sie den Koran für direkt von Allah diktiert halten, küssen die Muslime ihn, halten ihn an ihre Stirn und stellen ihn auf das höchste Regal in der Wohnung. Übersetzungen sind ihnen grundsätzlich verdächtig, denn wirklich verstehen kann man die Worte angeblich nur im arabischen Original; nur in dieser Sprache enthält der Koran wirklich voll die Worte und das Zeugnis Allahs.
Die Muslime nennen den Koran auch „Mutter des Buches" bzw. „Mutter der Schrift" (Sure 43,3), mit der sich kein anderes Buch, keine andere Offenbarung messen kann (vgl. Sure 2,23 und 10,37–38).

Inspiration

Der arabische Ausdruck zur Bezeichnung des Prozesses der Offenbarung ist *wahy*, das mit „göttliche Inspiration" übersetzt werden kann. *Wahy* wird in Sure 42,51 erklärt:

> Und nicht kommt es einem Menschen zu, dass Allah mit ihm sprechen sollte, es sei denn in Offenbarung oder hinter einem Vorhang. Oder Er entsendet einen Gesandten, zu offenbaren mit Seiner Erlaubnis, was Er will. Siehe, Er ist hoch und weise.

Der Koran gibt wenig Auskunft darüber, wie Mohammed seine Offenbarungen erhielt, so dass wir auf die Berichte anderer angewiesen sind, wie Ibn Ishaq, Ibn Hisham, Ibn Athir und Ali Halabi. Sie erwähnen sieben Arten der *Wahy*-Erlebnisse Mohammeds:

1. Mohammed hatte, so seine Witwe Aisha, bei manchen Offenbarungen Krampfanfälle mit heftigen Schweißausbrüchen. In seinen Ohren klingelte es, er wurde verwirrt und sein Gesicht veränderte sich. Umar b. al-Khattab berichtet, dass der Prophet zitterte, Schaum vor dem Mund bekam und wie ein Kamel brüllte.
2. Andere Offenbarungen kamen im Traum.
3. Oder in Visionen (Schauungen).
4. Manchmal sah Mohammed einen Engel, der wie ein hochgewachsener junger Mann aussah.

5. Bei anderen Gelegenheit sah er „richtige“ Engelgestalten (Sure 42,51).
6. An einem Abend durchquerte er im *Miradj* („Himmelsreise“) die „sieben Himmel“, um seine Offenbarung zu empfangen.
7. Allah sprach hinter einem Vorhang zu ihm (Sure 42,51).

Die Berichte über die Anfälle sind in muslimischen Quellen festgehalten. Einige Autoren haben sie mit epileptischen Anfällen verglichen, aber es ist vielleicht am besten, sie nicht weiter zu kommentieren. Mohammed pauschal für geisteskrank oder von Dämonen besessen zu erklären, bringt für die Sache des Evangeliums wenig. Es ist jedoch interessant, dass nach Amr b. Sharhabil Mohammed selber seiner Frau Chadidja anvertraute, dass er befürchtete, von Dämonen besessen zu sein, und sich fragte, ob andere ihn ebenfalls für besessen hielten.[2]

Zeiten und Methoden der Offenbarung

Nach der Überlieferung erhielt Mohammed die Offenbarungen in drei zeitlichen Schüben durch den Engel Djibril (Gabriel) und schrieb sie anschließend nieder. Die Suren der ersten mekkanischen Periode (610–611/615–616 n.Chr.) waren Schriften des Gerichts und der Offenbarung über das Wesen Allahs und seiner Herrschaft. Es sind dies die Suren 1, 51–53, 55–56, 68–70, 73–75, 77–79, 99–104, 111–114, 96, 106, 108, 107, 105, 92, 90, 94, 93, 97, 86, 91, 80, 87, 95, 85, 82, 81, 84, 88, 89, 83, 109.

Die zweite mekkanische Offenbarungsperiode (616–619) und die dritte (619–622) erbrachte längere, lehrmäßig orientierte Suren, von denen viele direkt aus dem Pentateuch übernommen sind. In dieser Periode erklärte der Islam sich erstmals zur einzig wahren Religion. (Suren 6–7, 10–21, 23, 25–32, 34–46, 50, 54, 67, 71–72, 76.)

Die Offenbarungen von Medina (623–632) erstreckten sich über die letzten zehn Jahre des Lebens Mohammeds. In diesen letzten Suren (2–5, 8–9, 22–24, 33, 37, 47–49, 57–59, 60–66, 98, 110) geht es vor allem um Fragen der Regierung und der Ethik.

Falls Mohammed des Lesens und Schreibens unkundig gewesen sein sollte (was heute bestritten wird), wie hat er dann die Korantexte sammeln können? Einige *Ulama* (islamische Religionsgelehrte) glauben, dass die Gefährten des Propheten die Worte, die er ihnen sagte, auswendig lernten und dass sie womöglich die von Mohammeds Sekretär Zaid b. Thabit erstellte Endversion prüften. Der Islam lehrt, dass Mohammed seinen Tod nicht voraussah und keine Vorkehrungen für die Niederschrift seiner Offenbarungen traf; diese Aufgabe fiel seinen Zeitgenossen zu.

al-Bukhari, ein muslimischer Gelehrter des 9. und 10. Jahrhunderts, schreibt, dass dann, wenn Mohammed in eine seiner Trancen fiel, seine Offenbarungen auf allen möglichen Materialien niedergeschrieben wurden, die gerade zur Hand waren: Knochen von toten Tieren, Palmblätter, Tierhäute, Matten, Steine und Baumrinde.[3] Wenn sie gar nichts zum Schreiben fanden, versuchten seine Jünger (Abdallah b. Masud, Abu Musa und Ubayy b. Kab), die Offenbarungen auswendig zu lernen. Diese mündlichen Sammlungen wurden von „Rezitatoren", die die Suren auswendig lernten und im Gottesdienst aufsagten, tradiert.

Nach Bukhari gingen in den Jahren nach Mohammeds Tod Teile des Korans verloren, als etliche dieser Rezitatoren in der Schlacht von Yamama fielen. Darauf fühlte Umar, einer der Gefährten Mohammeds, sich genötigt, den Kalifen Abu Bakr zu bitten, die existierenden Offenbarungen/ Rezitationen zu einer Sammlung vereinigen zu lassen. Abu Bakr übertrug diese Arbeit Mohammeds Sekretär, Zaid b. Thabit. Zaids Text wurde später an Hafsa übergeben, eine der Witwen Mohammeds und die Tochter des zweiten Kalifen, Umar.

Mit der Herrschaft Uthmans, des dritten Kalifen (644–56), kam eines der kontroversesten Kapitel der Koranüberlieferung. Es kursierten mittlerweile verschiedene Versionen des Korans unter den Muslimen. Uthman beschloss, den Text zu standardisieren, und wählte dabei als Vorlage die Sammlung Zaid b. Thabits in dem Manuskript der Hafsa. Nach der Überlieferung wählte er Zaids Text, weil dieser in dem koraischitischen Dialekt verfasst war, den auch Mohammed gesprochen hatte und der zum „Hocharabischen" wurde. Kopien der Sammlung Zaids wurden in alle muslimischen Provinzen geschickt, während alle anderen Koranmanuskripte – etwa 24 Varianten – kurzerhand verbrannt wurden.

Die Festlegung auf einen verbindlichen „Kanon“ hatte also wenig mit dessen Authentizität zu tun. Offenbar waren zur Zeit Uthmans keine zwei Fassungen völlig deckungsgleich.

Wie sieht der Koran die Bibel?

Der Koran versteht sich als die letztgültige, unfehlbare Offenbarung Allahs. Die Bibel stellt er als 1) unvollständig (und somit der Ergänzung durch den Koran bedürftig), 2) fehlerhaft und 3) verfälscht (das ist der Hauptvorwurf) dar.
Was nicht heißt, dass ein Muslim die Bibel nicht mit Gewinn lesen könnte. In Sure 2,136 heißt es: „Sprecht: ‚Wir glauben an Allah und was Er zu uns niedersandte, und was Er niedersandte zu Abraham und Ismael und Isaak und Jakob und den Stämmen, und was gegeben ward Moses und Jesus, und was gegeben ward den Propheten von ihrem Herrn. Keinen Unterschied machen wir zwischen einem von ihnen.‘“
Die Bibel wird also als Offenbarung Allahs an die als seine Propheten verstandenen Mose und Jesus gesehen. „Und herabsandte Er die Tora und das Evangelium zuvor als eine Leitung für die Menschen ...“ (Sure 3,3). Der Glaube, dass Allah das Alte Testament und das Evangelium als Vorläufer des Korans sandte, zeigt sich sehr deutlich in der 5. Sure:

> Siehe, hinabgesandt haben Wir die Tora, in der sich eine Leitung und ein Licht befinden ... Und wer nicht richtet nach dem, was Allah hinabgesandt hat – das sind Ungläubige. ... Und in ihren Spuren ließen Wir folgen Jesus, den Sohn der Maria, zu bestätigen die Tora, die vor ihm war, und Wir gaben ihm das Evangelium, darinnen eine Leitung und ein Licht ... war, eine Leitung und Ermahnung für die Gottesfürchtigen. Und damit das Volk des Evangeliums richte nach dem, was Allah in ihm hinabgesandt hat; und wer nicht richtet nach dem, was Allah hinabgesandt hat – das sind die Frevler. ... Und so richte du unter ihnen nach dem, was Allah hinabgesandt, und folge nicht ihren Lüsten ...
> (Sure 5,44.46.47.49)

In die gleiche Richtung gehen die folgenden drei aufschlussreichen Texte:

> Sprich: „O Volk der Schrift, ihr fußet auf nichts, ehe ihr nicht erfülltet die Tora und das Evangelium und was hinabgesandt ward zu euch von euerm Herrn." (Sure 5,68)

> Vielmehr ist er [der Koran] eine Bestätigung dessen, was ihm vorausging. (Sure 10,37)

> Und so du in Zweifel bist über das, was Wir zu dir hinabsandten, so frage diejenigen, welche die Schrift vor dir lasen. Wahrlich, gekommen ist zu dir die Wahrheit von deinem Herrn. (Sure 10,94)

Der fromme Muslim hat mit den Juden oder Christen nicht über die Offenbarung Gottes zu diskutieren, sondern zu betonen, dass Allah die göttliche Offenbarung durch den Koran ergänzt und vervollständigt hat. In Sure 29,46 heißt es: „Und streitet nicht mit dem Volk der Schrift ... und sprechet: „Wir glauben an das, was zu uns herabgesandt ward und herabgesandt ward zu euch." Für den Muslim steht der Koran also nicht im Gegensatz zum Alten Testament und zum Evangelium, sondern er ist ihre Ergänzung und Korrektur. In Sure 21,7 werden Juden und Christen aufgefordert, diese Wahrheit zu bezeugen: „Und vor dir entsandten Wir nur Männer, denen Wir uns geoffenbart. Fragt nur das Volk der Ermahnung, so ihr's nicht wisset."

Für den Muslim sind also Altes Testament und Evangelium göttlichen Ursprungs, aber durch Menschen verfälscht. Der Koran ruft Juden und Christen auf, zu erkennen, dass die Bibel von Lügen und Verzerrungen durchsetzt ist:

> O Volk der Schrift, weshalb kleidet ihr die Wahrheit in Lüge und verbergt die Wahrheit wider euer Wissen? ... Und siehe, wahrlich ein Teil ist unter ihnen, der mit seinen Zungen die Schrift verkehrt, damit ihr es für einen Teil der Schrift haltet, während es nicht zur Schrift gehört. (Sure 3,71.78)

Der Koran ist also die endgültige, vollständige und exakte Offenbarung Allahs. Ein Christ fühlt sich an Offenbarung 22,18–19 erinnert, wenn er die folgenden Ermahnungen im Koran liest:

> Unabänderlich sind Allahs Worte. (Sure 10,64)
> Und Allahs Worte ändert niemand ab. (Sure 6,34)

Konflikte mit der Bibel

Viele Aussagen des Korans stehen im Widerspruch zur Bibel, und der Christ, der einem Muslim seinen Glauben bezeugen will, sollte um diese Widersprüche wissen. Da der Koran die Bibel als von Menschen verfälscht betrachtet, gehen die Muslime natürlich davon aus, dass ihre Versionen der biblischen Geschichten die richtigen sind. Mohammed bezog seine biblischen Kenntnisse aus mündlichen Traditionen von Juden und Christen, da die biblischen Bücher nicht in Arabisch vorlagen. Vieles Berichtete stammt auch aus „apokrypher" Tradition.

Mose von der Gattin des Pharao adoptiert (Sure 28,9)

Nach 2. Mose 2,10 wurde Mose von der Tochter des Pharao adoptiert; der Koran macht daraus die Frau des Pharao – was Mose zum Sohn und Thronerben des Pharao gemacht hätte.

Trinität mit Maria (Sure 5,116)

Sure 5,116 behauptet, dass die Christen drei Götter anbeten: den Vater, die Mutter (Maria) und den Sohn (Jesus). Diese Lehre fand sich damals bei einer christlichen Sekte, den Kollyridianerinnen, mit denen Mohammed in Arabien Kontakt gehabt haben könnte. Sie werden erstmals um 400 n. Chr. erwähnt. Es handelt sich um eine Gruppe thrakischer Frauen, die nach Arabien auswanderten und die Mutter Gottes

(„Umm Allah“) verehrten. Ihr brachten sie Kuchen (griech. *kollyrides*) dar. Die islamische Verzerrung der Trinitätslehre ist offenkundig. Eine ähnliche Fehldarstellung findet sich in Sure 5,73–75: „Wahrlich, ungläubig sind, die da sprechen: ‚Siehe, Allah ist ein dritter von drei.‘“ Hier wird irrtümlich davon ausgegangen, dass die Lehre der Trinität aus dem einen Gott drei Götter mache. Das Christentum lehrt, dass Gott Einer ist, jedoch in Dreifaltigkeit (als Vater, Sohn und Heiliger Geist) existiert. Die Dreifaltigkeit (Trinität) bezeichnet ein *innergöttliches* Verhältnis.

Der Pharao und der Turmbau zu Babel (Sure 28,38)

Nach dem Koran erbaute ein Mann namens Haman einen Turm, auf dem sein Herr, der Pharao, zu Gott emporsteigen wollte. Aber den Turm zu Babel finden wir bereits in 1. Mose 11, lange vor der Zeit der Pharaonen, und der Name *Haman* ist noch späteren Datums. Der einzige Haman in der Bibel erscheint im Buch Ester, lange nach der Blütezeit Ägyptens, zur Zeit des Persischen Reiches.

Das Goldene Kalb ein Werk der Samaritaner (Sure 20,85–97)

Der Koran behauptet, das das Goldene Kalb, das die Israeliten am Berg Horeb anbeteten, von einem Samaritaner gefertigt wurde. Der Ausdruck *Samaritaner* kam erst im Jahre 722 v. Chr. auf, Hunderte von Jahren nach dem Auszug aus Ägypten.

Die Opferung Ismaels (Sure 37,100–111)

Die hebräischen Manuskripte von 1. Mose 22 geben nicht den Namen des Sohnes an, den Abraham opfern sollte. Der Kontext lässt nur Isaak zu, doch Sure 37 macht daraus Ismael (Mohammed war noch unentschieden zwischen Ismael und Isaak. Mit der Zeit setzte sich Ismael durch).

Saul als Führer der Armee Gideons (Sure 2,249)

Der biblische Bericht in Richter 7 nennt Gideon als den Anführer einer 300 Mann starken von Gott erwählten Armee. Sure 2 verbindet dieses Geschehen aber mit Saul und Goliath.

Jesus wurde nicht gekreuzigt (Sure 4,157)

In Sure 4,157 heißt es über die Juden: „Und weil sie sprachen: ‚Siehe, wir haben den Messias Jesus, den Sohn der Maria, den Gesandten Allahs, ermordet' – doch ermordeten sie ihn nicht und kreuzigten ihn nicht, sondern einen ihm ähnlichen ..."

Blut ist Allah nicht wichtig (Sure 22,34–37)

„Und allen Völkern gaben Wir Opferzeremonien, auf dass sie Allahs Namen aussprächen über dem Vieh, mit dem Wir sie versorgten. ... Nimmermehr erreicht ihr Fleisch und ihr Blut Allah, jedoch erreicht Ihn eure Frömmigkeit." Im Alten Testament dagegen spielt das Opferblut eine zentrale Rolle. Es ist ein Hinweis auf das Versöhnungswerk Jesu Christi. Vgl. 3. Mose 17,11: „Denn des Leibes Leben ist im Blut, und ich habe es euch für den Altar gegeben, dass ihr damit entsühnt werdet. Denn das Blut ist die Entsühnung, weil das Leben in ihm ist." Das Neue Testament nimmt dieses Thema auf (Hebräer 9,18–28). Die Intention der Sure 22,34–37 hat natürlich ihre Berechtigung: Herzensfrömmigkeit ist wichtiger als äußerer Gottesdienst. Das sagten schon die alttestamentlichen Propheten.

Seltsames im Koran

Neben den offensichtlichen historischen und theologischen Missverständnissen, die in Uthmans Koran-Edition eingingen, findet man Lehren, die (vor allem aus der Perspektive des 21. Jahrhunderts) schlicht in die Kategorie des Exzentrischen fallen. Einige Beispiele:

Sieben Erden (Sure 65,12)

Sure 65,12 behauptet, dass Allah sieben Himmel und sieben Erden erschaffen habe.

Wozu Sternschnuppen da sind (Sure 37,6–10; 55,33–35; 67,5; 72,6–9)

Meteore und Sternschnuppen sind Geschosse, die Allah gegen den Satan und Djinnen schleudert, die versuchen, im Himmel die Verlesung des Korans zu belauschen.

Verwandlung von Menschen in Affen (Sure 2,65–66; 7,163–167)

Nach den Suren 2 und 7 verwandelte Allah gewisse Fischer in Affen, weil sie den jüdischen Sabbat gebrochen hatten.

Interne Widersprüche im Koran

Man findet im Koran auch eine Reihe von Aussagen, die nicht recht zu anderen Aussagen passen wollen. Auch wenn diese internen Unstimmigkeiten und Widersprüche den gläubigen Muslim meist nicht erschüttern können, illustrieren sie doch ein Element menschlicher Fehlbarkeit in der Hauptquelle der islamischen Lehre.

Maria und der Engel

Nach Sure 19,17–21 kam *ein* Engel zu Maria, um ihr die Geburt Jesu anzukündigen; in Sure 3,42 und 3,45 sind es mehrere Engel.

Allahs Tag

Wie lang ist ein „Tag“ für Allah? Nach Sure 22,47 tausend Jahre, aber in Sure 70,4 50.000 Jahre.

Wer die Seelen holt

Der Koran macht verschiedene Angaben darüber, wer beim Tod die Seele des Menschen holt: der Todesengel (Sure 32,11), Engel allgemein (Sure 47,27) oder Allah (Sure 39,42).

Die Tage der Schöpfung

Wie lange brauchte Allah, um die Erde zu erschaffen? Sure 7,54, 10,3, 11,7 und 25,59 geben sechs Tage an, doch in Sure 41,9–12 sind es acht Tage.

Ist der Himmel oder die Erde älter?

Was wurde zuerst erschaffen? Laut Sure 2,29 die Erde; in Sure 79,27–30 ist es der Himmel.

Die Erschaffung des Menschen

Woraus wurde der Mensch erschaffen? Der Koran enthält eine ganze Reihe von Versionen: aus geronnenem Blut (Sure 96,1–2), aus Wasser

(21,30), aus trockenem Lehm (15,26), aus Staub (3,59), aus nichts (19,67), aus Erde (11,61) oder aus einem Samentropfen (16,4; 75,37).

Shirk als die unvergebbare Sünde?

Wird *shirk* (Götzendienst) jemals von Allah vergeben? Der Koran ist hier nicht eindeutig. Nach Sure 4,48 und 4,116 ist diese Sünde unvergebbar, nach Sure 4,153 könnte sie vergeben werden.

Ertrank Noahs Sohn?

Nach Sure 21,76 überlebte Noah mit seiner ganzen Familie die Sintflut; Sure 11,42–43 lässt einen der Söhne Noahs ertrinken.

Strafe für Ehebruch

Sure 24,2 gibt als Strafe für Ehebruch je hundert Hiebe für den Mann und die Frau an. Sure 4,15–16 schreibt vor, die Frau lebenslang einzusperren, während der Mann, der bußfertig ist, begnadigt wird.

Kommen Christen in den Himmel oder in die Hölle?

Das ewige Schicksal der Christen ist im Koran unklar. Sure 2,62 und 5,69 lehren, dass sie ins Paradies kommen, wenn sie an Gott glauben wie die Muslime! Nach Sure 5,72 und 3,85 kommen sie in die Hölle.

Entkam der Pharao?

Auch das Schicksal des Pharao, der den ausziehenden Israeliten hinterherjagte, ist unklar. Laut Sure 10,92 wurde er vor dem Ertrinken gerettet, nach drei anderen Suren (28,40; 17,103; 43,55) ertrank er.

Muslime in der Hölle?

Schickt Allah seine eigenen Diener in die Hölle? Nach Sure 19,71 kommt jeder Muslim (zumindest für eine bestimmte Zeit) in die Hölle, während zahlreiche andere Texte dem im Djihad Gefallenen das sofortige Paradies versprechen.

Ist Jesus lebendig oder tot?

Sure 3,144 erklärt, dass alle Boten Allahs gestorben sind, doch nach Sure 4,158 hat Allah Jesus „zu sich erhoben“ (oder: „erhöht“), ohne dass er sterben musste.

5. Sunna und Hadith – Die anderen Bücher

Was die Hendersons erlebten

Die Hendersons verstanden die Welt nicht mehr. Warum nur waren ihre neuen muslimischen Nachbarn so unnahbar? Sie wollten doch nur eine gute Beziehung zu ihnen – nun ja, und eine Möglichkeit, ihnen das Evangelium zu bezeugen. Als die Askars nebenan eingezogen waren, klingelten Thomas und Mary Henderson alsbald an ihrer Tür, um sie als Nachbarn zu begrüßen und ihnen ein frisches selbstgebackenes Brot anzubieten. Das Ehepaar Askar war höflich, aber distanziert, das Brot rührte es kaum an. Ganz enttäuscht gingen Thomas und Mary wieder nach Hause.

Später, gegen Ende des Sommers, lud Thomas die Askars zu einem Grillabend im Garten ein. Da er wusste, dass Muslime kein Schweinefleisch essen, kaufte er stattdessen mehrere Pfund Garnelen, Hummer und Muscheln ein. Die Askars sahen die Leckereien – und erinnerten sich plötzlich, dass sie „schon einen anderen Termin" hatten.

Nach einigen weiteren zaghaften Versuchen gab Thomas schließlich auf. Dann kam ein Tag, als Herr Askar sah, wie Thomas mehrere schwere Einkaufstüten mit Lebensmitteln aus dem Auto ins Haus schleppte, und herüberkam, um ihm zu helfen. Der freudig überraschte Thomas hielt ihm zum Gruß seine freie Hand hin; es war die linke. Herr Askar starrte sie einen Augenblick an, dann entschuldigte er sich.

Viele wohlmeinende Christen treten bei ihren muslimischen Bekannten voll ins Fettnäpfchen – meistens, weil sie die Feinheiten der islamischen Etikette nicht kennen. Einige der Verhaltensvorschriften des Islam finden sich im Koran, doch wahrscheinlicher ist, dass die Christen gegen Regeln verstoßen, die in einem Text stehen, von dem sie noch nie etwas gehört haben: dem Hadith. Der Koran enthält Lehren, die Mohammed direkt von Allah erhalten haben will, aber einige der detaillierteren Vorschriften für das Alltagsleben finden sich in dem Hadith bzw. der Sunna – die Gesamtheit der von Mohammed überlieferten Aussprüche, Entscheidungen und Verhaltensweisen (im 7.–10. Jahrhundert in sechs kanonischen Hadith-Sammlungen festgelegt). Hätten die Hendersons doch nur gewusst, dass der Hadith den Verzehr von Meeresfrüchten und mit Schweinefett zubereiteten Backwaren verbietet! Oder dass es, wieder nach dem Hadith, eine Beleidigung ist, statt der rechten die linke Hand zu schütteln!

Der Hadith

Die höchste Autorität im Islam ist der Koran. Doch gleich danach kommen die Sunna und der Hadith, die dem Muslim viele Einzelanweisungen für sein Leben geben, vergleichbar etwa dem Midrasch bei den Juden. Wir behandeln sie in diesem Kapitel zusammen, da sie auch in den Textsammlungen immer nebeneinander stehen.
Die Sunna ist neben dem Koran die Grundlage des islamischen Rechts, der *Scharia* („Der Weg“) und für die islamischen Staaten die höchste juristische Autorität. Sie schildert Begebenheiten aus dem Leben Mohammeds und gibt Beispiele für die richtige Ethik und das rechte Verhalten.
Die Hadith (arab. Plural *ahadith*) sind der Sunna ähnlich, aber nicht identisch. Jeder Hadith ist eine Erzählung über das Leben des Propheten und seine Worte, aber in Form einzelner Szenen, nicht als zusammenhängender biographischer Abriss.
Nach dem Südafrikanischen Rat Muslimischer Theologen ist der Hadith die vernünftige Auslegung eines ansonsten gelegentlich mehrdeutigen Korans. Sie erklären: „Ohne den Hadith oder die Sunna des Propheten wäre der Heilige Koran in einigen Fällen nicht verständlich, und darum befiehlt der Heilige Koran selber auch den Muslimen in etlichen Versen, dem Propheten in all seinen Taten und Worten zu folgen. Für den, der an den Heiligen Koran glaubt, gibt es also keine andere Alternative, als den Hadith des Propheten anzuerkennen.“

M.M. Azami gibt in seinen *Studies in Hadith Methodology and Literature* die folgende Hadith-Definition:

> Nach Aussage der Muhaddithiin [Hadith-Gelehrte] steht er für „das, was über die Autorität des Propheten, seine Taten, Reden, stillschweigende Billigung oder die Beschreibung seiner sifaat [Gesichtszüge], also seine äußere Erscheinung, überliefert wurde. In der von den Juristen benutzten Definition ist die äußere Erscheinung des Propheten nicht mit eingeschlossen".[1]

Die Expansion des Islam in dem Jahrhundert nach Mohammeds Tod stellte die islamischen Gelehrten vor eine gewaltige Herausforderung: das Wissen über die Lehre des Propheten für die Nachwelt zu bewahren. Damals wurde die Wissenschaft der Hadith-Bewertung geboren. Es gibt sechs kanonische Hadith-Sammlungen.

Die Sammlung von al-Bukhari wird von der überwältigenden Mehrheit der muslimischen Welt als eine der authentischsten Sammlungen der Worte Mohammeds anerkannt. Nach den islamischen Gelehrten wurde jeder Bericht in dieser Sammlung auf seine Vereinbarkeit mit dem Koran geprüft und die Glaubwürdigkeit der Überlieferungskette genauestens unter die Lupe genommen. Bukhari (810–870) verbrachte 16 Jahre mit der Zusammenstellung seiner Sammlung, die schließlich aus 7.300 Hadith bestand (ohne Wiederholungen 2760), die in 97 „Bücher" mit 3.450 Kapiteln aufgeteilt waren.[2] Seine Kriterien für die Aufnahme von Texten in die Sammlung waren mit die striktesten aller Hadith-Gelehrten; jede Anekdote und jede Rede kam in eine der folgenden Kategorien: „gesund" (*sahih*), „schön" (*hasan*), „schwach" (*daif*) oder „erfunden oder gefälscht" (*maudu*). Letztere wurden nicht in die Sammlungen aufgenommen. Alle Hadith-Zitate in diesem Kapitel kommen aus Bukharis Sammlung.[3]

Die Übersetzung von Sahih Muslim ist eine wesentlich größere Sammlung. Muslim (817–875) war ein Schüler von Ibn Haubal. Von den 300.000 Hadith, die er prüfte, gelangten etwa 12.000 (nach weniger strikten Aufnahmekriterien als die Bukharis) in seine Sammlung.[4]

Zwei Sammlungen haben eine kleinere Gefolgschaft unter den Islamkennern. Die Sammlungen von Abu Dawud und Malik sind etwa halb so lang wie die von Bukhari und Muslim, aber sie haben Einfluss bei islamischen Sekten wie den Drusen.[5]

Die wichtigsten Hadith-Sammlungen

Malik b. Anas (gestorben 795)
Ahmad b. Haubal (gestorben 855)
Diese beiden stellen die frühesten Sammlungen dar, sind aber nicht kanonisch, aber hochgeschätzt.
al-Bukhari, Sahih (810–870)
Muslim, Sahih (817/821–875)
Die beiden besten Sammlungen.
Abu Dawud, Sunan (817–888)
Ibn Madja, Sunan (824–886)
at-Tirmidhi, Sunan (815–892)
an-Nasai, Sunan (830–915)
Diese sechs Sammlungen („die 6 Bücher“) sind kanonisch.

Zur Bewertung von Hadith und Sunna

Die Muslime glauben, dass die Hadith die Erfüllung einer in der Koransure 15,9 gemachten Prophezeiung sind: „Siehe, Wir sandten die Warnung [Botschaft] herab, und siehe, Wir wollen sie [vor Verfälschung] hüten.“ Die muslimische Welt hat die Überlieferung von Mohammeds Vorbild – wie der Islam ausgelebt sein will – seit der Formulierung des Korans jetzt schon 14 Jahrhunderte lang bewahrt. Dafür wurde eine regelrechte Wissenschaft der Überlieferung entwickelt, um die Lehren, Sprüche und Anekdoten des Propheten für die Nachwelt zu bewahren (s. u. die Übersichtsskizze „Kriterien für die Anerkennung als Hadith“ auf Seite 96).[6]
Die Ulama (Gelehrte) machten die Untersuchung der Überlieferung zu einer akademischen Disziplin. Sie deckten die Fälschungen und falschen Zuschreibungen, denen viele muslimische Gruppen ausgesetzt waren, auf.

Die Ulama erarbeiteten vier Hadith-Kategorien:
1. *qudsi* = heilig, göttlich, d. h. direkte Rede Gottes;
2. *marfu* = Mitteilung eines Gefährten über Worte des Propheten, z. B. „Ich hörte den Propheten sagen ...";
3. *mauquf* = Tradition über Worte eines Gefährten Mohammeds;
4. *maqtu* = abgeschnitten: Überlieferung, die nur bis zur ersten Generation nach Mohammed zurückgeht.

Themen

Muhsin Khan von der University of Southern California hat eine Liste von Kapitelüberschriften erarbeitet (siehe die Übersicht „Hadith-Kapitelthemen" auf Seite 97), die die Bandbreite der abgedeckten Themen illustriert.[7]

Kamel-Urin, Schuhe, böser Blick

Der Hadith enthält etliche recht merkwürdige Lehren. Man sollte sich nicht über antike Heilmethoden lustig machen, aber wenn der Islam an der Unfehlbarkeit seiner heiligen Texte festhält, stellt der Hadith den Muslim vor ein Dilemma: Sind Mohammeds Lehren nun kulturell bedingte historische Zitate oder verbindliche Anweisungen?

Mohammed rühmte z. B. die medizinischen Vorteile des Kamel-Urins: „Der Prophet befahl ihnen, seinen Kamelen zu folgen und ihre Milch und Urin zu trinken. Sie folgten also den Kamelen und tranken ihre Milch und Urin, bis ihre Leiber gesund waren" (Hadith 7,590). Er glaubte weiter, dass „Fieber vom Feuer der Hölle kommt, löscht es also mit Wasser" (7,619). Eine Stubenfliege im Trinkbecher garantiert gute Gesundheit: „Mohammed sagte: ‚Wenn eine Fliege in das Getränk von einem von euch fällt, soll er sie darin untertauchen, denn der eine ihrer Flügel hat eine Krankheit und der andere das Heilmittel für die Krankheit'" (4,537).

Mohammed glaubte auch, dass das Aussehen eines Kindes davon bestimmt wurde, ob der Mann oder die Frau zuerst den Orgasmus

Kriterien für die Anerkennung als Hadith

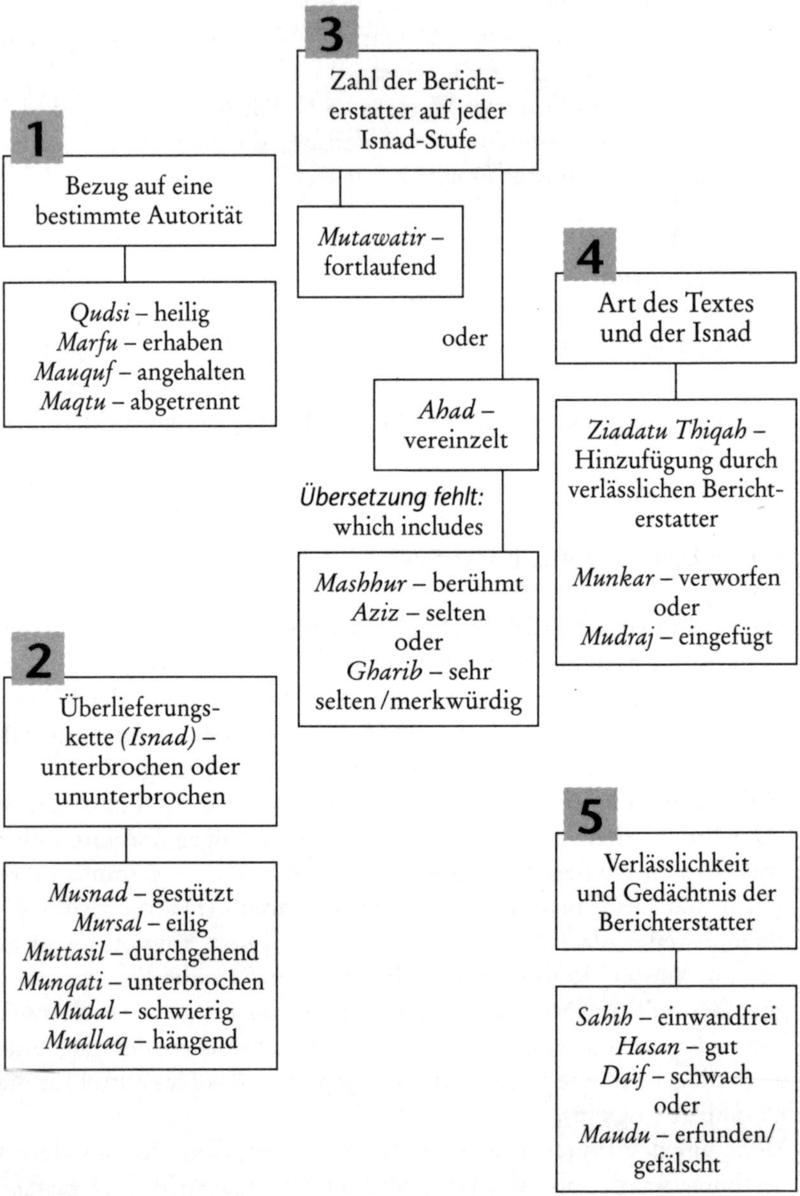

Hadith-Kapitelthemen

1. Die Offenbarung
2. Der Glaube
3. Das Wissen
4. Die Waschungen *(Wudu)*
5. Das Baden *(Ghusl)*
6. Die Menstruation
7. Das Einreiben der Hände und Füße mit Staub *(Tayammum)*
8. Die Gebete *(Salat)*
9. Die Vorzüge eines Gebetsraumes
10. Die Gebetszeiten
11. Der Gebetsruf *(Adhaan)*
12. Merkmale des Gebets
13. Das Freitagsgebet
14. Das Gebet der Angst
15. Die beiden Feste *(Eids)*
16. Das *Witr*-Gebet
17. Das Gebet um Regen *(Istisqaa)*
18. Sonnen- und Mondfinsternisse
19. Das Sich-Niederwerfen während der Lesung aus dem Koran
20. Das verkürzte Gebet *(at-Taqsir)*
21. Das Nachtgebet *(Tahadjud)*
22. Die Handlungen beim Beten
23. Das Begräbnis *(al-Janaaiz)*
24. Die obligatorische Almosensteuer *(Zakat)*
25. Die Almosensteuer nach dem Ramadan
26. Die Wallfahrt *(Hadj)*
27. Die kleine Wallfahrt *(Umra)*
28. Wenn ein Pilger die Wallfahrt nicht vollenden kann
29. Strafe für die Jagd während der Wallfahrt
30. Die Tugenden Madinas [Medinas]
31. Das Fasten
32. Das Nachtgebet im Ramadan
33. Einkehr in einer Moschee, um Allahs zu gedenken
34. Handel und Verkauf
35. Verkäufe, bei denen die Ware später geliefert wird
36. Über das Vermieten und Verpachten
37. Die Übertragung von Schulden
38. Vertretung, Autorisierung, Handel durch Bevollmächtigten
39. Der Ackerbau
40. Die Verteilung des Wassers
41. Der Bankrott
42. Fundsachen
43. Bedrängung

44. Teilhaberschaft
45. Die Belastung mit Hypotheken
46. Die Freilassung von Sklaven
47. Geschenke
48. Zeugen
49. Aussöhnung
50. Bedingungen
51. Testamente (*Wasaya*)
52. Der Kampf für die Sache Allahs (*Djihad*)
53. Ein Fünftel der Beute gehört Allah (*Khumus*)
54. Der Beginn der Schöpfung
55. Die Propheten
56. Tugenden und Verdienste des Propheten
57. Die Gefährten des Propheten
58. Verdienste der Helfer in Madina [Medina]
59. Militärexpeditionen, die durch den Propheten angeführt wurden
60. Korankommentar des Propheten *(Tafsir)*
61. Die Tugenden des Koran
62. Heirat und Ehe *(Nikah)*
63. Die Scheidung
64. Für die Familie sorgen
65. Das Essen
66. Das Geburtsopfer
67. Jagen und Schlachten
68. Das *Al-Adha*-Festopfer
69. Die Getränke
70. Patienten
71. Medizin
72. Die Kleidung
73. Gute Manieren, Etikette
74. Um Erlaubnis fragen
75. Anrufungen
76. „Das Herz weich machen“, sich erbarmen
77. Der göttliche Wille *(al-Qadar)*
78. Eide und Gelübde
79. Sühne für unerfüllte Eide
80. Erbschaftsgesetze *(al-Faraaid)*
81. Von Allah verordnete Grenzen und Strafen *(Hudud)*
82. Die Bestrafung von Ungläubigen, die gegen Allah kämpfen
83. Das Blutgeld
84. Wie mit Abtrünnigen zu verfahren ist
85. Das Reden unter Zwang
86. Tricks
87. Traumdeutung
88. Nöte und das Ende der Welt
89. Gerichte *(Ahkam)*
90. Wünsche
91. Information von einer vertrauenswürdigen Person annehmen
92. An Koran und Sunna festhalten
93. Die Einzigartigkeit Allahs

hatte: „Mohammed sprach: ‚Was das Kind betrifft, so zieht es, wenn der Mann vor der Frau seinen Erguss hat, die Ähnlichkeit des Mannes an sich; hat aber die Frau zuerst ihren Erguss, zieht es die Ähnlichkeit der Frau an" (5,275).
Mohammed war überhaupt ein abergläubischer Mensch. So glaubte er fest an den „bösen Blick" (7,636) und lehrte: „Wenn ihr eure Schuhe anzieht, dann beginnt mit dem rechten. Und wenn ihr eure Schuhe auszieht, beginnt mit dem linken" (7,747; al-Bukhari, *Nachrichten von Taten und Aussprüchen des Propheten Muhammad*, S. 416).

Die Sunna und das Leben Mohammeds

Der Muslim soll in seinem ethischen Verhalten dem Beispiel Mohammeds folgen. Mohammed sagte: „Haltet euch an meine Sunna." Und an anderer Stelle: „Wer meine Sunna nicht einhält, gehört nicht zu mir."
Manche Aspekte der Sunna sind für den Muslim Pflicht *(wadjib)*, andere sind bloße Empfehlungen *(mustahabb)*. Die in diesen beiden Kategorien gegebenen Anweisungen decken praktisch alle Bereiche des Lebens ab.
Der Christ, der den Lebensstil des Muslims verstehen will, tut gut daran, sich in die Hadith zu vertiefen. Der Hadith schreibt z. B. vor,

- dass man beim Beten im Schneidersitz zu sitzen hat, mit dem rechten Bein zuoberst *(muftarishan*; Bukhari, 784);
- dass, wenn man ein Kamel opfert, dieses dabei zu stehen hat, mit zusammengebundenem linkem Vorderlauf (Bukhari, 1598);
- dass man ein Trinkgefäß stets nach rechts weiterreichen muss (Muslim, 3785);
- dass der Muslim mit seinen verschiedenen Ehefrauen je gleich viel Zeit verbringen muss (Bukhari, 4813).

So gut wie jede Handlung des Muslims, von der Art, wie er seine Wohnung betritt, bis zum Zähneputzen, ist vom Hadith geregelt. In manchen Fragen der Etikette sollte der Christ sehr vorsichtig sein; im

Zweifelsfall sollte er, um keinen Anstoß zu erregen, dem Muslim in der Situation den Vortritt lassen.

Thomas und Mary lernten ihre Lektion. Mögen auch wir dies tun, bevor die Tür zum Zeugnis sich schließt.[8]

6. Allah: Namen des Schreckens und des Ruhmes

Viele Namen, aber nur ein Gott?

Wenige Tage nach den Anschlägen auf das World Trade Center in New York und das Pentagon in Washington fand in einem Baseball-Stadion ein Gedenkgottesdienst statt. Tausende versammelten sich, um gemeinsam zu trauern und zu beten. Auf einem großen Podium in der Mitte des Stadions standen die Leiter dieser religiösen Veranstaltung, unter ihnen Oprah Winfrey, die überall präsente amerikanische Talkshow- und Medien-Königin. Sie – stets im Rampenlicht stehend – wurde in diesen Tagen zur Lehrerin Amerikas. Ihre unermüdlich wiederholte Lektion: Der Islam sei eine Religion der Liebe und des Friedens.

Als es ans Beten ging, trat ein Pastor vor und begann: „Wir beten im Namen unseres Gottes – des Gottes der Christen, der Juden und der Muslime ..."

Die im Stadion Versammelten – Christen, Juden, Muslime und andere –, beteten sie tatsächlich zu demselben Gott, der in den unterschiedlichen Religionen nur verschiedene Namen hat? Haben die Jünger der Spiritualität à la Oprah Winfrey Recht, wenn sie behaupten, dass jeder Mensch ein „inneres Licht" in sich trage und dass es eigentlich egal sei, zu welcher Religion man gehört, da doch jeder Mensch auf der Reise sei zu dem „inneren Licht, das dem Leben seinen Sinn gibt"?

Oprah Winfreys Bild vom gütigen, friedvollen Islam ist in der Medien-Berichterstattung längst zu einer Art „reinen Lehre" geworden. Merkwürdigerweise glänzen die meisten Christen in dieser Diskussion durch Schweigen (die rechtgläubigen muslimischen Schriftgelehrten übrigens auch).

Wie steht es nun damit? Hat die Ideologie der Postmoderne Recht? Sagen alle Religionen das Gleiche, nur halt mit unterschiedlichen Worten?

Bitte nicht auf den Redner schießen!

Nach dem 11. September gab es hitzige Debatten. Im November 2001 hielt Ergün an der University of North Texas einen Vortrag über „Terrorismus, Toleranz und Wahrheit". Der von der Denton Bible Church und Campus für Christus arrangierte Vortrag sollte ursprünglich in der Lyceum Hall stattfinden, doch das Interesse war so groß, dass die Organisatoren ihn in das Auditorium Maximum verlegten.

Bereits Wochen vor dem Vortrag kursierten Flugblätter. Die Muslime an der Universität und in der Stadt schäumten, dass ein Muslim, der zum Christentum übergetreten war, über solch ein Thema sprechen wolle. Es gab anonyme Drohungen, und die Sicherheitsvorkehrungen waren dementsprechend. Als das Audimax sich füllte, war schnell klar, dass dies eine Konfrontation der Ideen und nicht der Fäuste werden würde.

Die Spannung im Auditorium war geradezu spürbar, und die Diskussion war – gelinde gesagt – lebhaft. Moderator und Redner hatten vereinbart, dass möglichst nur Muslime und Nichtchristen sich bei der Fragerunde nach dem Vortrag zur Wort melden sollten.[1] Die Unsitte, gezielt Sympathisanten in das Publikum einzuschleusen, die dem Redner dann genau die „richtigen" Fragen stellen, wollten wir nicht nachahmen; bei uns sollten die Skeptiker offen ihre Fragen stellen und ihre Position darlegen können.

Die Fragen, die Ergün gestellt wurden, folgten dem Muster, das er aus zahlreichen früheren Diskussionsrunden kannte. Die Fragesteller griffen die Glaubwürdigkeit des Redners an („Sie sind kein Islam-Experte"), sein Wissen („Sie haben den Koran nicht richtig gelesen") oder seine moralische Integrität („Sie verbreiten Lügen über uns"), ohne wirklich Stellung zu seinen Ausführungen zu nehmen.

Die Spannung wuchs, als ein älterer islamischer Herr aufstand. Anders als etliche seiner Vorgänger, schrie er nicht, sondern sprach leise, aber fest über das zentrale Thema des göttlichen Wesens und Namens Allahs. Er erklärte, dass der Redner nur die eine Hälfte des Themas dargestellt habe. Allah sei auch gütig und gnädig und sende keineswegs jeden Muslim in den Djihad. Er räumte ein, dass es schwierig sei, eine Antwort auf die Verse zu geben, die Ergün aus

Koran und Hadith zitiert hatte, war jedoch überzeugt, dass die Selbstmordattentäter vom World Trade Center jetzt „im Feuer der Hölle" seien.

Ergün, wohlwissend dass die Medien alle Religionen zu einer „großen Familie" zu verschmelzen trachten, stellte diesem Herrn eine Gegenfrage: „Sir, darf ich Sie etwas fragen: Ist Allah derselbe Gott wie der Gott der Bibel?"

Der Mann sah ihn an, dann die Menge, und sagte: „Nein, natürlich nicht."

Wenn dieser Abend kein anderes Ergebnis brachte, dann doch wenigstens dieses eine: Muslime und Christen waren hier übereingekommen, dass Allah und der Gott der Bibel nicht identisch sind.

Gleich und doch nicht gleich

Wenn ein Thema gelehrte Gemüter erhitzt, dann das Problem „Theologie und Semantik": Was *bedeuten* die Worte, die wir benutzen? Christen reden von *Gott*, und das arabische Wort für „Gott" ist *Allah.* Meinen also Muslime und Christen nicht dasselbe Wesen, wenn sie „Gott" bzw. „Allah" sagen?

Manche christlichen Gelehrten betrachten den Unterschied zwischen Gott und Allah als einen rein sprachlichen. In ihrem ansonsten exzellenten Buch *Answering Islam* machen Norman Geisler und Abdul Saleeb eine Aussage, die wir höflich, aber entschieden zurückweisen müssen:

> Allah ist im Islam der persönliche Name für Gott. Wir machen keinen Unterschied ... zwischen dem Wort „Allah" und dem englischen Wort „God". Wie ein bekannter muslimischer Autor schreibt: „Al Lah bezeichnet im Arabischen die Gottheit; es handelt sich um eine einzige Gottheit, was impliziert, dass eine korrekte Transkription den exakten Sinn des Wortes nur mit Hilfe der Vokabel ‚Gott' wiedergeben kann. Für einen Muslim ist al lah kein anderer als der Gott Moses und Jesu."[2]

Die Position von Geisler und Saleeb ist von philosophischen, logischen und etymologischen Überlegungen bestimmt. Die Muslime haben mit dem Namen *Allah* stets einen Verursacher ohne Ursache und ein Notwendiges Wesen gemeint. Der islamische Begriff des „Notwendigen Wesens" ist ähnlich der Begrifflichkeit solcher klassischen christlichen Apologeten wie Thomas von Aquin, wenn sie ihre Gottesbeweise führen. Für Geisler und Saleeb herrscht zwischen *Allah* und *Gott* eine „Begriffsähnlichkeit". Sie zitieren als Gewährsmann Kenneth Cragg, der feststellt: „Das arabische ‚ilahun' bedeutet ‚ein Gott' und ist den hebräischen und aramäischen Wörtern für ‚Gottheit' ähnlich."[3]
Doch die Frage der ursprünglichen Intention bleibt: Sah Mohammed den Islam gleichsam als verbesserte Version des Juden- und Christentums, oder dachte er nicht doch an eine völlig neue Religion? Waren Christen und Juden für ihn „eigentlich" Muslime, die nur nicht wussten, dass sie zu Allah beteten, oder Heiden und *kuffar* (Ungläubige)? Wir haben bereits gesehen, dass Mohammed trotz seiner zahlreichen Anleihen bei der Bibel (wobei er jedoch biblische Geschichten wie auch die Person Jesu kräftig revidiert) die Anhänger Moses und Christi eindeutig als „Bewohner der Hölle" und nicht als „getrennte Brüder" betrachtet.
Der Prozess der Neudefinierung von Begriffen zum Zweck der Beschreibung des eigenen Verständnisses wird in der Wissenschaft als „Redaktion" bezeichnet. So nennt sich jeder männliche Muslim einen „Sohn Abrahams" – aber der Name „Abraham" hat für ihn eine ganz andere Bedeutung als für einen Christen oder Juden. In Sure 3,67 heißt es klipp und klar: „Abraham war weder Jude noch Christ; vielmehr war er lauteren Glaubens, ein Muslim, und keiner derer, die Gott Gefährten geben." Der Islam hat die Geschichte Abrahams so umgeschrieben, dass sie in sein Programm passt.

Mission und der Unbekannte Gott

Manche Verteidiger des Christentums versuchen, die sprachlichen Ähnlichkeiten als Brücke zu nutzen: Wenn wir das Wort *Allah* verwenden, können wir dem Muslim zeigen, dass Allah „in Wirklichkeit“ der dreieinige Gott ist, wie ihn uns die Bibel beschreibt. Und kein Geringerer als der Apostel Paulus hat in Athen einen heidnischen („unbekannten“) Gott als Anknüpfungspunkt gebraucht, um den Menschen Christus zu verkündigen (vgl. Apostelgeschichte 17,16–31). Dieser Position liegt folgende Argumentation zugrunde: 1. Paulus zeige, dass die Philosophen Athens unwissentlich den wahren Gott der Christen anbeten (Apostelgeschichte 17,23). – 2. Er benutzt ihre falschen Götter, um ihnen den einen wahren Gott zu predigen. – 3. Die Athener haben in ihren religiösen Vorstellungen einen Platz für den wahren Schöpfergott ausgespart. – 4. Folglich können wir in der Mission von Allah als „Gott“ reden; die Muslime wissen lediglich nicht, wer er wirklich ist.

Doch diese Argumentation ist nicht stichhaltig. Erstens setzte Paulus die falschen Götter, die die Athener verehrten, nicht mit dem Vater Jesu Christi gleich. Er wies vielmehr auf einen Altar, den die Athener – gleichsam als Rückversicherung – „dem unbekannten Gott“ geweiht hatten. Dieser „unbekannte Gott“, den Paulus mit dem biblischen Gott verband, war anders als die übrigen Götzen. Die oben wiedergegebene Argumentation würde nur dann stimmen, wenn Paulus auf den Altar des Zeus oder eines anderen Gottes aus dem griechischen Götterhimmel gezeigt und gesagt hätte: „Diesen Gott werde ich euch verkündigen, um euch zu zeigen, wer er wirklich ist.“ Aber genau dies tat Paulus nicht; vielmehr unterschied er zwischen dem einen wahren Gott und den falschen Göttern, die er eindeutig als Götzen betrachtete.

Ob die Athener nun den wahren Gott „unwissend verehrten“ oder nicht, Paulus sagte ja nicht, dass sie damit schon Christen waren (sonst hätte er ihnen nicht Christus zu verkündigen brauchen). Er verurteilte auch nicht die bequeme synkretistische Zusammenfassung all der anderen Götter, denen dieser Altar diente. Er ging vielmehr davon aus, dass es wirklich einen Gott gab, der den Athenern unbekannt war, und diesen Gott – Jesus Christus – würde er ihnen jetzt verkündigen. Dies war mehr, als jenem unbekannten Gott einen Namen (den Jesu Christi) zu geben. Die Philosophen erkannten denn auch prompt, dass das, was Paulus ihnen da brachte, ein „fremder Gott“ war.

Eine zu enge Verknüpfung zwischen Jahwe und Allah ist der Verkündigung Jesu Christi in Arabisch sprechenden Ländern eher abträglich.

Wenn man einen Muslim fragt, ob er Allah kennt, wird er mit Ja antworten. Die Behauptung aber, dass Allah „in Wirklichkeit" persönlich und dreieinig sei, empfindet er keineswegs als frohe Botschaft, sondern als Angriff auf seine Religion.
Der Allah, den wir als Muslime verehrten, war ein unnahbarer Richter. Wenn Christen von der Nähe und liebevollen Güte „Allahs" sprechen, verwirrt dies den Muslim nur; die Vorstellung, dass Gott Mensch wurde, ist seiner Religion (außer als heidnische Irrlehre) völlig fremd.

„Messianische" Muslime?

Als Ergün in einer Kirche im Osten der USA sprach, widersprach ein Araber, der Christ geworden war, seiner Deutung des Gottesnamens *Allah*. Er war der Überzeugung, dass er mit *Allah*, das doch einfach ein arabisches Wort ist, auch Jesus Christus bzw. die gesamte Gottheit bezeichnen konnte. Warum sollte er nicht den Gottesnamen seiner Muttersprache benutzen?
Sein zweites Argument war noch überraschender. Er betrachtete sich als einen *„messianischen" Muslim*. So wie die Messianischen Juden entdeckt haben, dass Jesus der verheißene Messias ist, hatte er entdeckt, dass Jesus Allahs Sohn ist. Konnte er das Wort *Allah* nicht in dieser neuen Bedeutung weiterbenutzen?
Solch eine Argumentation widerspricht aber dem Wesen des Messianischen Judentums völlig. Der Messianische Jude hat entdeckt, dass Jesus der von Israel so lange und sehnsüchtig erwartete Erlöser und Messias ist, die Erfüllung seiner Hoffnung. Ein frommer Muslim dagegen sehnt sich nicht nach einem kommenden Messias. Für ihn liegt das Leben Jesu in der Vergangenheit und ist als Lehre der „Ungläubigen" (Christen) abgetan. Mohammed wusste um die Lehre, dass Jesus Christus der Herr und Messias ist – und verwarf gerade diese Vorstellung. Die strikte Ablehnung Jesu Christi als Messias der Juden und als Sohn Gottes der Christen gehört zum Wesen des Islam.

> Und sie [die Christen] sprechen: „Gezeugt hat der Erbarmer einen Sohn." Wahrlich, ihr behauptet ein ungeheuerlich Ding. Fast möchten die Himmel darob zerreißen . . . Dass sie dem Erbarmer einen Sohn beilegen, Dem es nicht geziemt, einen Sohn zu zeugen. (Sure 19,88–92)

Ein Muslim, der Jesus Christus als seinen Herrn bekennt, muss mit seiner früheren Religion brechen. Das Christentum ist nicht die Erfüllung der Erlösungshoffnung des Islam; es ist eine völlige Zurückweisung des Islam.

Kein Synkretismus

Die Frage, was mit dem Wort *Allah* angesprochen wird, ist so wesentlich, dass man sie gar nicht zu sehr betonen kann. Die Frage nach Gottes Namen stellen heißt, die Frage nach seinem Wesen stellen. Wenn ein Scientologe über seine „Engramme" redet und dabei das Wort „Gott" verwendet, meint er damit etwa den Gott der Bibel? Wir sollten unsere Worte mit Bedacht wählen. Man kann sich nicht über den „Namen" Gottes unterhalten, ohne sich zunächst über die Identität und das Wesen des mit diesem Namen gemeinten Gottes zu verständigen.

In Gesprächen mit redlichen, aber ungenau argumentierenden Christen benutzen wir gerne eine Reihe von rhetorischen Fragen, um zu zeigen, wie lächerlich es ist, Allah mit Jahwe zu identifizieren:

- Ist Allah dreieinig? Wenn nicht, dann sprechen wir nicht über denselben Gott.
- Hat Allah einen Sohn? Wenn nicht (siehe Sure 19,88–92), dann reden wir nicht über denselben Gott.

In einer postmodernen Kultur macht man sich mit solchen Argumenten nicht beliebt. Aber sie sind unabdingbar für ein wirksames Zeugnis (siehe Philipper 2,5–11).

Das Wesen Allahs

Ein Christ, der sich mit dem Islam auseinandersetzen will, muss wissen, was der Koran über das Wesen Allahs sagt. Sure 112 definiert *Allah* folgendermaßen:

> „Im Namen Allahs,
> des Erbarmers, des Barmherzigen!
> Sprich: Er ist der eine Gott,
> Der ewige Gott;
> Er zeugt nicht und wird nicht gezeugt,
> Und keiner ist Ihm gleich."

Geisler und Saleeb bemerken, dass nach Aussage des Hadith diese Sure „ein Drittel des ganzen Korans wert sein soll, und die sieben Himmel und sieben Erden sind auf sie gegründet. Diesen Vers bekennen – so eine Überlieferung – heißt, seine Sünden loswerden, so wie ein Mann die Blätter von einem herbstlichen Baum schüttelt."[4]

Allah als der Absolut Eine (Tawhid)

An über hundert Stellen betont der Koran das absolut monotheistische Wesen Allahs, das er als ebenso selbstverständlich wie notwendig betrachtet. Dieses einfache Bekenntnis findet sich in allen Lebensbereichen eines Muslimen: *La ilaha illa Allah, Muhammad rasul Allah* („Es ist kein Gott außer Allah, und Mohammed ist der Gesandte Allahs"). Dieses Bekenntnis, der erste der fünf Pfeiler des Islam (s. Kapitel 7), wird an jeder Schlüsselstation des Lebens – Geburt, Heirat, Tod – wiederholt. Es wird unzählige Male am Tag gesprochen und drückt einen absoluten Anspruch aus: Allein Allah ist der Anbetung würdig. In Sure 9,29 ruft Mohammed die Muslime auf, gegen die Menschen zu kämpfen, „die nicht glauben an Allah und an den Jüngsten Tag". Der Islam ist die allein selig machende Religion: „Und wer eine andre Religion als den Islam begehrt, nimmer soll sie von ihm angenommen werden, und im Jenseits wird er verloren sein" (Sure 3,85).

Allah als der Allmächtige (In sha Allah)

In sha Allah heißt „Wenn Allah es will". Eine der Grundlehren des Islam ist die absolute Souveränität Allahs. Allah weiß alles, bestimmt alles, verordnet alles und befiehlt alles. Er ist sogar die Ursache des Bösen:

> Und so Wir eine Stadt zerstören wollten, erging Unser Gebot
> an die Üppigen darinnen. Und sie frevelten darinnen,
> und so erfüllte sich an ihr das Wort, und Wir zerstörten sie von
> Grund aus. (Sure 17,16)

In Kapitel 9 werden wir uns den Fatalismus, der das ganze Leben eines Muslimen durchzieht, genauer anschauen. Unser Vater sagte gerne: „Wenn du fällst und dir ein Bein brichst, sprich: ‚Allah will es', denn er hat es geschehen lassen." Bezeichnenderweise stehen beim Gebetsritual *(rakat)* wirkliche Bitten nicht im Mittelpunkt. Der Löwenanteil der Gebetszeit wird vom Rezitieren der ersten Sure des Korans eingenommen. Dieses Rezitieren ist eine Art Mantra, eine Anrufung der Macht Allahs, die nur eine Bitte enthält: „Leite uns den rechten Pfad" (Sure 1,6). Für den Muslim ist das Gebet nicht ein bittendes Reden mit Gott, sondern eine Gehorsamsübung (und eine Methode, der Strafe für das Nichteinhalten der Gebetszeiten zu entgehen).
Dieser Fatalismus zeigt sich auch in einem der Namen Allahs, *Al-Djabbar* („Der Mächtige") in Sure 59,23. Gemeint ist eine Macht, die zwingen kann, mit einer Kraft, die unwiderstehlich ist.

Die Namen Allahs

Nach der islamischen Überlieferung hat Allah 99 Namen. Der Hadith berichtet: „Mohammed sagte: ‚Wahrlich, es gibt 99 Namen Allahs, und wer sie aufsagt, wird in das Paradies gehen'."
Die Listen der Namen Allahs sind dabei so verschieden wie die Kompilatoren (Sammler) und Ulama selber. Entsprechend schwierig ist es, sich auf eine verbindliche Version zu einigen. Das *Journal of the Royal*

Asiatic Society von 1880 kam auf nicht weniger als 552 verschiedene Namen Allahs, aus dem Koran und dem Hadith. Andere Sammlungen enthalten 81 Namen, die im Koran vorkommen, und 18 Namen aus den Hadith.
Die folgende Liste vereinigt zwei der größeren Sammlungen – die von Muhammad al-Mandani und die von Abu Huraira.[5] Weder diese Liste noch eine andere Version kann Anspruch auf Vollständigkeit erheben, aber die Namen in ihr illustrieren bestimmte Denktraditionen im Islam. Die Erklärungen in Zitatform stammen von den Kompilatoren. Die Schreibweise kann je nach Transliteration variieren.

- *Allah*. Der Name, der das Wesen des Seins ausspricht.
- *Al-Akhir*, der Letzte, der die Erfüllung der Zeiten ist (Sure 57,3).

Mohammed hat dies erklärt. In der Hadith-Sammlung Sahih Muslim sagt er: „Allah, Du bist der Erste [*al-Awwal*], denn es war nichts vor Dir, und Du bist der Letzte [*al-Akhir*], denn es ist nichts nach Dir, und du bist der Triumphierende [*al-Dhahir*], denn es ist niemand über Dir, und Du bist der Weitsichtige [*al-Batin*], denn es ist nichts jenseits von Dir. Nimm unsere Schulden weg, und erlöse uns von der Armut." Mohammed meinte mit *al-Dhahir* den Triumphierenden [*al-Ghalib*], und mit *al-Batin* den Allwissenden [*al-Alim*]. Und Allah weiß alle Dinge *(al-Qurtubi* zu Sure 57,3).

- *Al-Adl*, der Gerechte (6,115).
- *Al-Afuw*, der seinen Dienern Verzeihende (4,99; siehe auch *Al-Ghaffar)*.
- *Al-Ali*, der Erhabene an Macht (2,255).
- *Al-Alim*, der Allwissende (2,29; 2,256).
- *Al-Awwal*, der Erste, der vor allem anderen kommt (57,3; siehe auch *Al-Akhir)*.
- *Al-Azim*, der Mächtige (2,255).
- *Al-Aziz*, der in Allmacht Erhabene (59,24).
- *Al-Badi*, der Schaffende, der die Kunst der Schöpfung schuf (2,117). Verwandte Namen sind *Al-Wahid*, der Eine, Einzige, dem niemand gleich ist, und *Al-Khaliq*, der Schöpfer (13,16).
- *Al-Baith*, der Erwecker vom Tode.
- *Al-Baqi*, der Bleibende, der für immer erhält und lebt (20,73).

- *Al-Bari*, der Bildner, aus dessen Hand wir alle kommen (59,24).
- *Al-Barr*, der Wohltätige, dessen Güte sich in der ganzen Schöpfung zeigt (52,28).
- *Al-Basir*, der Beobachtende, der alles sieht und hört (57,4).
- *Al-Basit*, der Schenkende, der seine Güte schenkt, wem er sie schenken will (13,26).

> Es erzählte Anas: „Die Menschen sagten: ‚Gesandter Allahs, die Preise sind sehr gestiegen, setze Preise für uns fest.' Darauf sagte der Gesandte Allahs: ‚Allah ist es, der die Preise festsetzt, Der, der nimmt, Der, der gibt [*al-Basit*], und ich hoffe, dass dann, wenn ich vor Allah trete, niemand unter euch einen Anspruch an mich haben wird wegen einer Ungerechtigkeit des Blutes oder des Besitzes.'" (Sunan Abu Dawud, Hadith 23,3444)

- *Al-Batin*, der Innewohnende, der allen Dingen innewohnt (57,3).
- *Al-Fattah*, der Öffner, der den Weg frei macht (34,26).
- *Al-Ghaffar*, der Verzeihende (71,10). Als der Verzeihende verbirgt und übersieht Allah Sünden. Er wendet sich in Vergebung dem zu, der *bereut*, selbst wenn er eine schwere Sünde *(shirk)* begangen hat. Doch Allah verbirgt die Sünde nur; der Gedanke der Reinigung von Schuld findet sich im Islam nicht.
- *Al-Ghafur*, der Vergebende (2,235).
- *Al-Ghani*, der Reiche, der alles besitzt (2,267).
- *Al-Hadi*, der Führer, der den Gläubigen leitet (22,54).
- *Al-Hafiz*, der Wächter, der auf alles achtet (11,57).
- *Al-Hakam*, der Richter unter seinen Dienern (40,48).

> Es erzählte Hani b. Yazid: „Als Hani mit seinen Leuten in einer Abordnung zu dem Gesandten Allahs ging, hörte dieser, wie sie ihn mit seinem *kunyah* [Rufnamen] nannten, Abul-Hakam [Vater von al-Hakam]. Da rief ihn der Gesandte Allahs zu sich und sprach: ‚Allah ist der Richter [*al-Hakam*], und ihm allein gehört das Gericht. Was hast du die *kunyah* Abul-Hakam?'
> Er erwiderte: ‚Wenn meine Männer in einer Sache uneins sind, kommen sie zu mir, und ich entscheide zwischen ihnen, und

beide Parteien sind mit meiner Entscheidung zufrieden! Er sagte: ‚Wie gut ist dies!'" (Sunan Abu Dawud, Hadith 41.4937).

- *Al-Hakim*, der Weise (6,18). Es kann Herrscher oder Souverän oder Richter bedeuten. Einige Kommentatoren meinen, dass es Der, der Korruption verhindert oder stoppt, bedeutet.
- *Al-Halim*, der Milde, der den Seinen vergibt (2,225).
- *Al-Hamid*, der Lobenswerte. Ibn Kathir schreibt, dass dieser Name bedeutet, dass Allah der Eine ist, der Ruhm „in all seinen Taten, Worten, Gesetzen, Geboten und Verboten" verdient.
- *Al-Haqq*, die Wahrheit (20,114 = „der wahre König").
- *Al-Hasib*, der Rechenschaft Fordernde (4,6–7), d. h. der, der die Taten aller Menschen registriert und sie entsprechend belohnt oder bestraft. Al-Qurtubi weist darauf hin, dass dies eine Warnung vor allem an die ist, die Allah verleugnen; sie werden sich am Schluss für ihre Taten verantworten müssen.
- *Al-Hayy*, der Lebendige, der die Quelle des Lebens ist (20,111).
- *Al-Djabbar*, der Mächtige, dessen Kraft allumfassend ist (59,23). Al-Djabbar ist der Allmächtige und Allstarke, der keine Schwäche kennt. Er kann die Menschen zwingen, seiner Macht kann man nicht widerstehen. Andere Kommentatoren sagen, dass der Name bedeuten kann: „Der, der korrigiert oder in Ordnung bringt".
- *Al-Djalil*, der Majestätische (59,23).
- *Al-Djami*, der Versammler der Menschen zum Tag des Gerichts (3,9).
- *Al-Khabir*, der Wohlinformierte (6,18).
- *Al-Khafidh*, der Demütiger, der die einen erniedrigt und die anderen erhöht (56,3).
- *Al-Khaliq*, der Schöpfer (13,16–17).
- *Al-Kabir*, der Große (22,62).
- *Al-Karim*, der Großmütige (27,40). *Akram*, der Superlativ von *karim*, bedeutet „großherzig", „edel gesinnt" und kann sich speziell auf die verständnisvolle Geduld beziehen – ein Kennzeichen des edlen Herzens –, die Allah beweist, wenn er die Unwissenheit seiner Diener übersieht. Das Koran-Modell für dieses Übersehen von Unwissenheit ist Sure 96,1–5, wo dieser Name zu Beginn der

Offenbarung Allahs an Mohammed erscheint – einer Offenbarung an einen Mann, der weder lesen noch schreiben konnte.

- *Al-Latif*, der Gütige (42,19).
- *Al-Madjid*, der Herrliche (11,73).
- *Al-Malik*, der König über alles (59,23).

> Abu Huraira berichtete, dass der Prophet sagte: „Allah wird die ganze Erde in Seiner rechten Hand halten und alle Himmel in ihr aufrollen, und dann wird er sprechen: ‚Ich bin der König; wo sind die Könige der Erde?" (Hadith).

> Abu Huraira berichtete viele Ahadith von Allahs Gesandtem, und einer von ihnen war dieser, dass der Gesandte Allahs sagte: „Der Elendeste in den Augen Allahs am Tage der Auferstehung und das schlimmste Ziel Seines Zorns wäre der Mensch, der Malik al-Amlak (der König der Könige) genannt wird, denn es gibt keinen König außer Allah." (Sahih Muslim, Hadith 5339)

- *Malik al-Mulk*, der Besitzer des Königreiches (3,26).
- *Al-Matin,* der Herr der Kraft (51,58).
- *Al-Mubdi,* der Hervorbringer (85,13).
- *Al-Mudhill*, der Erniedriger (3,26).
- *Al-Mughni*, der Freigebige, der die Menschen beschenkt (9,74–75).
- *Al-Muhaimin*, der Erhalter, Beschützer (59,23).
- *Al-Muhsi*, der Zähler, der alles zählt (19,94).
- *Al-Muhyi*, der Lebendigmacher, der Toten das Leben gibt (30,50).
- *Al-Muid*, der Wiederhersteller, der wiederaufbaut (85,13).
- *Al-Muizz*, der Ehrende, der sich aussucht, wem er Ehre gibt (3,26).
- *Al-Mudjib*, der Erhörer, der seine Diener erhört (11,61). Bei dem Namen *Al-Mudjib* zitieren die Ulama oft die folgenden Hadith:

> Er [der Prophet] erwähnte sodann „einen Menschen, der weit umherreist, sein Haar zerzaust und von Staub bedeckt. Er hebt seine Hand gen Himmel (und bittet so): ‚O Herr, o Herr', aber sein Essen ist gegen das Gesetz, sein Trinken ist gegen das Gesetz, seine Kleider sind gegen das Gesetz und seine Speise ist gegen

das Gesetz. Wie kann dann sein Flehen erhört werden?“ (Sahih Muslim, Hadith 2214)

Abu Huraira berichtete, dass der Gesandte Allahs sagte: Das Flehen eines Dieners wird erhört, falls er nicht um eine Sünde bittet oder um das Lösen von Blutsbanden oder nicht ungeduldig wird. Man sagte: Gesandter Allahs, was bedeutet „oder nicht ungeduldig wird“? Er antwortete: Dass er so spricht: Ich habe gefleht und gefleht, aber keine Antwort erhalten, und dass er dann entmutigt wird und mit dem Flehen aufhört. (Sahih Muslim, Hadith 6595)

- *Al-Mumin*, der Treue, der seinen Dienern Sicherheit gibt (59,23).
- *Al-Mumit*, der Tötende (15,23).
- *Al-Muntaqim*, der Rächer, dessen Rache gerecht ist (30,47).
- *Al-Muqaddim*, der Vorläufer, der Hilfe aussendet (50,28; siehe auch Al-Mutaakhkhir).
- *Al-Muqit*, der gut mit Macht Versehene (4,84).
- *Al-Muqsit*, der Richter, der auf der Waage wiegt (21,47–48).
- *Al-Muqtadir*, der den Feinden Überlegene (4,84).
- *Al-Musawwir*, der Bildner, der erschafft, wie er will (59,24).
- *Al-Mutaakhkhir*, der Verteidiger, der – wenn er will – die Bestrafung aufschiebt (14,42–43).

Es erzählte Ibn Abbas: „Wenn der Prophet nachts aufstand, um das Tahajud-Gebet zu sprechen, sagte er: ‚O Allah! Alles Lob gebührt Dir; Du bist der Herr der Himmel und der Erde und dessen, was darinnen ist. Alles Lob gebührt Dir; Du besitzt die Himmel und die Erde. ... Dein Wort ist wahr, und das Paradies ist wahr, und die Hölle ist wahr und alle Propheten sind wahr; und Mohammed ist wahr, und der Tag der Auferstehung ist wahr. O Allah! Ich gebe [meinen Willen] Dir hin. Ich glaube an Dich und bin abhängig von Dir. Und ich tue Buße vor Dir, und mit Deiner Hilfe streite ich [mit meinen Widersachern, den Ungläubigen] und nehme Dich zum Richter [um zwischen uns zu richten]. Bitte vergib mir meine vergangenen und zukünftigen Sünden und alles, was ich verborgen oder aufgedeckt habe. Du bist Der, der die einen nach vorne gehen lässt [Al-Muqaddim] und [die anderen] rückwärts [Al-Mutaakhkhir]. Niemand ist der Anbetung würdig als allein Du." (Sahih al-Bukhari, Hadith).

- *Al-Mutaali*, der Selbst-Erhabene, erhaben über die Schöpfung (13,9–10).
- *Al-Mutakabbir*, der Stolze (59,23).
- *Al-Muti*, der Geber (20,50).
- *Al-Muzil*, der Trennende (10,28–29).
- *An-Nasir*, der Helfer der Seinen (4,45).
- *An-Nur*, das Licht des Himmels und der Erde (24,35).
- *Al-Qabidh*, der seine Hand Zurückziehende, Lenker (2,245–246).
- *Al-Qadir*, der Fähige, der tut, was er will (17,99).
- *Al-Qahhar,* der Unwiderstehliche, Übermächtige (13,16–17). Al-Qurtubi weist darauf hin, dass diese Unwiderstehlichkeit von *Al-Qadir* zu unterscheiden ist*:* Allah kann seine Diener daran *hindern*, ihre Wünsche erfüllt zu bekommen, oder er kann ihnen helfen.
- *Al-Qawi*, der Große an Macht (13,9).
- *Al-Qayyum*, der sich selbst Genügende (3,2).
- *Al-Quddus*, der Heiligste (62,1).
- *Ar-Rafi*, der Erhöher (6,83).
- *Ar-Rahman*, der Barmherzige (1,3 und 12,64).

Es erzählte Abu Huraira: „Allahs Gesandter sprach: ‚Es gibt hundert [Teile der] Barmherzigkeit Allahs, und Er hat von diesen Teilen einen auf die Djinn [Geister] gesandt und auf die Menschen und die Insekten, und es ist wegen dieses [einen Teils], dass sie einander lieben, einander Freundlichkeit erweisen und sogar die Tiere ihren Jungen Zuneigung zeigen. Die übrigen 99 Teile der Barmherzigkeit hat Allah für den Tag der Auferstehung aufbewahrt, um sie Seinen Dienern zu erweisen." (Sahih Muslim, Hadith).

- *Ar-Rahim*, der über die Seinen sich Erbarmende (2,143).
- *Ar-Raqib*, der Wächter, der über seiner Schöpfung wacht (5,117).

- *Ar-Rashid*, der Führer, der die Gläubigen leitet (11,87).
- *Ar-Rauf*, der Sanfte, der Mitleid mit den Seinen hat (2,143).
- *Ar-Razzaq*, der Versorger, der selber keine Versorgung braucht (51,57–58).
- *As-Sabur*, der Geduldige, der große Geduld mit den Seinen hat (51,57–58).
- *As-Salam*, der, dessen Name Friede ist (59,23).
- *As-Samad*, der Ewige, der nicht zeugt und nicht gezeugt ist (112,2).
- *As-Sami*, der Hörende (17,1).
- *Ash-Shahid*, der Zeuge (5,117).
- *Ash-Shakur*, der Dankbare, der den Dienst der Seinen annimmt (64,17).
- *At-Tawwab*, der sich Zuwendende, der sich Adams und der Schöpfung erbarmt (2,37).
- *Al-Wadud*, der Liebende, der die Seinen liebt (11,90).
- *Al-Wahhab*, der Geber (3,8).
- *Al-Wahed*, der Unvergleichliche (13,16–17).
- *Al-Wakil*, der Verwalter, der über alles herrscht (6,102).
- *Al-Wali*, die Sicherheit (13,11–12).
- *Al-Waliy*, der Beschützer der Seinen (4,45–47).
- *Al-Warith*, der Erbe, zu dem alles zurückkehrt (19,40).
- *Al-Wasi*, der alles Umfassende (2,268–71).
- *Az-Zahir*, der Hervortretende, der überall ist (57,3).
- *Dhul-Jalal Wal-Ikram*, Herr der Majestät und Ehre (55,27).

Verschiedene Götter

Der ferne Gott

So viele Namen Allah auch hat, er bleibt der Unnahbare, Ferne, Strenge. Versöhnung, Wohlwollen und persönliche Nähe – all dies kommt nicht vor. In der Bibel lernen wir, dass der Christ ein „Tempel des Heiligen Geistes“ ist (1. Korinther 6,19), dass Gott in dem Gläubigen wohnt. Jesus betont diese Dimension in seinem Gebet im Garten Gethsemane, in welchem er seinen Vater mit „Abba" anredet (vgl. Markus 14,36), dem Kosenamen für „Vater", etwa unserem „Papa" vergleichbar. Selbst der frömmste Muslim kommt gegenüber Allah über ein Diener-Herr-Verhältnis nicht hinaus. Einige der Titel Allahs sprechen zwar von Barmherzigkeit, aber es ist eine Barmherzigkeit anderer Art: Allah ist barmherzig, weil er mich nicht getötet oder in der Gefahr allein gelassen hat. Jahwe dagegen ist ein fürsorglicher, liebender, sich persönlich interessierender Vater.

Der kalte Richter

Anstelle des für unsere Sünden gestorbenen Gottessohnes hat der Islam die Gerichtswaage Allahs. Allah vergibt nur, wenn der Muslim Buße getan hat. Der Muslim tritt mit Furcht und Zittern vor ihn, auf eine Aufhebung seines Urteils hoffend. Allah ist zwar „freigiebig" *(Al-Wahab)*, aber es ist die Großzügigkeit eines Kriegers, der es sich nach dem Sieg erlaubt, gnädig zu sein. Wieder stehen wir vor einem bloßen Richter, und nicht vor einem Gott der Liebe.

Der Hassende

Allahs Herz ist gegen die Ungläubigen *(kafir)*. Er kennt keine Liebe zu den Ungläubigen, und der Muslim hat auch nicht die Aufgabe, eine ungläubige Welt zu „evangelisieren". Allah ist zu verehren – Punkt; und wer ihn nicht verehren will, der muss zum Schweigen gebracht oder verstoßen werden. Nicht die Bekehrung, sondern die Eroberung der Ungläubigen ist das große Thema. Allah ruft den Muslim auf, dafür zu sorgen, dass allein sein Name verehrt wird.

7. Die Fünf Pfeiler

Die John Walker Story

Für den zwischen der Hippie-Bewegung der 1960er-Jahre und der Jahrhundertwende aufgewachsenen Durchschnittsamerikaner ist John Walker ein Rätsel. In der Komfortzone des liberal-toleranten Amerika aufgewachsen, hatte der junge Walker alles, was sein Herz begehrte. Seine Eltern sagten ihm, dass er sein eigenes Leben leben durfte und dass sie mit allem einverstanden waren, was er tat. Vor einem Aufstand ihres Sohnes hatten sie keine Angst – sie ließen ihn seinen Weg ja selber wählen.

Freiheit gibt dem Menschen das Recht, gegen absolute Werte, Autoritäten und die Gesellschaft zu rebellieren. Der Nutznießer dieses Relativismus ist der moderne Teenager, dem man klarmacht, dass er glauben kann, was er will, ohne deswegen falsch zu liegen. Vor allem in der Religion.

John Walker hatte jede Menge von dieser Freiheit. Und er wählte seinen religiösen Weg. Mit 16 Jahren las er die Biographie des Bürgerrechtlers und Black Muslim-Anhängers Malcolm X und entschied sich für den Islam. In dem Glauben, dass die Religion von 1,2 Milliarden Menschen eine friedliche sein musste, reiste Walker in den Jemen, um Arabisch zu lernen. Später schloss er sich in Pakistan einer *Madrasa*-Schule an, die für ihre strikte Disziplin und engen Verbindungen zu den Taliban berüchtigt war. Der 19-jährige tauschte Luxus gegen Schlichtheit, Modernität gegen Militanz. Er hatte sich für eine der intolerantesten und engsten Sekten des Islam entschieden. *Newsweek*-Journalist Evan Thomas erklärte die Motivation des jungen Mannes so:

> Die meisten rebellischen Teenager sagen, dass sie mehr Freiheit wollen. John Walker Lindh rebellierte gegen die Freiheit.

> Er verlangte nicht die große Selbstentfaltung. Ganz im Gegenteil: Er wollte genau vorgeschrieben bekommen, wie er sich anzuziehen, was er zu essen, was er zu denken und wie er zu beten hatte.
> Er wollte ein absolutes Wertesystem und war bereit, alles zu tun, um es zu finden.[1]

Das Ergebnis einer solchen Verwandlung war der Taliban John Walker, der gegen seine eigenen Landsleute kämpfte. Das nächste Bild von ihm, das seine Eltern sahen, war auf der Titelseite zahlreicher Zeitungen. Ihr Sohn war ein Verräter geworden.

> Präsident Bush nannte den jungen Mann einen „armen Verführten". Aber verführt von wem oder was? Charles Colson hat in einem Artikel die Antwort gegeben:
> Die erste Verführung, der Walker erlag, war die Art und Weise, in der man in Amerika über die Religion redet. Da sind alle Religionen gleich, und zwar nicht nur (wie sich das für eine Demokratie gehört) gleich*berechtigt*, sondern auch gleich gültig und gleich wahr. Unsere Kultur sendet, vom Größten bis hinunter zum Kleinsten, die Botschaft aus, dass alle Religionen im Wesentlichen „gleich gut" sind, für den Einzelnen wie für die Gesellschaft. Aber das stimmt nicht. Und dies bringt uns zu dem zweiten Irrtum, dem Walker aufsaß. Seit dem 11. September reißen sich viele unserer Eliten schier ein Bein aus, um das wahre Wesen des Islam zu verschleiern, und das ist der Grund, warum Menschen wie Walker und seine Eltern den Islam für eine friedliebende Religion halten. Darum schluckten sie so bereitwillig die utopische Vision, die man ihnen verkaufte.[2]

John Walker wählte sich seinen Weg selber. Es war in vieler Hinsicht ein falscher Weg, aber er demonstriert sehr gut das Verlockende am Islam: Hier ist eine Religion, die dem Gläubigen strikte, konkrete Regeln gibt, so dass er jederzeit genau weiß, was er zu tun hat.

Die Umma

Ein zentraler Faktor im islamischen Ritus ist die *Umma*, die Gemeinschaft aller Muslime. Die Solidarität der Gläubigen ist ein Höchstwert für die Muslime. Sie sind eine große Familie der an Allah Gläubigen, in der das religiöse Band wichtiger ist als die persönliche Freiheit. Das Leben jedes Muslimen basiert auf den „fünf Pfeilern" des Islam, den fünf Grundpflichten, die die Gläubigen unter die Fahne Allahs rufen. Die „Pfeiler" sind absolut. Sie zu hinterfragen oder zu kritisieren kommt dem Verrat, ja der Häresie und Blasphemie gleich und wird in vielen muslimischen Ländern mit Gefängnis oder noch schlimmeren Strafen bedroht.

1. Das Glaubensbekenntnis *(Schahada)*

Im Saddam Hussein Hospital in Bagdad ist ein kleiner Junge zur Welt gekommen. Nachdem die Ärzte ihn untersucht haben, flüstert sein Vater ihm die Worte ins Ohr, die ihm bald nur zu vertraut sein werden: *„La Ilaha illa Allah. Muhammad rasul Allah"* („Es ist kein Gott außer Allah, und Mohammed ist der Gesandte Allahs").

Diese Worte wird der Junge sein Leben lang hören, wenn möglich, noch in seiner Todesstunde. Er wird sie auswendig lernen müssen – im arabischen Originalton. Täglich soll er sie wiederholen, um seine Loyalität zu dem strikten monotheistischen Glauben und seinem Stifter zu demonstrieren.

Dieser eine Satz, er hat weitreichende Konsequenzen. Mit der Erklärung, dass Mohammed der endgültige Prophet Allahs ist, übernimmt der Gläubige das ganze Glaubenssystem des Propheten. Was Mohammed glaubte, glaubt auch er: dass der Koran die endgültige, vollkommene Offenbarung Allahs ist, dass Propheten Allahs Boten an die Völker sind und dass Engel seinen Willen tun. Und dass es eine Auferstehung der Toten, ein Jüngstes Gericht, Himmel und Hölle gibt.

Doch es genügt nicht, all diese Dinge mit dem Kopf zu glauben. Bei einem frommen Muslim muss zum Glauben *(imam)* die Praxis *(din)* kommen. Erst diese Kombination des rechten Denkens mit der Hingabe im Alltag führt den Muslim sicher durch sein Leben und ins Jenseits hinein.[3]

2. Das Gebet *(Salat)*

In Richtung der Kaaba in Mekka werfen sich die Muslime nieder, um zu Allah zu beten. Das regelmäßige Gebet ist das Grundgebot des Islam und der Leitstern im Leben des Muslims.
Das Gebet ist die tiefste Form der Verehrung Allahs. Man beachte, wie im Gebetsruf das Gebet und der Gedanke der Verehrung zusammenkommen:

> Allah ist groß.
> Allah ist groß.
> Allah ist groß.
> Ich bezeuge, dass es keinen Gott gibt außer Allah.
> Ich bezeuge, dass es keinen Gott gibt außer Allah.
> Ich bezeuge, dass Mohammed der Gesandte Allahs ist.
> Ich bezeuge, dass Mohammed der Gesandte Allahs ist.
> Kommt zum Gebet!
> Kommt zum Gebet!
> Kommt zum Gelingen!
> Kommt zum Gelingen!
> Allah ist groß!
> Allah ist groß!
> Ich bezeuge, dass es keinen Gott gibt außerAllah.[4]

Dieser Gebetsruf illustriert die Bedeutung der Wiederholung im Gebetsleben des Muslims. Vor dem Gebet hat sich der Muslim rituell zu reinigen („kleine rituelle Waschung“, *wudu*). Er muss dabei

- dreimal die Hände bis zum Handgelenk waschen;
- dreimal den Mund spülen;
- die Nasenlöcher durch dreimaliges Einziehen von Wasser reinigen;
- das Gesicht von der Stirn bis zum Kinn und vom einen Ohr zum anderen waschen;

- dreimal die Unterarme bis zu den Ellbogen waschen;
- sich mit der nassen Hand über den gesamten Kopf fahren;

erst den rechten, dann den linken Fuß dreimal bis zu den Knöcheln waschen.[5]

Der Muslim kann nur dann erwarten, dass Allah seine Gebete erhört, wenn er körperlich sauber ist. Es gibt Dinge, die das Reinigungsritual ungültig machen und den Muslim zwingen, es zu wiederholen:

Darmwinde

> Abu Huraira berichtete, dass der Gesandte Allahs sagte: „Allah nimmt das Gebet eines Menschen, der Gas gelassen hat, nicht an, solange er nicht eine neue Waschung vornimmt." Ein Mann aus Hadramaut fragte darauf Abu Huraira: „Was bedeutet Gas lassen?" Er antwortete: „Wind mit oder ohne Geräusch."

Berühren der Genitalien

> Ash-Shafij berichtete: „Jeder Mann, der seinen Penis berührt, muss eine Waschung vornehmen. Jede Frau, die ihre Vagina berührt, muss eine Waschung vornehmen."[6]

> Reinigung, wenn kein Wasser vorhanden ist:
> Und so ihr krank oder auf einer Reise seid oder einer von euch kommt vom Abtritt oder ihr habt die Weiber berührt und findet nicht Wasser, so nehmet guten Sand und wischet euch das Gesicht und die Hände damit ab. Allah will euch keine Last auflegen, jedoch will Er euch reinigen und Seine Gnade an euch vollenden; vielleicht seid ihr dankbar. (Sure 5,6)

Das Gebet ist im Islam also kein persönliches Gespräch zwischen einem Menschen und Gott, sondern eine äußere, formal strikt festgelegte Praxis. Besonders beschwerlich wird diese Formalität für den

nicht Arabisch sprechenden Muslim, der dennoch seine Gebete aus dem Gedächtnis auf Arabisch aufsagen muss.
Von allergrößter Bedeutung ist beim Beten auch die Demut. Während des rituellen Gebets *(rak'a)* wirft der Muslim sich vor Allah zum Zeichen der Unterwerfung nieder, ja das Wort „Moschee" *(masdjid)* bedeutet eigentlich einen Ort, wo man sich niederwirft.[7]
Und schließlich steht das rituelle Gebet in der Moschee über dem persönlichen Gebet. Ein Hadith erklärt: „Der Lohn des in der Gemeinde gesprochenen Gebetes ist 25 Mal größer als der des Gebetes, das man zu Hause oder auf dem Markt spricht."[8] Die islamische Gemeinde muss öffentlich an ihre Pflichten erinnert werden. Wenn das Gebet nicht fünf Mal am Tag wiederholt würde, würden die Gläubigen Allah und seine Größe bald vergessen.

3. Almosengeben *(Zakat)*

Eine reinigende Wirkung hat auch das Almosengeben. Das *Zakat* (wörtlich: Gerechtigkeit, Rechtschaffenheit) reinigt den Muslim von Gier und Selbstsucht und sorgt für die gerechte Verteilung von Gütern in der Gemeinschaft. Es soll der Gesellschaft als Ganzer Einheit und Wohlfahrt bringen. Wie die Islamic Society an der University of Northumbria (Newcastle, England) erklärt: „Das Zakat steht für das unzerreißbare Band zwischen den Gliedern der Gemeinde, die der Prophet Mohammed den Organen des Körpers verglichen hat: ‚Wenn eines von ihnen leidet, reagieren alle anderen.'"
Der Muslim hat zu erkennen, dass alles Allahs Eigentum ist. Jeder Muslim ist verpflichtet, 2,5 Prozent seines Überschusses (nach Bezahlung etwa ausstehender Schulden) abzugeben. Im Zeitalter moderner finanzieller Transaktionen ist eine detailliertere Erklärung angebracht:

> Jeder Muslim berechnet sein oder ihr Zakat individuell. Zakat wird von dem Nettoeinkommen entrichtet, nach der Begleichung persönlicher Ausgaben, Familienausgaben, fälliger Kredite, Steuern etc. Jeder Muslim, ob männlich oder weiblich, der am Ende des Jahres im Besitz des Äquivalents von 85 Gramm Gold (was

> 1990 ca. 1.400 Dollar entsprach) oder mehr in bar oder Gütern ist, muss ein Zakat von mindestens 2,5 Prozent entrichten.
> Die an die Regierung gezahlten Steuern sind kein Ersatz für diese religiöse Pflicht. Der Zahlende sollte nicht Stolz oder Ruhm suchen, doch wenn das Nennen seines Namens und der Höhe seines Beitrags andere zum Geben ermutigt, ist dies erlaubt.[9]

Das Almosengeben ermutigt zum Arbeiten und wehrt dem Betteln. Es nutzt nicht nur in diesem Leben, sondern auch für das Leben nach dem Tod. In Sure 2,110 heißt es: „Und verrichtet das Gebet und zahlt die Armenspende [*Zakat*]; und was ihr Gutes für eure Seelen voraussendet, das werdet ihr finden bei Allah. Siehe, Allah schaut euer Tun."
Almosen sind auch ein gutes Mittel gegen Sorgen und die Angst vor Allahs Gericht. „Siehe, wer da glaubt und das Rechte tut und das Gebet verrichtet und die Armenspende zahlt, deren Lohn ist bei ihrem Herrn, und keine Furcht soll über sie kommen und nicht sollen sie traurig sein" (Sure 2,277).
Das Schlüsselwort in diesem Vers ist „und". Der an Allah Gläubige hat eine ganze Liste von Forderungen einzuhalten; das *Zakat* ist eine von mehreren guten Taten, die alle für die Erlösung notwendig sind. Der Muslim, der das Glaubensbekenntnis rezitiert, seine Gebete verrichtet und Gutes tut, aber das Almosengeben vernachlässigt, verscherzt sich seine Erlösung. Ohne Almosen keine Gnade Allahs. Der Hadith illustriert die Folgen, die es hat, wenn man keine Almosen gibt:

> Der Gesandte Gottes [Allahs] erzählte: „Wenn Gott einem Menschen Reichtum gegeben hat, er aber die Entrichtung der gesetzlichen Abgabe [*Zakat*] verweigert, dann wird ihm am Tag des Gerichts sein Reichtum in Gestalt einer haarlosen, männlichen Riesenschlange mit zwei schwarzen Geschwülsten über den Augen vorgeführt. Sie wird ihm um den Hals gelegt, beißt sich an seinem Unterkiefer fest und sagt: ‚Ich bin dein Besitz! Ich bin dein Schatz!'" (Sahih al-Bukhari, *Nachrichten von Taten und Aussprüchen des Propheten Muhammad*, S. 191).

> Schützt euch vor dem Höllenfeuer, auch wenn ihr nur eine halbe Dattel oder eine ähnliche Kleinigkeit als Almosen gebt! (Sahih al-Bukhari, *Nachrichten*, S. 192).

> Als ich eines Tages zum Propheten kam, sagte er: „Behalte deinen Besitz nicht für dich, sonst wird Gott [Allah] seinen Segen für sich behalten!" (Sahih al-Bukhari, *Nachrichten*, S. 194).

Der Muslim wird auch ermutigt, freiwillige Spenden über das Zakat hinaus zu leisten. Als Almosen zählt auch ein fröhlicher Sinn oder wenn man andere zum Tun des Guten anhält. Wenn ein Muslim etwas Böses unterlässt, gilt auch dies als Teil des freiwilligen Almosengebens (*sadaqa*). Der Muslim hofft bei all dem darauf, dass Allah ihm sein Geben am Tag des Gerichts exakt und proportional vergelten wird.

4. Der Ramadan: Fasten *(Sawm)*

Am Ende des Ramadan 2001 lud US-Präsident Bush mehrere muslimische Würdenträger zum Fest des *Eid al-Fitr* ein, des Fastenbrechens, das den Muslim zurück in sein normales Alltagsleben führt. Vor dem Dinner sprach ein Muslim ein Dankgebet an Allah. Ein muslimischer Gelehrter klärt uns auf:

> Das Fasten ist nicht obligatorisch für den Nicht-Muslim, da es ihm nicht geboten ist. Und selbst wenn er fastet und alle Anweisungen befolgt, wird Allah es doch nicht annehmen. Wenn er oder sie an dem islamischen Fasten teilnehmen will, muss er zuvor die *Kalima* (d. h. er muss das Glaubensbekenntnis (Schahada) sprechen, das bedeutet, Muslim werden) erklären; erst dann wird sein Fasten angenommen werden.[10]

Umgekehrt würde ein frommer Muslim niemals Weihnachten feiern, da er nicht glaubt, dass Jesus Christus Mensch wurde, um die Sünden der Welt wegzunehmen. Der Ramadan ist die Antithese zu Weihnachten. Er stellt die Offenbarung des Korans gegen die der Bibel. Die

Muslime glauben, dass der Koran im Ramadan von Allah herabgesandt wurde (Sure 2,185), und begehen deshalb den Ramadan als heiligen Monat.

Das Fasten ist eine lebenslange Pflicht des Muslims. Der Koran sagt: „O ihr, die ihr glaubt, vorgeschrieben ist euch das Fasten, wie es den Früheren vorgeschrieben ward; vielleicht werdet ihr gottesfürchtig" (2,183). Während des Ramadan hat der Muslim sich zwischen Sonnenauf- und Sonnenuntergang des Essens, Trinkens, Rauchens und Geschlechtsverkehrs zu enthalten; stattdessen soll er den Koran lesen und über ihm nachsinnen und so in seinem Verzicht Allah anbeten.

Nicht alle Muslime dürfen bzw. müssen fasten. Vom Fasten ausgenommen sind menstruierende und schwangere Frauen, gebrechliche Alte, Kinder und die Kranken.

Wer jedoch ohne solch einen legitimen Grund dem Fasten fernbleibt, begeht eine Sünde, die Auswirkungen für die Ewigkeit haben kann.

5. Die Wallfahrt *(Hadj)* in Erinnerung Abrahams

Als Michael Wolfe, dessen Mutter eine Christin und dessen Vater ein Jude ist, zum Islam konvertiert war, machte er 1991 seine erste *Hadj* nach Mekka, der heiligsten Stadt des Islam. Er berichtet über dieses mystische Erlebnis:

> Hier bin ich zusammen mit Menschen aus der ganzen Welt, die hierher gekommen sind, weil sie dem Ruf einer Idee, der Einheit Gottes, gefolgt sind. Wir haben den Alltag hinter uns gelassen und sind zu einem Ort gekommen, der kaum zu dieser Welt gehört, einem Ort, an welchem die Nähe Gottes fast greifbar ist.[11]

Die Muslime betonen, dass Millionen von Gläubigen auf der ganzen Welt in Mekka zusammenströmen, um die Einheit Allahs zu feiern – ein mächtiges Zeugnis für die Wahrheit ihres Glaubens.

Die Kaaba, das religiöse Zentrum Mekkas, ist ein uraltes Steingebäude, das ca. 12 x 10 Meter groß und gut 15 Meter hoch ist. In eine seiner Ecken ist ein schwarzer Stein (wohl ein Meteorit) eingemauert.[12] Die

Geschichte des Jahr für Jahr von zahllosen ihre Wallfahrtspflicht erfüllenden Muslimen besuchten Monuments soll bis auf die Zeit Adams zurückgehen. (Adam baute die 1. Kaaba als Lehmhaus, das durch die Sintflut zerstört wurde. Dann errichtete Abraham sie als Steinhaus).
Nach der islamischen Überlieferung befahl Gott Abraham, nicht Isaak, sondern Ismael zu opfern. Nachdem er ihm als Ersatz einen Widder gegeben hatte, erbaute Abraham aus Dankbarkeit eine Anbetungsstätte, nannte sie Kaaba und legte fest, dass die Menschen jährlich eine Wallfahrt dorthin machen sollten. Später verfälschten die hier wohnenden arabischen Stämme das Ritual, stellten Götzenstatuen in dem Gebäude auf und führten den Polytheismus ein. Erst Mohammed stellte den Monotheismus und die Wallfahrt wieder her.
Die Pilgerreise nach Mekka ist der Höhepunkt im religiösen Leben des Muslims. Er bereitet sich geistig und spirituell gut auf die Reise vor. Nur Muslime dürfen die Stadt Mekka betreten, und alle müssen ein schlichtes weißes Gewand tragen, um ihre Gleichheit vor Gott zu demonstrieren. Doch die Vielfalt der Pilger ist auch so offensichtlich: Menschen aus allen Rassen und mit zahllosen Sprachen.
Die Pilger müssen sich zunächst reinigen, bevor sie ihr Ritual beginnen. Die erste Stufe des Pilgerrituals besteht darin, dass sie zu Tausenden die Kaaba sieben Mal umkreisen (*tawwaf*), wobei sie Koranverse und Gebete rezitieren. Wolfe hat dies so beschrieben:
Der Muslim, der das erste Mal die Kaaba sieht, hat seit Jahren darauf hingebetet. Das ist unheimlich schön und toll. Viele weinen, wenn sie es zum ersten Mal sehen – dieses Nichts, dieses schlichte rechteckige Gebäude.[13]
Doch das Umkreisen der Kaaba ist erst der Anfang der Wallfahrtszeremonie. Der Muslim hat weiter sieben Mal zwischen den beiden Hügeln von Mekka hin- und herzulaufen, zur Erinnerung an Hagars verzweifelte Suche nach Wasser für ihren Sohn Ismael. Der Pilger findet das Wasser schließlich an dem Brunnen Zamzam, wo er einen Schluck nimmt, der den Lohn für Hagars Mühen um ihren Sohn symbolisiert.[14]
Doch es liegen noch etliche andere Aufgaben vor dem Pilger:

- Er muss sich ca. 20 Kilometer weit zur Ebene Arafat begeben, wo Mohammed seine letzte Predigt hielt.

- Dort verharrt er stehend von Mittag bis Sonnenuntergang, zur Erinnerung an Mohammed, der vor seinen Anhängern stand.
- Er geht weiter nach Mina, der Stätte der Opferung Ismaels durch Abraham. Hier wirft er sieben Steine, zum Gedenken an die Steine, die Ismael auf den Teufel warf, um seinen Verführungen zu widerstehen.
- Als nächstes opfert er ein Tier, zum Gedenken an den anstelle Ismaels dargebrachten Widder.
- Darauf kehrt er nach Mekka zurück, um erneut die Kaaba zu umkreisen und zwischen den Hügeln hin- und herzulaufen.[15]

Jetzt ist die strapaziöse Wallfahrt vorbei. Der Muslim hat mit ihr intensiv auf ein Ziel hingearbeitet – die Vergebung seiner Sünden. Wie ein muslimischer Experte schreibt: „Die Hadj soll das Bewusstsein für Gott [Allah] und die innere Erbauung fördern. Man glaubt, dass sie auch eine Gelegenheit ist, die Vergebung der Sünden, die sich im Leben des Gläubigen angesammelt haben, zu suchen. Der Prophet Mohammed hat gesagt, dass jemand, der die Hadj recht verrichtet, ‚wie ein neugeborenes Kind [d. h. frei von aller Sünde] zurückkehren wird'."[16]
Die Hadj ist somit die perfekte Illustration, was es braucht, um in den Himmel zu kommen: hartes Arbeiten, Meditieren und die Gnade Allahs.

Dies ist das letzte Ziel aller fünf Pfeiler des Islam, die auf ewig miteinander verbunden sind. Sie sind ein Bilderteppich, der den Muslimen ein Bild ihrer großen Lebensaufgabe gibt, einer Reise, von der sie hoffen, dass sie sie so beenden werden wie sie sie begannen – als neugeborene Kinder, die ohne jede Sünde sind.

8. Frauen: Liebe, Ehe, Besitz

Cynthias Geschichte

Cynthia liebte Asham.[1] Sie lernten sich als Studenten kennen und hielten die ganzen letzten beiden Studienjahre fest zueinander. Bei Asham fühlte Cynthia sich wie eine Prinzessin. Er überhäufte sie mit Geschenken und behandelte sie mit einer Ritterlichkeit, die sie bei keinem amerikanischen Mann erlebt hatte. Er war rücksichtsvoll und aufmerksam, männlich, intelligent und – na ja, ein bisschen merkwürdig fromm. Sie machte sich jedoch weiter keine Gedanken über seinen muslimischen Glauben. Als liberale Kirchenchristin ging Cynthia davon aus, dass jeder, der zur Kirche, Synagoge oder Moschee ging, mehr oder weniger dasselbe glaubte. Und Ashams Moral schien um einiges besser zu sein als die der „christlichen" jungen Amerikaner, die sie gekannt hatte.

Sie heirateten im Sommer und verbrachten die Flitterwochen in Ashams Heimat, einer herrlichen Gegend von majestätischer Schönheit. Nur mit den Gottesdiensten in der Moschee konnte sie nichts anfangen. In die USA zurückgekehrt, widmeten die beiden sich ihrem beginnenden Berufs- und Familienleben.

Ganz allmählich merkte Cynthia, wie Asham anders wurde. Dann und wann wurde er zu ihr und ihrem fünfjährigen Sohn ungehalten. Er schickte ständig Geld in seine Heimat, angeblich um seine Verwandten zu unterstützen, und war geheimnistuerisch, vor allem wenn seine Freunde zu Besuch kamen. Jeden Freitag nahm er ihren Sohn mit in die Moschee, obwohl Cynthia schon lange nicht mehr mitging. Dann kam jener Freitag, an dem Asham nicht mehr von der Moschee zurückkam; er hatte mit dem Kind das Land verlassen. In den folgenden Wochen entdeckte eine entsetzte Cynthia, dass sie und ihr Kind als zum Islam übergetreten galten, jedenfalls auf dem Papier, so dass ihr Sohn muslimisch erzogen werden musste. Ihre Rechte auf das Kind

waren in Ashams Heimatland so gut wie nicht vorhanden. Ihr Kind war fort, ihr Leben zerstört.
Cynthia wusste nicht, dass sie einer wachsenden Subkultur beigetreten war – der Schicksalsgemeinschaft von Amerikanerinnen, die einen ausländischen Muslim geheiratet haben.

Menschen zweiter Klasse

Wer sich mit dem Islam beschäftigt, der entdeckt einen halb erschreckenden, halb faszinierenden Zwiespalt. Die meisten Muslime erklären, dass bei ihnen die Frauen von den Männern wert gehalten und beschützt werden, und gegenüber der Kultur, auf deren Boden der Islam entstand, muss man in der Tat eine Verbesserung der Lage der Frau feststellen. Doch gleichzeitig hat der Islam weltweit den Ruf einer Religion, die ihre Frauen unterdrückt, ja versklavt. Selbst gebildete und erfolgreiche Frauen im Islam fristen ihr Dasein als eifersüchtig bewachtes Eigentum ihrer Männer.
Die muslimischen Apologeten haben es nicht leicht, wenn sie die islamischen Lehren über die Geschlechter und die Sexualität erklären sollen. Denn Mohammed nahm – was seine Meinung über die Frauen betraf – kein Blatt vor den Mund. Mehr als ein Korantext ist für alle, die den Islam einer von der Gleichberechtigung von Mann und Frau überzeugten Gesellschaft anpreisen wollen, ein wahrer Albtraum. Dass sie diese Gleichberechtigung „blauäugig“ und naiv auch bei einem muslimischen Mann voraussetzte, war Cynthias großer Fehler. Aber war Asham nicht ein echter Kavalier, wie so viele muslimische Männer? Um so wichtiger ist es, sich kritisch anzuschauen, was Koran und Hadith über die Rolle der Frau sagen und was dies für die muslimische Gesellschaft bedeutet.
Der Islam lehrt, dass die Frau unter dem Mann steht. Manche islamischen Geistlichen bestreiten dies, aber am Wortlaut des Korans kommt man schwerlich vorbei. In Sure 2.228, die Fragen der Ehescheidung behandelt, heißt es zum Schluss: „Doch haben die Männer den Vorrang vor ihnen [den Frauen].“
Wie ist diese Unterordnung der Frau definiert? Nach dem Hadith hat Mohammed die Frau für genetisch und juristisch zweitklassig erklärt:

„Mohammed fragte einige Frauen: ‚Ist nicht das Zeugnis einer Frau gleich dem halben eines Mannes?' Die Frau erwiderte: ‚Ja.' Er fuhr fort: ‚Dies ist so wegen der Schwäche des Verstandes der Frau.'" Der Prophet hat diese Position an anderer Stelle wiederholt, wo er erneut zu mehreren Frauen spricht: „Ich kenne niemanden, dem es mehr an Intelligenz und Frömmigkeit mangelt als euch."

Endstation Hölle

Drei Mal berichtet der Hadith über Mohammeds Vision des Feuers der Hölle, und jedes Mal erscheint das gleiche Detail: „Mohammed sprach: ‚Mir wurde das Feuer der Hölle gezeigt und dass die Mehrzahl seiner Bewohner Frauen sind.'" In Zusammenhang mit dieser Lehre werden Frauen als gefährlich für den Mann und als böses Omen betrachtet. „Mohammed sagte: ‚Ein böses Omen ist in der Frau, dem Haus und dem Pferd ... ich habe keine schlimmere Not für die Männer hinterlassen als die Frauen.'"[2]

Da sie weniger wert ist als der Mann, hat die Frau in der muslimischen Gesellschaft entsprechend weniger Rechte. So steht ihr nur die Hälfte des Erbteils des Mannes zu: „Allah schreibt euch vor ..., dem Knaben zweier Mädchen Anteil zu geben" (Sure 4,11). Vor Gericht hat die Zeugenaussage einer Frau die Hälfte des Wertes und der Glaubwürdigkeit der Aussage eines Mannes: „... nehmet von euern Leuten zwei zu Zeugen. Sind nicht zwei Mannspersonen da, so sei es ein Mann und zwei Frauen, die euch zu Zeugen passend erscheinen" (Sure 2,282).

Ehe, Sexualität und Begierde

Nach Sure 4,3 darf der muslimische Mann sich bis zu vier Frauen gleichzeitig nehmen. Amerikanische oder europäische Frauen, die muslimische Männer heiraten, entdecken anschließend oft, dass ihre Männer in ihrer Heimat noch weitere Ehefrauen haben – eine häufige Praxis bei Muslimen, die in westlichen Staaten leben, in denen Polygamie verboten ist. Die meisten Frauen aus dem Westen wissen nicht, was der Islam über die Frau und die Ehe lehrt, oder gehen naiv davon aus, dass *ihr* muslimischer Gatte sich nicht an diese Lehren halten wird.[3]

Obwohl der Koran die Zahl der Ehefrauen auf vier begrenzt, erhielt Mohammed von Allah die Erlaubnis, sich so viele Frauen zu nehmen wie er wollte. Wie wir bereits sahen, hatte er schließlich 13 Frauen und Konkubinen, darunter die bei der Hochzeit neun Jahre alte Aisha[4] Tochter von Abu Bakr as Siddiq, der ein enger Freund des Propheten war. Als er die Achtjährige Mohammed zur Frau anbot, soll er augenzwinkernd gesagt haben: „Sie ist acht Jahre, aber verlässlich!"[5] Auch wenn man davon ausgehen kann, dass zunächst nur ein Ehevertrag geschlossen wurde, der frühestens nach drei Jahren vollzogen wurde, bleibt vieles recht sonderbar. Ein so junges Mädchen hat wohl kaum die körperliche oder seelische Reife, die für einen einvernehmlichen Liebesakt erforderlich ist. Eine weitere Ehefrau Mohammeds, Zaynab bint Djahsh, war seine Schwiegertochter; als sein Adoptivsohn Zaid sah, dass Mohammed sie zur Frau wollte, ließ er sich von ihr scheiden (s.o. Kapitel 2).

Die Gesamtzahl der Ehefrauen Mohammeds wird unterschiedlich angegeben; dies liegt an der verwirrenden „Klassifikation" seiner Frauen und Konkubinen. Nach dem Tod seiner ersten Frau, Chadidja, heiratete Mohammed mindestens neun Frauen.[6] Er teilte diese in „nahe" *(Muqarribat)* und „ferne" *(Ghair Muqarribat)* Frauen ein. An der Spitze der „Nahen" stand Aisha, gefolgt von Hafsa, Umm Salma und Zaynab. Zu seinen „fernen" Frauen zählte er Umm Habeeba, Maimuna und Sawda; danach kamen Djuweiriye und Safia. Wichtig war ihm Maryam, die Koptin, die ihm einen Sohn gebar, der allerdings als Kind starb.

Seine eigene zwölfjährige Tochter, Fatima, gab er seinem Vetter Ali b. Abu Talib zur Frau. Sie soll für ihr Alter geistig erstaunlich reif gewesen sein und konnte mit der einen Hand den Koran lesen, während sie mit der anderen Gerste mahlte. Arrangierte Ehen mit einer Zwölfjährigen sind damals nicht unbekannt, wenn auch keine häufige Praxis.

Die Rolle der Ehefrau

Eines der kontroversesten Themen in der heutigen Islam-Diskussion ist die Rolle der Frau in der islamischen Gesellschaft. Nach dem islamischen Recht, der *Scharia*, darf eine Frau z. B. einem Mann nicht direkt in die Augen schauen und z. B. keine Schuhe tragen, die Lärm machen. Wo die *Scharia* strikt befolgt wird, sind diese und viele andere Regeln geltendes Recht. Sicher, es gibt auch Frauen, die sich freiwillig verschleiern, als Symbol der Keuschheit und der Treue zum Islam. Aber als die Herrschaft der Taliban in Afghanistan endete, behielten nur wenige Frauen die Ganzkörperverhüllung bei, aber viele trugen weiterhin den Gesichtsschleier.[7]

Am 17. November 2001 gab es in den USA etwas noch nie Dagewesenes: Anstelle der wöchentlichen Radio-Ansprache des Präsidenten trat seine Frau, Laura Bush, vor die Mikrofone und prangerte die Unterdrückung der Frau in Afghanistan und anderen konservativen islamischen Ländern an. Aber das Verhalten der USA und anderer westlicher Nationen zeigt, dass auf diesem Gebiet nach wie vor Konfusion und politisches Lavieren herrschen. So legte George W. Bush großen Wert darauf, dass die Kultur und nicht die Religion dieser Länder die Ursache für diese Unterdrückung sei. Doch die Frauenfeindlichkeit in den islamischen Ländern ist mehr als nur eine kulturelle Randerscheinung.

Die Frau als „Spielzeug"

Jedes rechtgläubige islamische Regime betrachtet Frauen als persönlichen Besitz ihrer Männer. In Sure 3,14 (nach Khoury) heißt es: „Verlockend ist den Menschen gemacht worden die Liebe zu dem, was man begehrt: Frauen, Söhne, ganze Zentner von Gold und Silber, gekennzeichnete Pferde, Vieh und Ackerland." Ein Ehemann kann mit der Scheidung drohen, wenn seine Frau ihn nicht sexuell befriedigt. Sure 66,5 erklärt: „Vielleicht gibt ihm sein Herr [Allah], wenn er sich von euch scheidet, bessere Gattinnen als euch zum Tausch ..." Es ist die Frau, die den Mann zu befriedigen hat.

Die Ehefrau ist das Sexobjekt ihres Ehemannes. In Sure 2,223 heißt es: „Eure Frauen sind euch ein Acker. Gehet zu euerm Acker, von wannen ihr wollt.“ Und in einem arabischen Volkslied heißt es: „Ehefrauen sind Spielzeuge, suche dir eine aus.“[8]
Es ist allgemein bekannt, dass der Koran einer Frau nicht erlaubt, sich von ihrem Mann scheiden zu lassen. Dagegen kann der Mann durch eine einfache mündliche Erklärung die Scheidung aussprechen.
Auch beim Ehebruch werden Männer und Frauen nicht gleich behandelt. In der *Scharia* war ursprünglich für den männlichen Ehebrecher eine Prügelstrafe vorgesehen, während die Frau lebenslänglich einzusperren war. Dieses Gesetz wurde später auf 80 Hiebe für den Mann und 100 für die Frau abgemildert.[9]

Die Frau in der Öffentlichkeit

Die Vorschriften für das Verhalten der Frau in der Öffentlichkeit können wir hier unmöglich alle aufzählen. Zahlreiche Koranstellen betonen die Verantwortung der Frau, in Kleidung und Blick züchtig und unterwürfig zu sein; hier ein Beispiel:

> Und sprich zu den gläubigen Frauen, dass sie ihre Blicke niederschlagen und ihre Scham hüten und dass sie nicht ihre Reize zur Schau tragen, es sei denn, was außen ist, und dass sie ihren Schleier über ihren Busen schlagen (Sure 24,31).

Die Frau ist zu beschützen – vor den Blicken der Männer. In Sure 33,59 weist Allah Mohammed an: „O Prophet, sprich zu deinen Gattinnen und deinen Töchtern und den Weibern der Gläubigen, dass sie sich [in der Öffentlichkeit] in ihren Überwurf verhüllen.“

Die Ehefrau schlagen

Eine der anstößigsten Lehren im Koran betrifft die Bestrafung der Ehefrau durch ihren Mann. Da der Mann die Aufgabe hat, seine Frau

zu erziehen, gewährt der Koran ihm weitgehende Rechte, sie zu bestrafen. Er kann ihr gegenüber tätlich werden und ihr auch den sexuellen Verkehr verweigern: „Diejenigen [Frauen] aber, für deren Widerspenstigkeit ihr fürchtet – warnet sie, verbannet sie in die Schlafgemächer und schlagt sie“ (Sure 4,34). Was die Verweigerung der sexuellen Gemeinschaft betrifft, schreibt Sure 2,226 vor: „Für die, welche schwören, sich von ihren Weibern zu trennen [oder: sich ihrer zu enthalten], seien vier Monate Wartezeit festgesetzt. Geben sie dann ihr Vorhaben auf, siehe, so ist Allah verzeihend und barmherzig.“
Als Mohammed einmal gefragt wurde, welche Rechte eine Frau gegenüber ihrem Ehemann habe, antwortete er: „Er soll ihr zu essen geben, wenn er isst, ihr Kleidung geben, wenn er sich anzieht, und sie nicht entstellen oder übermäßig schlagen oder verlassen, außer zu Hause“ (Hadith 7,62.77).

Vergleich mit der Bibel

Wie sollen wir all dies beurteilen? Misshandlung und Unterdrückung der Frau finden sich beileibe nicht nur in der muslimischen Welt. In allen Religionen sind Millionen von Frauen Opfer geworden. Auch „christliche“ Männer haben ihre Frauen wie Fußmatten behandelt, manchmal sogar unter Berufung auf falsch verstandene und verdrehte Bibelstellen.
Der Unterschied zum Islam liegt darin, dass Christen, die sich so benehmen, eindeutig gegen die biblische Lehre und die Worte Jesu verstoßen. Jesus hielt Frauen in Ehren und eine Begegnung mit ihnen nicht für verunreinigend. Die Letzten, die unter Jesu Kreuz standen, und die Ersten, die seine Auferstehung bezeugten, waren Frauen. Während die Jünger hinter verschlossenenen Türen zitterten, gingen die Frauen offen zum Grab Jesu, um ihn zu salben. Viele Frauen hielten sich zu Jesus – nicht aus sexuellen Motiven, sondern weil er ihr Herr und Lehrer war. Jesus sprach, mit der jüdischen Tradition brechend, mit der samaritanischen Frau am Jakobsbrunnen (Johannes 4) und unterhielt sich ganz frei mit Lazarus’ Schwestern in Betanien.

Die Ausführungen über die unterschiedlichen Rollen von Mann und Frau in der Ehe in Epheser 5,22–33 geschehen vor dem Hintergrund einer grundsätzlichen Gleichwertigkeit der Geschlechter. Christus, die zweite Person der Gottheit, ist genauso Gott wie der Vater, aber sie haben verschiedene Funktionen. Die Frau ist vor Gott dem Mann gleichgestellt, aber Männer und Frauen haben komplementäre (einander ergänzende) Rollen. So spiegelt die Unterordnung der Frau unter die Führungsrolle des Mannes Christi Verlangen wider, den Willen des Vater zu tun (Philipper 2,1–16).

Man beachte auch den ausdrücklichen Hinweis in Epheser 5,25–33, dass ein Ehemann seine Frau mit derselben Hingabe lieben soll, mit der Christus die Gemeinde geliebt hat. Wenn eine Christin sich an die in diesem Bibelabschnitt gegebene Anweisung zu halten hat, dann selbstverständlich auch der Mann. Auf seinen Schultern liegt sogar die größere Last, denn Jesus hat nicht einfach sein Leben dem Wohl der Gemeinde gewidmet, er ist für sie gestorben. Eine Frau, die spürt, wie ihr Mann der Familie in Liebe vorsteht, ist viel eher bereit, sich seiner fürsorgenden Führung unterzuordnen.

Es ist ein Grundsatz des Christentums, dass ein Ehemann seine Frau nie in irgendeiner Weise misshandeln oder missbrauchen darf. Ein gewalttätig oder ausfallend werdender Ehemann verletzt das Fundament, auf dem die Unterordnung seiner Frau ruht.

Im Islam dagegen ist das Bild wesentlich dunkler. Verteidiger des Islam mögen die Koranpassagen über die Frauen und die Ehe für kulturell überholt erklären; der Wortlaut und der Kontext dieser Passagen ist aber eindeutig.

Wir wünschten, wir hätten vor ihrer Heirat mit Cynthia reden können. Dann hätten wir ihr von der Entrechtung und Misshandlung erzählt, der Frauen seit 1.400 Jahren im Islam ausgesetzt sind. Und von der Freiheit, die Christus Frauen gibt. Wir hätten ihr die Korantexte über die Behandlung der Ehefrau vorgelesen und sie gebeten, sich nicht durch eine Ehe mit Asham ins Unglück zu stürzen.

9. Erlösung: Auf der Waage

Drei Bekehrungsgeschichten

Der kulturell Bekehrte

Damals war ich Cassius Clay. Ich war ein Neger. Ich aß Schweinefleisch. Ich fühlte mich minderwertig – die Weißen waren was Besseres. Ich war ein Baptist namens Cassius Clay.
Muhammad Ali

Die intellektuell Bekehrte

Ich begann, den Koran mehr zu studieren, und nach ein paar Monaten sprach ich die *Shahada* [das Glaubensbekenntnis des Islam]. Das ist jetzt noch kein Jahr her. Ich bin noch am Lernen, versuche Gottes [Allahs] Wahrheit zu finden. Ich bin sehr dankbar, dass er mich so geführt hat. *Hier ist eine Religion der Wahrheit, die jeder Prüfung der Logik und Vernunft standhält!* So hat eine richtige Religion zu sein – sie muss Sinn machen, logisch sein.
Diana

Die spirituell Bekehrte

Es fällt mir nicht leicht, den Unterschied zwischen diesen beiden Religionen richtig auszudrücken. ... Ich habe auch den Eindruck, dass ich beim Islam mehr geführt werde, ob nun vom Koran oder von den Hadithen. Als Katholikin musste ich mir sozusagen immer selber ausdenken, wie ich mich in einer bestimmten

Situation zu verhalten hatte. Manche Leute halten den Islam für zu streng, aber ich glaube, das soll so sein. Gott sagt uns klipp und klar, was er von uns erwartet. Ich brauche nicht mehr nach der Wahrheit herumzusuchen, oder nach dem wahren Glück und solchen Dingen.
Monica[1]

Drei ehrliche Zeugnisse von Menschen, die uns erklären, warum ihre religiöse Reise sie vom Christentum zum Islam führte. Auch ein Christ, der seinen Glauben ernst nimmt, sollte damit rechnen, dass er Menschen gegenüber steht, die den Christen bzw. den Lehren des Christentums aus Überzeugung den Rücken gekehrt haben.
Solche Zeugnisse geben uns einen wichtigen Einblick in Motivation und Mentalität von Menschen, die sich für den Islam entschieden haben. Der ehemalige Cassius Clay fand im Islam eine neue persönliche Identität, eine Identität, die ihn fortan erhobenen Hauptes durch das Leben gehen ließ.
Dianas Zeugnis sollte uns zu denken geben, denn sie befragte verschiedene Christen, als sie Christentum und Islam verglich. Doch diese Christen hatten entweder so wenig Ahnung von der Bibel, dass sie ihr keine gültigen Antworten geben konnten, oder sie lehnten den Koran einfach ab, ohne dies näher zu begründen. Dies vermittelte Diana den Eindruck, dass das Christentum eine Religion für die Dummen sei, während der Glaube der Muslime vernünftig und logisch ist.
Monica schließlich war eine reine Kulturchristin, die wohl selten eine Kirche von innen gesehen hatte. Sie war fasziniert von den strikten Regeln des Islam: Hier war endlich eine Religion, bei der man wusste, woran man ist! Monica beleuchtet die Gefahren eines Christentums, das man so benutzerfreundlich gemacht hat, dass Jesus Christus als Herr rein gar nichts von seinen Nachfolgern erwartet. Das Christentum hätte sie vielleicht überzeugt, wenn jemand ihr das biblische Evangelium aufgeschlossen hätte, dass Gnade zwar kostenlos ist, aber nie billig.
Christen, die ihren Glauben auf die leichte Schulter nehmen und ihren Kindern einen unverbindlichen „lieben Gott“ vermitteln, der keiner-

lei Ansprüche stellt, sollten sich nicht wundern, wenn die Junioren eines Tages in den Skeptizismus geraten oder in einen anderen Glauben abwandern.

Sicherheit: Wissen, was man zu tun hat

> Dies Buch, daran ist kein Zweifel, ist eine Leitung für die Gottesfürchtigen, die da glauben an das Verborgene und das Gebet verrichten und von unsrer Gabe spenden: Und die da glauben an das, was auf dich herabgesandt ward und herabgesandt ward vor dir, und fest aufs Jenseits vertrauen. (Sure 2,2–4)

> Der Gesandte Allahs sprach: „Wer [die Keuschheit dessen] garantieren kann, was zwischen seinen beiden Kiefern und zwischen seinen beiden Beinen ist [d. h. die Zunge und die Geschlechtsteile], dem garantiere ich das Paradies.“ (Hadith 8.76.481)

Die letzte und tiefste Frage in jeder Religion lautet: „Was muss ich tun, um in den Himmel (d. h. in Gemeinschaft mit Gott) zu kommen?“ Im Islam ist die Antwort auf diese Frage gerade so mysteriös und komplex wie seine Stifterfigur, Mohammed. Der Koran deutet zwar an, dass der an Allah Gläubige nach dem Tod auf das Paradies hoffen kann, aber eine Garantie gibt es nicht, selbst für den Frömmsten nicht! Das hat zur Folge, dass die Muslime große Anstrengungen unternehmen, um ins Paradies zu kommen, und doch ständig Angst haben, dass Allah sie als hochmütig richten und in die Hölle schicken wird. Für die islamische Überlieferung ist ein Mensch mit Heilsgewissheit gerade so selten wie einer, der seine Zunge und seine Sexualität perfekt im Zaum hält. Der fromme Muslim tut, was er kann, um Allah zu gefallen und sich so den Himmel zu verdienen, aber die letzte Entscheidung über sein Schicksal *(Kismet)* liegt bei der unergründlichen Allmacht Allahs.

Das Glaubensbekenntnis *(Shahada)*

Die Erlösung hängt im Islam letztlich an dem Glaubensbekenntnis *„La Ilaha illa Allah. Muhammad rasul Allah"* („Es gibt keinen Gott außer Allah, und Mohammed ist der Gesandte Allahs", s. o. Kapitel 7). Dieses Bekenntnis zu sprechen ist alles, was es braucht, um ein Muslim zu werden. Die persönliche Bekehrung (Buße und Umkehr) wird ersetzt durch ein Für-wahr-Halten einer Lehre.
Zu diesem Eingangsbekenntnis kommen die sechs Hauptlehren des Islam:

1. Die Lehre von Gott: Der Glaube, dass es nur einen Gott gibt (Monotheismus).
2. Die Lehre von den Engeln: Der Glaube an übernatürliche Wesen, die den Willen Allahs tun.
3. Die Lehre von den Büchern: Der Glaube an die Tora, das (umgedeutete) Evangelium *(indjil)* und den Koran.
4. Die Lehre von den Propheten: Der Glaube, dass Allah seinen Willen durch Propheten geoffenbart hat: u. a. Adam, Noah, Abraham, Mose, Jesus und zuletzt Mohammed.
5. Die Lehre vom Jüngsten Tag: Der Glaube, dass Allah alle Menschen richten wird.
6. Die Lehre von der Vorherbestimmung: Der Glaube, dass die Menschen nach dem Tod entweder in das Paradies oder in die Hölle kommen.

Das Gebet *(Salat)*

Vielleicht haben auch Sie schon den melodischen arabischen Gebetsruf des Muezzin gehört: „Allah ist groß! Es gibt keinen Gott außer Allah, und Mohammed ist sein Gesandter! Kommt zum Gebet! Kommt zum Gebet! Kommt zum Gelingen!" Das Gebet gibt dem Muslim Hoffnung nicht nur auf den Himmel, sondern auch auf Erfolg in diesem Leben.
Der fromme Muslim betet fünf Mal am Tag, in der Hoffnung, dass Allah so viel Treue honorieren und ihm Gnade schenken wird. Die Gebetszeiten sind wie folgt:

- *Salat al Fadjr* (Frühgebet)
- *Salat al Zuhr* (Mittagsgebet)
- *Salat al Asr* (Nachmittagsgebet)
- *Salat al Maghrib* (Abendgebet, nach Sonnenuntergang)
- *Salat al Isha* (Spätabendgebet)

Der Koran stellt unmissverständlich fest, dass der Muslim ohne das Gebet das Paradies und seine Belohnungen nicht erwarten kann. Die Treue im Gebet hat viele Aspekte:

- Sie festigt den Glauben: „Dies Buch ... ist eine Leitung für die Gottesfürchtigen, die ... das Gebet verrichten ...“ (Sure 2,3–4).
- Sie ist wirksam gegen das Böse: „Und verrichte das Gebet an den beiden Tagesenden ... Siehe, die guten Werke vertreiben die Bösen“ (Sure 11,114).
- Sie wird belohnt: „... und verrichte das Gebet zu Meinem Gedächtnis. Siehe, die ‚Stunde‘ kommt – Ich bin daran, sie zu offenbaren. Dass jede Seele belohnt wird nach ihrem Bemühn“ (Sure 20,14–15).

Der Muslim muss aber nicht nur mit demütigem Herzen zum Gebet kommen, sondern auch mit sauberen Händen. Vor jedem Gebet steht die rituelle Waschung der Hände, des Mundes, der Nase, des Gesichts, der Unterarme und der Füße (mehr dazu oben in Kapitel 7).
Diese Waschungen sind so wichtig, dass ohne sie Allah das Gebet nicht annimmt. Der Hadith berichtet: „Einmal blieb der Prophet auf einer Reise hinter uns zurück. Er holte uns ein, als wir die Reinigung für das überfällige Gebet vollzogen. Wir waren gerade dabei, uns mit der nassen Hand über unsere Füße zu fahren [sie also nur flüchtig zu reinigen]. Der Prophet sagte mit lauter Stimme zwei oder drei Mal: ‚Rettet eure Fersen vor dem Feuer.‘“

Wissen, was man zu glauben hat

> Unabänderlich sind Allahs Worte. Das ist die große Glückseligkeit. (Sure 10,64)

„Ich glaube an die Tora, an die Psalmen Davids *(Zabur)* und die Evangelien *(Indjil)*. Ich glaube auch, dass ihr Leute des Buches seid." Manchen Christen mag bei diesem Satz das Herz still stehen, aber er ist vollkommen ernst gemeint.

Doch der Muslim glaubt auch, dass die Christen und Juden ihre heiligen Schriften verfälscht haben, während der Koran nicht verfälscht werden kann, denn – so heißt es in Sure 15,9: „Siehe, Wir sandten die Warnung herab, und siehe, Wir wollen sie hüten."

Der Muslim kann gar nicht anders, als den Koran als Offenbarungsquelle über die Bibel zu stellen. Mohammed ist größer als Jesus und der Koran die letztgültige Offenbarung Allahs, die alles Vorherige, auch die Bibel, außer Kraft setzt.

Was die Muslime nicht zu sehen scheinen: Wenn die Tora, die Psalmen Davids und die Evangelien ursprünglich die „Worte Allahs" sind, wie konnten sie dann „verfälscht" werden? Wie konnte Allah dies zulassen? Die Antwort ist ambivalent: Zwar seien Tora und Evangelium verfälscht worden, aber dennoch sollen sie als Worte Gottes respektiert und im Zweifelsfall sogar zu Rate gezogen werden.

Die Propheten: Führer auf dem Weg zur Erlösung

Was für eine Rolle spielen die Propheten (Gesandten) bei der Erlösung? Sie sind Sprachrohre Allahs für *alle* Menschen. Zu jedem Volk hat Allah einen Boten gesandt, um ihm sein Wort zu verkündigen, einen Boten, der alle Zweifel und Lügen beseitigt. Der Koran sagt: „Und jedes Volk hat seinen Gesandten. Und als ihr Gesandter kam, ward zwischen ihnen in Gerechtigkeit entschieden, und sie litten nicht Unrecht" (Sure 10,47). Allahs Stimme hat also in keiner Generation geschwiegen, und jede Generation wird nach dem gerichtet werden, was die verschiedenen Propheten ihr geoffenbart haben.

Das Gericht: Die große Abrechnung

> ... und heraus wollen Wir für ihn holen am Tag der Auferstehung ein Buch, das ihm geöffnet vorgelegt werden soll, (und Wir werden zu ihm sprechen:)
>
> „Lies dein Buch; du selber sollst heute Rechenschaft wider dich ablegen“ (Sure 17,13–14).

Für alle Menschen, die je gelebt haben, kommt der Tag des Gerichts. Sure 55,7 erklärt, dass an diesem Tag Allah „die Waage aufstellt“. Dieser Tag wird so schrecklich sein, dass an ihm Kinder zu Greisen werden (Sure 73,17).

Der Tag des Gerichts ist entweder ein Tag des Unheils und der Schande oder ein Tag der Reinigung und Belohnung. An diesem Tag werden Allahs Allwissenheit, Allmacht, Gnade, Weisheit, Vorsehung und Gerechtigkeit sich für alle Welt sichtbar zeigen. In allem wird Allah sich als der Wahre erweisen; dies ist der Sinn des Jüngsten Tages.

Die Ewigkeit: Paradiesgarten oder Höllenfeuer

Da alle Menschen die Wahrheit Allahs durch seine Propheten geoffenbart bekommen haben, gibt es so etwas wie einen Nicht-Muslim eigentlich gar nicht. Die Menschen haben keine Entschuldigung, und alle, die die Wahrheit des Islam ablehnen (die Ungläubigen, *Kafirun*) werden zur Hölle fahren. Der Koran nennt folgende Vergehen als besonders der ewigen Strafe würdig: Hochmut, Götzendienst, unschuldiges Leben nehmen, Unzucht und ein Leben in der Sünde. Für den, der solches tut, gilt: „Verdoppelt soll ihm werden die Strafe am Tag der Auferstehung, und er soll ewig in ihr verweilen, entehrt“ (Sure 25,69).

Die Hölle: Das große Folterfeuer

> Siehe, wer da Unsre Zeichen verleugnet, den werden Wir im Feuer brennen lassen. So oft ihre Haut gar ist, geben Wir ihnen eine andre Haut, damit sie die Strafe schmecken. Siehe, Allah ist mächtig und weise (Sure 4,56).

Die ewige Folter der Ungläubigen in der Hölle soll die Allmacht Allahs demonstrieren. Wie die obige Sure zeigt, wird die Pein ständig erneuert. Andere Koranstellen sprechen davon, dass die Verdammten kochenden Eiter trinken (Sure 14,16) und Kleider aus Pech tragen müssen (14,50), „siedend Wasser und Jauche" schmecken „und anderes der Art dazu" (38,57–58).

Die Verdammten werden Allah anflehen, sie sterben zu lassen, aber er wird sie nicht erhören. Jedes Mal, wenn sie versuchen, dem Feuer zu entfliehen, werden sie in seinen Rachen zurückgeworfen. Was keineswegs die Grausamkeit Allahs zeigt, sondern nur die Schlechtigkeit der Sünder (43,76).

Die Hölle ist ein unendlicher Abgrund, in welchem die Ungläubigen ständig an ihre Sünden erinnert werden (Sure 89,23–26) und Qual und Demütigung erfahren (88,2–7).

Der Himmel: Das Schlaraffenland

> Diejenigen aber, die da glauben und das Rechte tun, die werden Wir einführen in Gärten, durcheilt von Bächen, darinnen zu verweilen ewig und immerdar; und reine Gattinnen sollen ihnen darinnen sein, und führen werden Wir sie in überschattenden Schatten (Sure 4,57).

Der Himmel ist mit seinen Schatten spendenden Gärten das Gegenstück der Hölle. Allah belohnt die Gerechten mit ewiger Geborgenheit, Früchten und Getränken und reinen Frauen. Die Männer werden auf erhöhten Kissen ruhen, wo sie sich an neuem Wein und dem Anblick schöner Jungfrauen erfreuen (Sure 37,41–49).

An materiellen Belohnungen warten auf die Gläubigen prächtige Gemächer als Wohnung (39,20), Diwane (18,31), Bäche und die allerbesten Speisen (52,17–24). Die immateriellen Belohnungen sind Freude (36,55–58), Frieden (19,61–63), Erfüllung (43,68–73) und Glückseligkeit (69,21–24). Ihre Seele wird in Allah ruhen und sich seiner freuen, so wie er sich ihrer freut (89,27–30).

Die Waagschalen

> Und die, deren Waage schwer ist , ihnen wird's wohl ergehen.
> Deren Waage jedoch leicht ist, die werden ihre Seelen verlieren in Djahannam [Gehenna, Hölle] für immerdar (Sure 23,102–103).

Qual oder Seligkeit? Der Muslim glaubt, dass er im Gericht Allahs zu mehr als 50 Prozent gut sein muss. Wer ein gottloses Leben geführt hat, wird im Angesicht des Todes *keine* Hoffnung auf Erlösung haben. Er kann nur verzweifeln, weiß er doch, dass die Hölle auf ihn wartet. Die Waage des Gerichts ist die endgültige Demonstration eines fast mathematischen Gerichts- und Erlösungsverständnisses. Der Muslim wird buchstäblich für jede seiner Handlungen Rechenschaft ablegen müssen, und je älter er wird, um so dringender wird die Frage, ob seine Waage sich mehr zum Guten oder zum Bösen hin neigen wird. Das Alter wird gewissermaßen zum Endspurt: Streng dich noch mehr an, werde noch anständiger und freigebiger, vielleicht schaffst du es ...

Allahs Gnade: der unbekannte Faktor

Da das ewige Schicksal des Muslim letztlich in Allahs ewigem Ratschluss verborgen liegt, bittet der Muslim um seine Gnade. Selbst Mohammed gab zu, dass er ohne die Gnade Allahs nicht in den Himmel kommen kann.
Einige aber werden im Himmel sein, obwohl sie dies gar nicht verdient haben: „Gottes [Allahs] Gnade zeigt sich auch in dem Glauben, dass

er nach einer gewissen Zeit eine große Zahl der Verdammten aus der Hölle herausführen wird – nicht, weil sie den Himmel verdient hätten, sondern um seine Barmherzigkeit gegenüber seinen Geschöpfen zu demonstrieren."[2]

Unsere Sünden: die Waage Allahs oder das Kreuz Jesu Christ?

Vier Tage, bevor unser Vater Acar Mehmet Caner seinem Krebs erlag, gab er jedem seiner Söhne einen Koran. Im Wissen, dass er an der Schwelle des Todes stand, sagte er: „Denkt daran, ich war ein guter Mensch." Mit all seinen Fehlern (die nicht größer waren als die seiner Söhne) war er geradezu der Inbegriff eines Familienvaters. Er liebte seine Frau und seine Kinder und sorgte für sie, finanziell wie auch seelisch.

Aber Acar Caner hatte eine andere Religion als seine Söhne. Für ihn wurden die Menschen ohne Sünde geboren. Christen glauben, dass jeder Mensch schon als Sünder zur Welt kommt und einen Erlöser braucht. Dies ist ein entscheidender Unterschied. Im Islam setzt man seine Hoffnung auf die eigenen guten Werke; es gilt, Allah mehr Freude als Verdruss zu bereiten. Christen dagegen glauben, dass *jede* Sünde ein Vergehen gegen Gott ist, das Strafe verdient. Unsere guten Taten können unsere bösen Taten genauso wenig ungeschehen machen wie ein Mörder seine Tat durch anschließende Freundlichkeiten sühnen kann. Die Gerechtigkeit verlangt, dass die Strafe bezahlt werden muss – und Jesus Christus *hat* die Strafe für unsere Sünden bezahlt.

Im Islam wird die Sünde nicht bezahlt, sondern gewogen. Der Islam vermag nicht zu sehen, dass ein wirklich heiliger und gerechter Gott unsere Sünden nicht einfach mit unseren guten Taten „verrechnen" kann. Auf die erste Seite der Koranexemplare, die unser sterbender Vater uns schenkte, schrieb er seinen letzten Wunsch an uns. In Emirs Exemplar stand: „An meinen Sohn Emir. Dieses Buch gehört dir. Lese jedes Wort darin, für mich und für dich. Dein Vater."

Emir hat, obwohl er Christ ist, diesen Wunsch seines Vaters erfüllt. Es ist ganz unbestritten: Der Koran enthält viele Worte der Weisheit und des Rates. Was aber fehlt, ist die Verheißung ewigen Lebens. Wir können nur hoffen, dass unser Vater in seiner letzten Stunde seinen Glauben auf jemanden gesetzt hat, der größer war als er. Nur Gott weiß, was in einem Menschen vorgeht, der an der Schwelle des Todes steht. Vielleicht hat unser Vater dort noch den wahren Heiland gefunden.

10. Heilige Tage: Der islamische Kalender

Mustafas Geschichte

Als Muslim in Amerika zu leben, kann stressig sein – vor allem wenn Weihnachten vor der Tür steht oder Neujahr oder das jüdische Chanukka-Fest. Mustafa hatte Angst vor diesen Wochen. Seine Angst begann um Halloween herum, wenn die ersten Weihnachtsbäume und Tannengrün-Dekorationen auftauchten und seine Klassenkameraden anfingen, Pläne für die Weihnachtsferien zu schmieden und ihre Wunschlisten zu vergleichen.

Wenn er nichtmuslimische Freunde zu Weihnachten besuchte, begrüßten ihn vor der Haustür schon Weihnachtssterne, grüne Girlanden und elektrische Kerzen in allen Regenbogenfarben. Im Haus dann der Geruch von Pfefferkuchen und Plätzchen, dazu fröhliche Eltern in roten Nikolauspullovern, die ihm „Frohe Weihnacht" wünschten. Im Wohnzimmer ein großer Weihnachtsbaum, darunter die Geschenke, und aus der Stereoanlage erklangen „Jingle Bells" und „Stille Nacht". Zu Hause bei Mustafa gab es keinen Weihnachtsbaum, keine Lichter, keine Krippe. Dort sah es das ganze Jahr hindurch gleich aus, es war wie eine Insel der Ruhe. Wenn nur nicht der Fernseher gewesen wäre mit seiner unaufhörlichen Weihnachtswerbung, Spielfilmen mit dem Weihnachtsmann und diversen christlichen Programmen. Selbst bei seinen sunnitischen Eltern war man nicht sicher vor all dem Rummel ...

Ein Christ, der einem Muslim das Evangelium Jesu Christi bringen will, tut gut daran, sich in die islamische Kultur zu vertiefen, nicht zuletzt in die islamischen Feiertage.

Mondmonate und Sonnenjahre

Die Monate des islamischen Kalenders basieren auf dem Mondjahr, das aus 12 Monaten zu je 29 oder 30 Tagen besteht, was pro Jahr insgesamt 353–354 Tage ergibt. Jeder Monat beginnt mit dem Neumond, und das Datum kann in den verschiedenen Hemisphären um einen oder zwei Tage differieren.
Die muslimische Zeitrechnung beginnt mit dem Jahr der Hidjra (622 n. Chr.). Da das Jahr nach dem Mondzyklus etwa 10 Tage kürzer ist als im Gregorianischen Kalender, fällt das muslimische Neujahrsfest im westlichen Kalender nicht immer auf das gleiche Datum, sondern „wandert“ durch das Jahr:

Der islamische Neujahrstag im westlichen Kalender

Im Jahr der Hidjra (A.H. = „Anno Hidjra“)	Datum des Neujahrstages im Gregorianischen/ westlichen Kalender
A.H. 1421	6. April 2000
A.H. 1422	26. März 2001
A.H. 1423	15. März 2002
A.H. 1424	4. März 2003

Es ist schwierig, einen weltweit für alle islamischen Länder gültigen Kalender zu finden, aber man kann immerhin die islamischen Monate (beginnend mit dem ersten Monat) auflisten: 1. Muharram; 2. Safar; 3. Raby' al-Awal; 4. Raby' al-Thani; 5. Djumada al-awwal; 6. Djumada al-Thani; 7. Radjab; 8. Sha'ban; 9. Ramadan; 10. Shawwal; 11. Dhu l-Qada; 12. Dju l-Hidja.
Wenn ein neuer Monat mit dem Neumond beginnt, sind die Feiertage beweglich. Es ist einem Muslim unverständlich, dass Weihnachten jedes Jahr wie ein Uhrwerk auf den 25. Dezember fällt. Nicht einfacher wird die Situation dadurch, dass der Islam zwei verschiedene Kalender kennt – den Mondkalender und den Sonnenkalender. Als die

Taliban 1996 die Macht in Afghanistan übernahmen, ordneten sie den islamischen Mondkalender an, in dem 2001 das Jahr 1422 ist. Da wundert es nicht, dass viele Muslime ihr genaues Geburtsdatum nicht kennen, auch wenn dies eher an der fehlenden Registrierung liegt. Aber auch dies ändert sich langsam.
Weiter verkompliziert wird die Datierung der islamischen Feiertage dadurch, dass die Mondzyklen je nach Region und Hemisphäre unterschiedlich sind, so dass – je nach Wohnort – in ein und demselben Jahr ein und dasselbe Fest auf verschiedene Tage fallen kann. Wir können die Verwirrung, die manche Christen hier befällt, gut verstehen. Im Folgenden ordnen wir für das Beispieljahr 2002 einige weitere islamische Feiertage unserem Gregorianischen Kalender zu.[1]

Die Hadj (Wallfahrt nach Mekka) im westlichen Kalender

A. H. (= im Jahr der Hidjra 1422)	2002 n. Chr.
1. Dhu l-Hidja	14. Februar

Hadj

Wie in Kapitel 7 dargelegt, ist der fünfte „Pfeiler“ des Islam die Hadj, die Wallfahrt nach Mekka, die der fromme Muslim mindestens einmal in seinem Leben unternehmen sollte. Jedes Jahr reisen ca. 2 Millionen Muslime nach Mekka – das größte internationale Treffen der Welt und einer der wichtigsten, tiefsten und kompliziertesten Riten für den Muslim. Das Ziel der Reise: an der Kaaba, dem großen Heiligtum des Islam, Allah verehren.
Nach dem Koran wurde die Kaaba von zwei „Propheten“ erbaut – von Abraham und seinem Sohn Ismael. Sure 3,67 stellt fest:

> Abraham war weder Jude noch Christ; vielmehr war er lauteren Glaubens, ein Muslim, und keiner derer, die Gott Gefährten geben.

Nach islamischer Tradition war es nicht Isaak, sondern Ismael, der geopfert werden sollte und von Gott durch einen Widder ausgelöst wurde (vgl. 1. Mose 22). Dies soll sich dort zugetragen haben, wo heute Mekka liegt. Dort errichteten sie die Kaaba: „Und als Abraham und Ismael die Fundamente des Hauses legten, (sprachen sie): ‚O unser Herr, nimm es an von uns ... Und zeige uns unsre Riten'" (Sure 2,127.128).

Der Muslim glaubt, dass Abraham der Urheber der Wallfahrt nach Mekka und all ihrer Riten ist und dass Mohammed sie nach vielen Jahren lediglich wieder zum Leben erweckte.

Der wichtigste Tag der Wallfahrt ist der 9. Tag des Dhu l-Hidja, der „Tag von Arafat". An diesem Tag versammelt sich eine riesige Pilgerschar auf der Ebene von Arafat, die nach muslimischer Überlieferung ein Urbild des Ortes des Jüngsten Gerichtes Allahs ist. Hier beten sie um Vergebung und Gnade, in Vorbereitung auf den nächsten Tag, 'Id al-Adha, einen weiteren islamischen Feiertag.

'Id al-Adha im westlichen Kalender	
A. H. (= im Jahr der Hidjra 1422)	**2002 n. Chr.**
10. Dhu l-Hidja	22. Februar

'Id al-Adha

Am Tag nach dem Tag von Arafat feiern die Muslime das 'Id al-Adha („Opferfest"), zur Erinnerung an Abrahams Bereitschaft, alles, sogar seinen Sohn Ismael, Allah zu opfern. Und da die Muslime glauben, dass Allah Ismael durch einen Widder auslöste, der sich in einem Gestrüpp verfangen hatte, schlachten sie an diesem Tag ein Tier, dessen Fleisch anschließend unter den Verwandten, Freunden und Bedürftigen verteilt wird.

Das Opferfest soll zu Handlungen der Nächstenliebe an bedürftigen muslimischen Familien anreizen. Der Tag ist mit vielen Traditionen

verknüpft; man trägt neue oder besondere Kleider und macht den Kindern Geschenke, nachdem man ihnen die Geschichte des Opfers Ismaels erzählt hat.
Während diese beiden islamischen Feste „früh" im westlichen Kalender erscheinen, liegen sie für den Muslim am Ende des islamischen Jahres. Etwa drei Wochen nach ihnen beginnt für den Muslim mit dem Muharram das neue Jahr (s. o. die Datierung des islamischen Neujahrstages).

Der Ramadan im westlichen Kalender

A. H. (= im Jahr der Hidjra 1422)	**2002 n. Chr.**
Ramadan	6. November – 5. Dezember

Der Ramadan

Das bekannteste islamische Fest ist der Ramadan; der Name bezeichnet sowohl den Monat als auch die Fastenzeit. Das Fasten (*Saum*) an jedem Tag dieses heiligsten Monats des Jahres ist der am meisten praktizierte der fünf Pfeiler (s. o. Kapitel 7) des Islam und ruft die über eine Milliarde Muslime der Welt zur inneren Einkehr auf, zur erneuten Hingabe und Selbstbeherrschung.
Der Sinn des Monats Ramadan besteht darin, alle Muslime gleichzeitig zum Fasten zu rufen. Viele Muslime praktizieren das Fasten an einzelnen Tagen das ganze Jahr hindurch, aber der Ramadan ist *der* Fastenmonat, und die meisten Muslime (selbst solche, die nur dem Namen nach Muslime sind) halten ihn ein. Ihre Aufgabe: von Sonnenaufgang bis Sonnenuntergang Enthaltsamkeit üben und sich vertieft dem Gebet und dem Koran widmen. Alles im Ramadan ist darauf abgestellt.
Der Ramadan beginnt mit dem Neumond des 9. Monats. Wie bereits erwähnt, kommt der Neumond nicht überall in der Welt gleichzeitig; astronomische Berechnungen bringen die erforderliche Einheitlichkeit. Auch das Ende des Ramadans *('Id al-Fitr)* ist einheitlich festgelegt.

Bis auf schwangere und menstruierende Frauen, Kranke, Kinder und Reisende haben alle Muslime im Ramadan zu fasten. Die tägliche Fastenperiode, in der Essen, Trinken, Rauchen, Geschlechtsverkehr und jeglicher Luxus verboten sind, beginnt mit dem Sonnenaufgang und endet mit dem Sonnenuntergang.

Der Muslim empfindet den Ramadan nicht als triste Bußübung, sondern als Festmonat. Morgens steht er zeitig auf, um das *Suhur* zu sich zu nehmen, ein üppiges und geselliges Mahl, nach welchem das Morgengebet gesprochen wird und das Fasten beginnt. Abends folgt auf das Abendgebet bei Sonnenuntergang ein ebenfalls reichliches Abendessen, zu dem oft Verwandte und Freunde eingeladen werden. Dieses Mahl, das *Iftar*, beginnt, der Tradition Mohammeds folgend, mit dem Essen von süßen Datteln. Das Gebot, täglich im Koran zu lesen, wird im Ramadan oft so gehandhabt, dass man jeden Tag ein Dreißigstel des Korans liest, im Laufe des Monats also das ganze Buch.

In den letzten zehn Tagen des Ramadan, die als besonders heilig gelten, erreichen die Handlungen der Frömmigkeit und Mildtätigkeit einen Höhepunkt. Die heiligste Nacht des Monats ist die 27., die als „Nacht der Macht" (*Lailat al-Qadr*) bekannt und „besser als tausend Monate" ist. In ihr soll Mohammed die ersten Verse des Korans erhalten haben.

Man muss einen Ramadan erlebt haben, um seine unerhört zentrale Rolle in der islamischen Gemeinde zu verstehen. Die Vorbereitungen ziehen sich über Monate hin; Rezeptbücher werden konsultiert, Gästelisten erstellt. Es herrscht eine Vorfreude, wie man sie nur mit dem (christlichen) Weihnachtsfest oder dem (jüdischen) Passafest vergleichen kann. Kleine Geschenke werden ausgetauscht, und man ist stolz darauf, Muslim zu sein. Verwandte und Freunde benutzen im Ramadan spezielle Grußformeln, die zum Großteil in der ganzen islamischen Welt die gleichen sind:

- *Kull 'am wa antum bi-khair* (arabisch: „Alles Gutes für das ganze Jahr!").
- *'Id mubarak* (arabisch: „Gesegnetes Fest!").
- *'Id mubarak* ist der allgemeine arabische Gruß, der Allahs Segen am letzten allgemeinen islamischen Feiertag, dem Fest des Fastenbrechens, verheißt.[2]

'Id al-Fitr im westlichen Kalender

A. H. (= im Jahr der Hidjra 1422)	2002 n. Chr.
1. Shawwal	5. Dezember

'Id al-Fitr

Der erste Tag des 10. Monats ist das Fest des Fastenbrechens zum Abschluss des Ramadan und seiner besonderen Akte der Frömmigkeit. Es ist ein Freudenfest, an dem der Muslim sich festlich-bunt kleidet, morgens an einer besonderen Andacht teilnimmt und Verwandte und Freunde besucht. Vielerorts erhalten die Kinder am 'Id al-Fitr größere Geschenke oder Geld von ihren Eltern und Verwandten.

Die 'Id al-Fitr-Festlichkeiten dauern drei Tage an, die in den meisten islamischen Ländern weitgehend arbeitsfrei sind. Die meisten der Riten finden jedoch am ersten Tag statt. Eine Pflichtspende für die Armen füllt die Kassen für die Mildtätigkeitsprogramme des ganzen Jahres auf. In Amerika laufen zur Zeit Bestrebungen, das 'Id al-Fitr zu einem öffentlichen Feiertag zu machen.

Ein eschatologischer Feiertag

Im schiitischen Islam hat ein Feiertag messianische Obertöne: der Tag des Gedenkens an den 12. Imam, Muhammad al-Mahdi, Sohn des 11. Imams, Hasan al-Askari. Nach schiitischer Überlieferung ist al-Mahdi nicht gestorben, sondern lebt in der Verborgenheit, auf den Tag des Gerichts wartend, an dem er erscheinen wird, um Gerechtigkeit auf Erden aufzurichten. Die Feier seines Geburtstages, am 15. Sha'ban, ist mit vielen Traditionen verbunden, die sich auf einen endzeitlichen König beziehen.

Menschliche Leistungen

Der Christ tut gut daran, zu verstehen, dass die islamischen Feiertage in Wesen und Funktion völlig anders sind als die christlichen.
Erstens – und dies ist der wichtigste Unterschied – thematisieren die christlichen Feiertage das Handeln Gottes, während die islamischen auf menschlicher Leistung beruhen. Der Christ feiert zu Ostern die Auferstehung seines Herrn Jesus Christus und die Vollendung seines Sühneopfers für unsere Sünden. Das 'Id al-Adha dagegen erinnert an Abrahams totale Opferbereitschaft, nicht an den Widder, den Allah ihm als Ersatz für Ismael gab. Christen feiern zu Weihnachten die Menschwerdung ihres Erlösers Jesus Christus; der Islam begeht *Maulid al-Nabi*, den Geburtstag des Kriegerpropheten Mohammed. Christen und Juden sehen im Passafest eine Erinnerung an das Handeln Gottes, als er die Erstgeburt der Israeliten schonte; für die Muslime ist das 'Id al-Fitr das Ende der eigenen persönlichen Opfer, die sie im Ramadan gebracht haben. Wir können diesen fundamentalen Unterschied im Sinn der christlichen und islamischen Feiertage nicht genug betonen.
Und zweitens sind Nichtmuslime von den Feierlichkeiten der islamischen Feste strikt ausgeschlossen. Sie sind gleichsam „geschlossene Gesellschaften". Während z. B. viele Juden ihre christlichen Nachbarn zum Sabbat oder zum Sedermahl (Passa) einladen, sind Nichtmuslime (selbst gute Freunde und Verwandte) bei den islamischen Festen nicht erwünscht. (In Deutschland sind Christen zugelassen, oft offiziell eingeladen, sogar per Zeitung!)
Als im November 2002 Präsident Bush versuchte, eine Brücke zu den amerikanischen Muslimen zu schlagen, indem er selber ein *Iftar* (Abendmahlzeit im Ramadan) ausrichtete, beging er gerade damit einen religiösen Fauxpas. Zu Beginn dieses Mahls wird das übliche Gebet der Hingabe an Allah gesprochen. Die Berater des Präsidenten hatten ihm offensichtlich nicht gesagt, dass er mit der Teilnahme an diesem Gebet dem muslimischen Gott huldigte. Bush, ein evangelischer Christ, der keinen Hehl aus seinem Glauben macht, beging einen Fehler, der nur zu typisch ist für Menschen, die Brücken zum Islam zu bauen versuchen, ohne das muslimische Weltbild verstanden zu haben.

Christen sollten die islamischen Sitten kennen, sich dabei aber vor faulen religionsvermischenden Kompromissen hüten. Der Respekt vor den Traditionen anderer Religionen stärkt das Zeugnis des Evangeliums; ihre naive Bejahung verwässert es. Die christlichen Feste drehen sich um das, was unser Herr Jesus Christus für uns getan hat, und nicht um unsere persönlichen Frömmigkeitsleistungen.

Der junge Mustafa ist wie viele andere Muslime. Er wäre dankbar für einen Christen, der seine Traditionen und seine Haltung versteht, dabei aber die Unterschiede nicht klein redet.

11. Islamische Denominationen und Sekten

Die Grenzen verwischen sich

Seit den Anschlägen auf das World Trade Center und das Pentagon im September 2001 haben sich viele Grenzen verwischt. Zum Beispiel in den USA die zwischen Zivilisten und Soldaten. Die Medien scheinen sich weniger sicher zu sein, was zum säkularen und was zum religiösen Bereich gehört. Und im Islam ist die Grenze zwischen den Hauptströmungen durchlässiger geworden.

Grenzverwischungen sind ein Alarmzeichen, denn Grenzen sind wichtig für eine Kultur. Beginnen wir mit der Grenze zwischen Bürger und Soldat in den Vereinigten Staaten. Der letzte Angriff eines Aggressors von außen auf die Ostküste Amerikas erfolgte 1812, im 2. Unabhängigkeitskrieg mit Großbritannien. Die in den Weltkriegen in Europa und Asien kämpfenden US-Soldaten wussten, dass ihre Familienangehörigen daheim in Sicherheit waren. Mit den Anschlägen vom 11. September und den Anthrax-Briefen ist der Krieg nach Amerika selbst gekommen.

Seit dem 11. September 2001 gehen aber auch der religiöse und der säkulare Bereich nahtlos ineinander über. Nach den Anschlägen kannten die Medien der Welt offensichtlich nur noch ein Thema: Was ist eigentlich der Djihad? Einen Augenblick lang wurden die Politiker von den Theologen verdrängt. Gebetsgottesdienste und religiöse Diskussionen machten Schlagzeilen.

Doch die alarmierendste Grenzauflösung ist vielleicht die dritte. Fünfzig Jahre lang haben westliche Politiker auf die Hilfe der „gemäßigten“ Muslime, der Sunniten, gezählt, um den „radikalen“ islamischen Flügel, die Schiiten, in Schach zu halten. Doch nun ist das früher Undenkbare eingetreten: Usama Bin Laden ist ein *sunnitischer* Muslim, und seine Anhänger kommen aus *allen* islamischen Gruppierungen. Christen sollten unbedingt diese verschiedenen Gruppierungen kennen, die zusammen das islamische Lager ausmachen und den Muslimen ihre Identität geben.

Das große Schisma: Sunniten und Schiiten

Mohammed hatte seine Nachfolge nicht geregelt. Als er starb, mussten die Muslime aus dem Stand heraus Strukturen zur administrativen, militärischen und religiösen Organisation schaffen. Es entstand das Amt des Kalifen, der – obgleich nicht selber ein Prophet – als Mohammeds Nachfolger („Kalif" bedeutet „Nachfolger") an der Spitze der muslimischen Gemeinschaft stand.
Aber schon die Legitimität des ersten Kalifen, Abu Bakr, war nicht unumstritten. 661 wurde der vierte Kalif, Ali, ein Vetter Mohammeds und Ehemann seiner Tochter Fatima, ermordet – der Beginn der Umayyaden-Dynastie. Die meisten Muslime standen loyal zu den Umayyaden; sie wurden die „Sunniten" – die Leute, die der *Sunna* (Sitte) Mohammeds folgten, wie sie von der islamischen Gemeinschaft, der *Umma*, verstanden und praktiziert wurde.
Doch es gab auch einen anderen Flügel – die *Shi'a* (Partei) des ermordeten Ali. 680 erhob sich Alis jüngerer Sohn Hussein gegen die sunnitische Herrschaft; er kam bei dem Massaker von Kerbala im heutigen Irak ums Leben. Die Schiiten begehen noch heute seinen Todestag am 10. Muharram. Die Folge dieser Kämpfe war die erste Spaltung des Islam in Sunniten und Schiiten, wie sie sich heute noch in vielen Ländern der islamischen Welt findet.

Die Sunniten: Sharia und Fiqh

Die bei weitem größte muslimische Gruppe sind die Sunniten. Nach Mohammeds Tod hatte der sunnitische Flügel das Wahlkalifat eingeführt, während für die Schiiten der Kalif ein direkter Nachkomme Mohammeds zu sein hatte. Die Schiiten lehnen bis heute die ersten drei Kalifen als Usurpatoren ab und akzeptieren nur die Wahl Alis, der Mohammeds Vetter und Schwiegersohn war.

Die sunnitischen Muslime systematisierten und organisierten das islamische Leben und die islamische Ethik unter dem Dach einer theokratischen Gesetzgebung. Ihre wichtigste Leistung war die *Scharia* (wörtlich: „der Weg zur Wasserstelle"), die traditionell in drei Zweige eingeteilt wird: religiöse Pflichten *(ibadat),* Ethik *(mu'amalat)* und Jurisprudenz *(fiqh).*

Die verbindliche Struktur dieser Gesetzgebung *(Usul al-fiqh)* wurde von Mohammed b. Idris al-Shafi'i vor seinem Tod 819 formuliert. Die höchste Autorität auf allen Gebieten des Lebens war der Koran, gefolgt von der Sunna im Hadith und schließlich dem Konsens *(idjma')* der islamischen Gemeinschaft. Der *idjma'* begann als Konsens der gesamten islamischen Gemeinde; später wurde daraus die Übereinstimmung zwischen den islamischen Schriftgelehrten, den Ulama.

Während im frühen Islam neben dem *idjma'* auch *qiyas* (das Analogieprinzip) und *idjtihad* (unabhängige Entscheidungen) eine Rolle spielten, erkennen die Sunniten heute nur noch den *idjma'* an. Bei den Schiiten dagegen wird *idjtihad* auch heute noch praktiziert, jedoch nur von dem Imam in der Moschee. Es ist den Sunniten gelungen, den Islam auf praktisch allen Gebieten des Lebens, bis hin zu den Details der Gebetszeiten und Speisevorschriften in den verschiedenen Ländern, mit einer Stimme sprechen zu lassen. Und die Sunniten fühlen sich der Ausbreitung des Islams in der ganzen Welt verpflichtet.

Die Schiiten: Scharia und Imam

Für die Schiiten hat der Führer der muslimischen Welt ein Blutsnachkomme Mohammeds zu sein. Nach der schiitischen Legende hatte Mohammed am Teich Ghadir al-Khumm ausdrücklich Ali zu seinem Nachfolger eingesetzt. In der schiitischen Theologie traten daher an die Stelle der gewählten Kalifen die *Imame*, Führer der Nachkommen Alis.

Während die sunnitischen Kalifen bloß gewählte Administratoren waren, galten die Imame als vollwertige geistliche Führer, die einen Teil der Inspiration Mohammeds geerbt hatten. Der Imam wurde so bei den Schiiten zum unfehlbaren Ausleger des Gesetzes und der Überlieferung.

Ein wahrer Imam wird bei seiner Geburt von Allah zu seinem Amt erwählt und ist ein direkter Nachfolge Alis. Nach der schiitischen Lehre starb der 12. Imam dieser Linie nicht, sondern wurde von Allah in den Himmel entrückt oder lebt irgendwo auf der Erde unerkannt weiter; er soll einst als der *Mahdi*, eine Art messianische Gestalt, zurückkehren.[1]

Das frühe Schiitentum entfaltete mit seiner Betonung von Märtyrertum und Leiden, exemplifiziert durch das Schicksal Husseins und anderer Persönlichkeiten der schiitischen Geschichte, eine starke Anziehungskraft, nicht zuletzt auf nichtarabische Bevölkerungsgruppen in Ländern wie Persien und Indien, die sich von den überwiegend sunnitischen arabischen Muslimen ungerecht behandelt fühlten.

Noch heute kommen überall in der Welt, vor allem aber im Irak, Iran, Indien, Pakistan und Teilen Afghanistans, Millionen Gläubige zur Feier des *Ashura*-Tages zusammen, um den Tod Husseins zu beklagen und die Geschichte seines „Märtyrertums" zu rezitieren. Husseins Tod hat für den Schiiten (ähnlich wie Christi Kreuzigung für den Christen) die Merkmale eines stellvertretenden Sühneopfers; Hussein hat alles gegeben am Ashura-Tag.

Die Berührung mit nichtarabischen Kulturen führte zur Aufnahme solcher Strömungen wie Mystik und Meditation in den schiitischen Islam (sie sind aber bereits latent im Koran vorhanden). So werden vielfach Träume als Offenbarungskanal Allahs betrachtet, z. B. vor wichtigen Entscheidungen. Das Interesse an der Wiedergabe und Analyse von Träumen wird sehr deutlich in dem bekannten Usama Bin Laden-Video über die Anschläge am 11. September in New York und Washington.

Für den Schiiten hat jede Obrigkeit sich strikt an der Scharia zu orientieren. In schiitisch dominierten Ländern gilt die Theokratie als beste Regierungs- und Lebensform, und die Gesetzgebung ist direkt aus Koran und Sunna abgeleitet.

Islamischer Mystizismus: Der Sufismus

Der Sufismus entwickelte sich als Reaktion auf Tendenzen im Islam, die als legalistisch (gesetzlich einschränkend) empfunden wurden. Für die Sufis ist das Einhalten des Wortlauts der religiösen Vorschriften etwas bloß Äußerliches, das durch die persönliche Begegnung mit Allah im Gedenken *(dhikr)* und in der *inneren* Meditation *(tariqa)* ergänzt werden muss.
Die Lehre des Sufismus fordert einen einfachen Lebensstil, wie ihn Mohammed und die ersten Kalifen praktiziert haben sollen. Die Abwendung vom Reichtum soll zum Erlöschen egoistischer Begierden und der Vereinigung *(fana)* mit Allah führen. Der Sufismus fand vor allem in Ländern mit starken buddhistischen und hinduistischen Traditionen offene Türen. Die Selbstverleugnung soll erreicht werden durch extremes Fasten, lange Meditationen, den Derwischtanz und andere Meditationshilfen, die oft über das islamische Gesetz und die Lehren des Korans hinausgehen.
Der Sufismus predigt die Zentralität der Liebe Allahs *(mahabba),* eine Lehre, die im 8. Jahrhundert von der Mystikerin Rabi'a eingeführt wurde. Er lehrt weiter eine allegorische, symbolische Auslegung des Korans und die Kommunikation mit Allah durch das singende Rezitieren seiner Namen. Jede Sufi-Bruderschaft wird von einem *Shaikh* (geistlichen Meister) geleitet, der seine Schüler (*fakire*) seinen persönlichen Weg *(tariqa)* lehrt. Die Schüler leben mit dem Shaikh zusammen und praktizieren gemeinsam seinen „Weg".
Im Mittleren und Fernen Osten erlebt der Sufismus heute ein rasches Wachstum. Sein Mystizismus ist wie geschaffen für Kulturen, die die Selbstverleugnung hochhalten. Aber auch in Amerika, mit seinem Trend zum kabbalistischen Judentum und fernöstlichen Mystizismus, breitet sich der Sufismus aus.[2]
Eine einheitliche, systematische sufistische Theologie gibt es nicht, doch ein Hang zum Pantheismus ist unverkennbar. Der Weg in die Gemeinschaft mit Allah vollzieht sich unter der Anleitung eines *pir* (persischer Ausdruck für *shaikh)* genannten Lehrers, der sich selber neue Jünger *(murid)* heranzieht.[3]

Kleinere Gruppen

Etwa 98 Prozent aller Muslime sind Sunniten, Schiiten oder Anhänger des Sufismus. Doch es lohnt sich, auch einen Blick auf einige der kleineren Sekten und Splittergruppen zu werfen.

Nation of Islam

Eine der kontroversesten islamischen Gruppen ist die *World Community of Al-Islam in the West*, besser bekannt als *Nation of Islam* (NOI) oder *Black Muslims*. Es handelt sich um eine strikt auf die USA begrenzte Bewegung, die sich vor allem politisch hervorgetan hat.
Die NOI wurde um 1930 von Wallace Dodd Fard (Wali Farad Muhammad) in Detroit (Michigan) gegründet. Fard bezog seine Inspiration aus den Lehren von Timothy (Noble Drew) Ali, der 1928 seine Moorish Holy Temple of Science Organization gegründet hatte.[4] Drew lehrte, dass die Schwarzamerikaner eigentlich arabischer Herkunft und daher als *Moors* (Mauren) zu bezeichnen seien. Zweitens war für ihn der Islam und nicht das Christentum die ursprüngliche und daher richtige Religion der Afrikaner in den Vereinigten Staaten. Nach Drews mysteriösem Tod 1929 verbreitete Fard die Lehre, dass die Schwarzen ursprünglich muslimisch und die Weißen der Teufel waren und dass die Schwarzamerikaner die Macht, die sie suchten, nur in einer separaten Nation finden würden – eben der *Nation of Islam*. 1934 hatte Fard bereits 8.000 Anhänger beisammen.
Im Juni 1934 verschwand Fard; sein Nachfolger wurde seine geistliche rechte Hand, Elijah Poole Muhammad. Unter Muhammads Führung wuchs die NOI an Mitgliedern und an Einfluss. Nach seinem Tod 1975 übernahm sein Sohn, Wallace Muhammad, die Führung, der die NOI mit sechs Reformen in den Schoß des orthodoxen Islam führte:

1. Elijah Muhammads Lehre von der Überlegenheit der schwarzen Rasse wurde abgeschafft.
2. Wallace Fard galt nicht mehr, wie Elijah Muhammad geglaubt hatte, als Gott selber, sondern nur noch als ein weiser Mann.

3. Der geschäftliche und der religiöse Zweig der Organisation wurden voneinander getrennt.
4. Die Forderung nach einem separaten Staat für Schwarzamerikaner wurde fallen gelassen.
5. Die Autorität der US-Verfassung wurde erstmalig anerkannt.
6. Die Lehren der NOI wurden an die des orthodoxen Islam angepasst, einschließlich der *Hadj*.

Nach diesen Änderungen nahm die sunnitische Gemeinschaft die NOI in ihren Schoß auf. Doch nicht jeder billigte die Veränderungen. Louis Farrakhan, ein entschiedener Vertreter des afrikanischen Nationalismus, gründete eine separate islamische Bewegung.

Wahhabiten: puritanische Sunniten

„*Wahhabiten*“ ist die Bezeichnung für eine religiöse Bewegung innerhalb des Islam, die von Muhammad b. Abd al-Wahhab (1703–1792) begründet wurde. Wahhab, der sich als Reformator des Islam verstand, erklärte den Djihad gegen alle anderen Formen des Islam – ein einmaliges Ereignis in der islamischen Geschichte. Die Wahhabiten (sie bezeichnen sich selber als *Muwahhidun* = „Unitarier“) sind gegen alles, was die Verherrlichung des einen Gottes, Allah, mindert. So sind die Benutzung von Engel- und Prophetennamen in Gebeten sowie Pilgerfahrten zu Heiligengräbern strikt verboten. Der Koran ist wörtlich auszulegen, es herrscht eine strikte Prädestinationslehre (arabisch: *qadar*; türkisch: *kismet*).
Die Wahhabiten gelten als die Puritaner unter den Muslimen. Man findet sie vor allem in Saudi-Arabien, wo ihre Lehren zur herrschenden religiösen Doktrin wurden, aber auch anderswo im Nahen Osten.

Drusen: Die heimlichen Muslime

Eine der seltsameren Gruppen im Islam sind die im Libanon, Südsyrien und Nordisrael heimischen Drusen. Sie spalteten sich im

11. Jahrhundert aus dem schiitischen Islam ab. Als ihre Begründer gelten ad-Darazi (von dem sich ihr Name ableitet) und Hamza b. Ali b. Ahmad, die den grausamen und wohl auch geisteskranken Fatimidenkalifen Hakim (al-Hakim bi-amri Allah, 996–1021) für eine Manifestation Allahs erklärten.
Die stark mystisch geprägte Sekte ist total in sich abgeschlossen. Die Drusen sprechen nicht mit Außenstehenden über ihre Religion und akzeptieren weder Mischehen noch Konvertiten aus anderen Religionen. Oft folgen sie zum äußeren Schein der in ihrem Land herrschenden Religion und treffen sich nur im Geheimen. Sie haben keine Gotteshäuser; nur Gelehrte (*uqqal*) kennen die Inhalte ihrer Religion: u. a. Glaube an Seelenwanderung.

Alawiten

Die von Ibn Nusair Namiri Abdi gegründeten Alawiten spalteten sich im 9. Jahrhundert von den Schiiten ab. Sie leben in Syrien, vor allem in den Bergen bei Latakia, aber auch in den Städten Hama und Homs und seit einigen Jahrzehnten in Damaskus. Mit etwa anderthalb Millionen Gliedern machen sie etwa 10 Prozent der Bevölkerung Syriens aus. Zwei moderne syrische Präsidenten, Hafiz al-Assad und Bashar (Sohn des Hafiz), waren (sind) Alawiten.
Für die Alawiten war der Kalif Ali eine Emanation des göttlichen Wesens und kam als Prophet gleich hinter Mohammed. Die Alawiten haben zusätzlich zu den fünf „Pfeilern" des Islam noch zwei weitere, doch gelten die Pfeiler nicht als Pflicht, sondern lediglich als Symbole. Die beiden Zusatzpfeiler sind der *Djihad* (Kampf gegen die Feinde Alis) und die *Waliya* (Verehrung Alis).
Die sich selber als gemäßigte Schiiten sehenden Alawiten sind oft in Konflikt mit islamischen Herrschern und mit anderen Muslimen gewesen, die ihnen vorwerfen, keine echten Muslime zu sein, da sie behaupten:

1. Ali war eine Emanation (Erscheinung) Allahs. Ali erschuf aus seinem Geist Mohammed, und Mohammed erschuf Salman (einen frühen schiitischen Heiligen). Diese drei zusammen bilden eine Art

Trinität, in welcher Ali der „Sinn", Mohammed der „Name" und Salman die „Tür" ist.

2. Die Autorität des Korans sowie aller Formen des Gebets werden verworfen. Sämtliche islamischen Lehren können allegorisch gedeutet und brauchen nicht wörtlich genommen zu werden.
3. Die Männer unterliegen der Reinkarnation. Frauen dagegen haben keine Seele, weswegen sie nicht die Geheimnisse der nusairischen (alawitischen) Lehre zu lernen brauchen.

Die Nusairier (Alawiten) haben ihre eigenen, *Shaikhs* genannten religiösen Führer, die mit göttlicher Autorität ausgestattet sein sollen. Bestimmte Festtage dienen der Erinnerung an die nusairischen Heiligen. Die nusairischen Männer unterziehen sich mit 19 Jahren einem Initiationsritus, bei dem sie in Geheimnisse der Sekte eingeweiht werden.

Die Ahmadiya-Bewegung

Eine der am schnellsten wachsenden Bewegungen in den islamischen Ländern, die aus Pakistan stammende Ahmadiya, ist bei rechtgläubigen Muslimen als Sekte verschrieen. Die Bewegung wurde 1889 von Mirza Ghulam Ahmad aus dem Dorf Qadijan (Punjab, Indien) gegründet. Ahmad (1835–1908) war eine schillernde Figur. 1880 behauptete er, nur ein muslimischer Schreiber zu sein, fünf Jahre später erklärte er sich bereits zum Erweckungsprediger und Gelehrten (Mudjaddid), 1891 zum wiedergekehrten Messias und Mahdi. Schließlich erklärte er 1901, dass er ein von Allah selber beauftragter Prophet sei, in der Nachfolge Mohammeds, nach dem es laut islamischer Lehre keinen weiteren Propheten geben kann.

Diese Behauptungen wie auch andere Lehren, die dem Koran widersprachen, stießen bei den muslimischen Gelehrten natürlich auf Widerstand. Ahmad konterte, dass er Mohammed selber sei, der wiedergekommen sei, um den Koran neu auszulegen. 1904 erklärte er außerdem, dass er der Hindu-Gott Krishna sei. Der Widerhall, den er bei einfachen Indern fand, war größer als dem islamischen Establishment recht sein konnte.

Nach seinem Tod 1908 spaltete sich die Bewegung in die kleinere Lahori-Gruppe und die größere Qadiani-Gruppe; während die erstere Ahmad nur als religiösen Reformer betrachtet, erkennt die letztere ihn als neuen Propheten an. Die Bewegung ist weltweit missionarisch aktiv; in Deutschland hatte sie 1996 ca. 60.000 Mitglieder. 1974 wurde die Bewegung von der Muslimischen Weltliga (Rabitat al-Alam al-Islami) einstimmig aus der islamischen Weltgemeinschaft ausgeschlossen und ihre Führer zu Ketzern und Abtrünnigen erklärt.

Die Sikhs: Verschmelzung mit dem Hinduismus

Eine der am häufigsten missverstandenen religiösen Bewegungen sind die Sikhs. Oft werden sie fälschlicherweise für Muslime gehalten, was an ihrem islamischen Hintergrund liegt. Ihr Gründer, Guru Nanak, wurde 1469 in dem Punjab-Dorf Talwandi geboren. Nanak griff den Fanatismus und die Intoleranz der Muslime seiner Zeit an, aber auch den leeren Ritualismus und das Kastendenken der Hindus. Als er Mekka besuchte, erklärte er öffentlich, dass Allahs Haus überall sei, nicht nur in der Kaaba.

Guru Nanak glaubte zutiefst an die Gleichheit aller Menschen und versuchte, Hinduismus und Islam miteinander zu verbinden. Er war gegen das Kastenwesen und identifizierte sich selber mit der niedrigsten Kaste. Seine Lehren brachten ihm Zulauf sowohl bei den Muslimen als auch bei den Hindus; vor allem sein Eintreten für Gewaltlosigkeit und für die Gleichbehandlung auch der niederen Kasten ließ seine Anhängerschaft explosionsartig anwachsen.

Der Sikhismus sagt: Gott sei der Eine und Einzige, weder von Zeit noch von Raum, noch vom Denken begrenzt. Es sei unmöglich für ihn, menschliche Gestalt anzunehmen. Allah sei vielmehr ein göttliches „Prinzip", mit welchem der fromme Sikh sich innerlich vereinigen kann. Die Sikh-Religion verwirft jegliche Rituale, einschließlich des Fastens und der Wallfahrt. Das Ziel des menschlichen Lebens, das Einswerden mit Allah, wird erreicht durch Befolgen der Lehren des Gurus, durch Meditieren über den „Heiligen Namen" (Gott) sowie durch Nächstenliebe.

Der Sikhismus betont den „Weg der Hingabe“ *(Bhakti Marg)*, sieht aber auch einen begrenzten Nutzen im „Weg der Erkenntnis“ *(Gian Marg)* und im „Weg des Handelns“ *(Karam Marg)* und lehrt, dass es Gnade braucht, um die Verschmelzung mit dem ewigen Bewusstsein zu erlangen.
1966 wurde in Indien ein eigener Bundesstaat (Punjab) für die Sikhs geschaffen. Ihr Zentrum ist die Stadt Amritsar, in der ihr Hauptheiligtum, der „Goldene Tempel“, steht.

Zusammenfassung

Wie das Christentum, so hat auch der Islam verschiedene Zweige, Richtungen und Gruppen, die im Extrem zu unterschiedlichen Religionen führen. Wer die Muslime als einen homogenen Block sieht, der wird der Vielfalt der Glaubensrichtungen in dieser Religion nicht gerecht. Schon kurz nach Mohammeds Tod kam es zu den ersten lehrmäßigen Differenzen, und nichts deutet darauf hin, dass sie je aufhören werden.

12. Die Illusion der Religionsfreiheit: Terrorismus von innen

Neemas Geschichte

Ihre braunen Augen sehen älter aus als ihre 19 Jahre. Neema macht einen sehr gefassten Eindruck bei ihrem Bericht über jenen Tag im Jahre 1988, als von Norden kommende Muslime ihr christliches Dorf im Sudan überfielen und sie in die Sklaverei verschleppten. Sie redet leise, fast flüsternd, Pausen lassend für den Übersetzer. „Als die arabischen Milizen kamen, entführten sie viele Menschen. Wer sich wehrte, den töteten sie. Sie waren vor allem hinter den Frauen und Kindern her."

Sie beruhigt den kleinen Jungen, der ungeduldig an ihrem Kleid zieht.

„Hast du nicht versucht, zu entkommen?"

Neema nickt. „O ja. Aber sie haben mich so geschlagen. Schließlich haben sie mich auf einem Pferd weggebracht."

„Und wohin?"

„Nach Norden. Sie haben mich einem Mann verkauft. Ich musste seiner Frau helfen, Dura zu mahlen und Feuerholz zu sammeln. Sie gaben mir einen muslimischen Namen und zwangen mich, an ihren muslimischen Ritualen teilzunehmen, obwohl ich Christin bin. Als ich mich weigerte, haben sie mich hart geschlagen. Und wenn die Frau meines Herrn zum Markt ging oder sonst nicht zu Hause war, dann ..." Sie senkt ihren Blick.

Sie zeigt auf das Kind an ihrer Seite. „Als die Frau meines Herrn herausfand, dass ich mit seinem Kind schwanger war, wurde sie wütend und jagte mich aus dem Haus, und ich konnte fliehen."

„Und wie bist du hierhin zurückgekommen?"

„Sklavenhändler halfen mir. Sie brachten mich zurück und verkauften mich für fünf Kühe an meine Familie. Meine Leute waren froh, dass ich wieder da war, aber jetzt kann ich nicht heiraten. Ich bin mit einem Mann zusammen gewesen, und ich habe ein Kind. Ich kann nicht mehr heiraten.“[1]

Wenn zwei nicht das Gleiche tun

Die Kreuzzüge. Die Inquisition. Der Dreißiggjährige Krieg. Die Pogrome gegen die Juden. Man kann viele Beispiele nennen für Grausamkeiten, die z.T. im Namen des Christentums verübt wurden. Bei der Verteidigung des Djihad weisen islamische Gelehrte gerne auf diese Beispiele hin. Haben die Christen nicht auch ihre heiligen Kriege geführt? Aber diese Kriege sind nicht dasselbe wie der real praktizierte islamische Djihad.

Erstens hat Mohammed in seinen Schriften wie mit seinem Beispiel den Djihad als Mittel zur Ausbreitung des rechten Glaubens festgeschrieben. Jesus hat das nicht getan, ja in der Bergpredigt sagt er: „Selig sind die Friedfertigen; denn sie werden Gottes Kinder heißen“ (Matthäus 5,9). Die Kreuzzüge der Christen damals waren ein Verstoß gegen das Wort ihres Herrn und Meisters. Der Muslim dagegen, der mit Gewalt gegen Andersgläubige vorgeht, gehorcht seinem Kriegerpropheten und dessen Botschaft.

Zweitens gibt es keine Stelle im Neuen Testament, die den Heiligen Krieg befürworten würde, vielmehr umgekehrt: Gewalt und Verfolgung werden nur die Christen treffen. Jesus erklärte seinen Jüngern: „Haben sie mich verfolgt, so werden sie euch auch verfolgen“ (Johannes 15,20; vgl. Matthäus 5,11–12.44–45; 10,22–23; Lukas 21,12–13; Johannes 15,20–27; Römer 12,14). Die Apostelgeschichte bezeugt, wie die ersten Christen sich geradezu freuten, wenn sie verfolgt wurden. Sie rächten sich nicht, sondern gaben ihr Leben für ihren Glauben.

Drittens können militante Muslime, die unschuldiges Blut für Allah vergießen, sich dabei auf ihren Koran und die Hadith-Überlieferung berufen. Jesus dagegen vergoss am Kreuz sein eigenes Blut, um die Strafe für unsere Sünden auf sich zu nehmen.

Viertens haben die Christen in ihrer überwiegenden Mehrzahl (wenn auch viel zu langsam) aus ihrer blutigen Geschichte gelernt, während die Feuer-und-Schwert-Politik der Muslime heute in zahlreichen Ländern (zur Zeit vor allem Sudan, Saudi-Arabien, Iran, Indonesien, Nigeria und Pakistan) unvermindert weitergeht, ja noch schärfer wird. Fünftens geht es heute bei Gewalt in christlichen Ländern fast immer um Gewalt zwischen Christen und nicht von Christen gegen Nichtchristen. In Nordirland kämpfen Protestanten und Katholiken gegeneinander, auch wenn dies eher ein sozial-politisch bedingter Konflikt ist, weniger religiös motiviert. Es gibt keinen „christlichen“ Staat, der Krieg als Mittel einsetzen würde, um das Reich Gottes zu bauen. „Christliche“ Gewalt ist heute die Ausnahme in einer normalerweise friedliebenden christlichen Welt. Im konservativen Islam dagegen ist der militante Kampf unverändert die Norm.

Der entscheidende Unterschied zwischen Christen und Muslimen liegt nicht in der Geschichte, sondern in der Theologie. Ein Christ wird durch Gottes Wort ermahnt, im Frieden zu leben. Der Muslim dagegen wird vom Koran und seinem Propheten angehalten: „Erschlagt die Götzendiener, wo ihr sie findet“ (Sure 9,5).

Der politische Unterschied

In den vergangenen Jahrzehnten haben in den USA viele Nichtchristen die „Trennung von Kirche und Staat“ zu unlauteren Zielen missbraucht. Aber in dem immer noch gültigen Zusatzartikel zur amerikanischen Verfassung heißt es, dass der Kongress keinerlei Gesetze erlassen darf, die die freie Ausübung einer Religion verbieten. Der Staat darf es keinem Christen – und keinem Muslim – verwehren, seinen Glauben öffentlich zu bezeugen und auszuüben.

Wo es zu nicht verfassungsgemäßen Einmischungen in die Religionsfreiheit kommt, leiden auch andere Freiheiten. Für die Gründungsväter der USA war es ein zentraler Pfeiler der Freiheit, dass die Regierung die Frommen nicht nur zu tolerieren hatte, sondern dass Amerika eine Nation sein sollte, die die freie Ausübung von Gottesdienst und Zeugnis förderte. Zu diesem Prinzip bekennen sich die

USA bis heute. Der Islam folgt dem genauen Gegenprinzip: dass andere Religionen in ihrer Ausübung nicht zu fördern sind.
Dieses Prinzip geht bis ins 7. Jahrhundert zurück, als im Zuge der raschen muslimischen Eroberungszüge der „Vertrag von Umar" über den Umgang mit eroberten nichtislamischen Gruppen entstand. (Umar war der zweite Kalif, s. o. Kap. 3.) In dem Vertrag heißt es u. a., dass Christen

- „in unseren Städten oder in ihrer Nachbarschaft keine neuen Klöster, Kirchen, Nonnenklöster oder Mönchszellen erbauen dürfen, noch, bei Tag oder bei Nacht, solche reparieren dürfen, die verfallen sind oder in den Vierteln der Muslime liegen".
- „ihre Religion nicht öffentlich zeigen oder irgendjemand zu ihr bekehren dürfen. ... Die Christen dürfen keinen der Ihren daran hindern, zum Islam überzutreten, so er dies will."
- „den Muslimen mit Achtung begegnen sollen und sich erheben, wenn ein Muslim sich zu setzen wünscht".
- „in den Straßen oder Märkten der Muslime keine Kreuze oder Bücher ausstellen dürfen. ... Glocken in Kirchen dürfen nur sehr leise benutzt werden".[2]

Die „Dhimmis" oder „Schutzbefohlenen" in den eroberten Gebieten (vor allem Christen und Juden) hatten den Status von Bürgern zweiter Klasse, die gegen Zahlung einer Sondersteuer einen gewissen Schutz durch das islamische Regime genossen – ein Schutz, der – wie die obigen Texte zeigen – seine Löcher hatte und eine freie Religionsausübung nicht zuließ.
Die heutige Türkei praktiziert ein ganz ähnliches Arrangement. Das fast rein muslimische Land ist die Heimat des Führers der Orthodoxen Ostkirchen, des Ökumenischen Patriarchen Bartholomäus I. Ein Experte für Fragen der Religionsfreiheit – Paul Marshall – erklärt: „Der Patriarch wird strikt überwacht. Die Erlaubnis, der orthodoxen Minderheit eine theologische Ausbildung oder Gebäude zur Verfügung zu stellen, wurde ihm konsequent verwehrt."
Die Vertreibung und Ermordung von ca. zwei Millionen armenischen Christen in den Jahren 1905–1918 liegt bis heute als schwere Hypothek auf der neueren türkischen Geschichte; aus den Jahren

1994 und 1996 sind Sprengstoffanschläge auf christliche Kirchen bekannt.[3]

Ein anderes Beispiel: In Marokko dürfen Christen zwar Gottesdienste abhalten, aber nicht missionieren. Mustapha, ein christlicher Konvertit, erhielt drei Jahre Gefängnis, weil er christliche Literatur verteilt hatte. Oft werden Christen auch wegen Nichtteilnahme am Ramadan inhaftiert. Nur angesichts massiven internationalen Drucks gewähren islamische Regierungen ein Minimum am Religionsfreiheit.

Dagegen haben westliche Länder in den letzten Jahrhunderten Muslimen immer mehr Freiheiten gewährt. Unser Vater, Acer Caner, half bei dem Entwurf und Bau einer sehr schönen Moschee in Columbus (Ohio) mit. Er hatte jedes Recht, den Islam auf friedliche Weise zu verbreiten. Seine zum Christentum konvertierten Söhne kämpfen auch für das Recht der Muslime, sich frei zum Gottesdienst zu versammeln und ihren Glauben offen zu verbreiten. Jeder wirkliche Christ weiß, dass der rettende Glaube an Jesus Christus niemals erzwungen werden kann.

Doch in der Heimat unseres Vaters, der Türkei, hätten wir solche Rechte nicht. Es gibt nicht ein einziges islamisches Land, das echte Religionsfreiheit erlaubt. Selbst die liberalsten muslimischen Länder erkennen die Argumente für solch eine Freiheit nicht an. Sie haben es bisher nie getan! Wir können nur hoffen und beten, dass sie es eines Tages doch noch tun werden.

Verfolgung

Es wäre sicher falsch, den Islam pauschal mit religiöser Verfolgung gleichzusetzen. Aber die Menschenrechtsbilanz des heutigen Islam ist mancherorts nicht besser als die des klassischen Kommunismus oder gewisser hinduistischer Extremisten.[4] Meist geht die Gewalt dabei von militanten Einzelnen oder Gruppen aus, doch gelegentlich auch von „ganz oben“.

Das schlimmste Beispiel der letzten Jahre ist der Sudan. Der Anteil der Christen ist im Sudan höher als in den meisten islamischen Ländern. Als 1983 die Islamisten an die Macht kamen, erklärten sie als Erstes den Djihad gegen die Millionen von sudanesischen Christen. Die bisherige Bilanz dieses Vernichtungskrieges:

- Zwischen 1,5 und 3 Millionen Tote. Im Sudan sind mehr Menschen ermordet worden als in Ruanda, Bosnien, Somalia und Kosovo zusammen genommen.
- Allein aus dem Stamm der Dinka werden ca. 50.000 Kinder als Sklaven gehalten. Ihre Familien können sie mit Vieh oder Geld zurückkaufen.
- Zwangsbekehrungen zum Islam sind im Sudan offizielle Regierungspolitik. Die islamischen Milizen kämpfen Seite an Seite mit den Regierungstruppen.
- Öffentliches Predigen und Evangelisation sind im islamischen Norden des Sudan verboten und werden mit Gefängnis oder Prügelstrafe bedroht.[5]

Diese Dinge sind wohlbezeugt. Rabbi David Saperstein, Vorsitzender der US-Kommission für internationale Religionsfreiheit, kommentiert:

> Im Zweiten Weltkrieg konnten viele Menschen in Deutschland und auch bei den Alliierten sagen: „Das haben wir nicht gewusst." Aber wir wissen, was im Sudan geschieht. Wir können nicht tatenlos danebenstehen, wenn das Blut unseres Nächsten fließt. Und es tut sich etwas in unserem Land. Aber wir müssen noch viel mehr tun als bisher.[6]

In seinem Buch *Their Blood Cries Out* („Ihr Blut schreit laut") beschreibt Paul Marshall die Lage in den Nuba-Bergen im südlichen Zentralsudan. Massengräber, in denen ganze Dörfer liegen. Konzentrationslager für Frauen und Kinder, in denen Nuba-Frauen systematisch von arabischen Soldaten vergewaltigt werden, um Kinder zu zeugen, die keine Nuba mehr sind. Berichte über Kreuzigungen von Christen durch die Soldaten.[7]

Und der Sudan ist kein Einzelfall. Auch etwa im Iran, Saudi-Arabien, Turkmenistan, Pakistan und Usbekistan wird die Religionsfreiheit massiv verletzt. In all diesen Ländern müssen Christen, die sich offen zu Jesus Christus bekennen, mit Tod, Gefängnis, Arbeitslosigkeit oder Zwangsbekehrung zum Islam rechnen; Kirchen werden zerstört.

Es sind mitnichten einige wenige „Extremisten", die so wüten, sondern hinter diesen Handlungen stehen über ein Dutzend Regierungen, die für mehrere hundert Millionen Muslime sprechen.
Die Anschläge vom 11. September wurden von muslimischen Sprechern prompt als mörderisch, ja satanisch verurteilt. Einen ähnlichen Aufschrei der Empörung angesichts der Christenverfolgungen in muslimischen Ländern sucht man vergeblich. Wenn der Anschlag auf das World Trade Center in New York „satanisch" war, dann die Übergriffe auf Christen in Afrika, im Nahen Osten und in Indonesien doch wohl auch! Ja das Blutbad vom 11. September verblasst geradezu im Vergleich zu dem, was seit vielen Jahren in gewissen Ländern (z. B. im Sudan) im Namen Allahs geschieht.

Religionsfreiheit ist unantastbar

Für einen Christen sollte die Basis seiner ethischen Entscheidungen stets Gottes Wort sein. Christen sollten niemals „aus dem Bauch heraus" reagieren. Dies ist ein wichtiger Pfeiler auch der christlichen Religionsfreiheit. Alle Menschen haben das Recht, sich ihre Religion auszusuchen und zu praktizieren, solange sie damit nicht anderen Menschen Unrecht oder Gewalt antun. Wo es zu Gewalttaten kommt, können Christen einschreiten, aber nicht aus Rachsucht, sondern aus Liebe und um die von Gott gegebenen Grundregeln für das menschliche Zusammenleben zu schützen. Die Bibel lehrt, dass Christen „nicht mit Fleisch und Blut zu kämpfen haben, sondern mit Mächtigen und Gewaltigen" (Epheser 6,12). Sie sollen den Kampf auf eine geistliche Weise führen, mit der einzigen „Angriffswaffe", dem „Schwert des Geistes", d. h. mit dem Wort Gottes (Epheser 6,17).
Weiter: Gott der Vater macht allen Menschen das Angebot, ihn zu lieben, indem sie den Opfertod Jesu Christi am Kreuz zur Vergebung ihrer Sünden dankbar annehmen. Da Liebe nur freiwillig sein und nicht erzwungen werden kann, stellt Gott es den Menschen frei, ihn auch abzulehnen.
Alle müssen folglich die Möglichkeit haben, in Übereinstimmung mit ihrer Entscheidung für oder gegen den Schöpfer des Universums zu

leben und zu handeln. Alles andere hieße, sie in eine oberflächliche Scheinbeziehung zu Jesus Christus hineinzuzwingen.

Mauern niederreißen

Millionen Menschen in aller Welt haben den Terror vom 11. September 2001 am Bildschirm mitverfolgt. Es war ein Tag, der Amerika und die Welt erschütterte. Wir persönlich glauben, dass die Ereignisse vom 11. September auch ein Stück Hoffnung gebracht haben.

Erstens hat der 11. September die Bürger der freien Welt daran erinnert, was sie haben. Wir Amerikaner dürfen stolz darauf sein, wie unser Land in der Stunde der Not zusammenstand und wie seine Regierung und seine Streitkräfte entschlossen, aber besonnen handelten in einer Zeit, wo rasch gehandelt und entschieden werden musste. Was wir in den ersten Wochen und Monaten nach dem 11. September taten, war ethisch durchaus gerechtfertigt.

Zweitens haben die Vereinigten Staaten und andere westliche Länder die Gelegenheit bekommen, der Religionsfreiheit ihre zentrale Rolle unter den Menschenrechten zurückzugeben. Sie können der Welt demonstrieren, wie es in einem Land aussieht, dessen Verfassung die freie Religionsausübung garantiert. Die Bürger der USA und anderer freier Gesellschaften können sich in Ländern, die zur westlichen Einflusssphäre gehören, in Entwicklungen einbringen, die politische und religiöse Freiheit verbinden. Ein System, das Demokratie zwar politisch erlaubt, aber Religionsfreiheit unterdrückt, kann sich auf Dauer nicht halten.

Drittens gibt es überall in der freien Welt muslimisch-christliche Dialoge; die Muslime aber sollten solche Dialoge auch in ihren eigenen Ländern akzeptieren. Alles andere ist Heuchelei. Nach allem, was wir in den bisherigen Kapiteln zeigen konnten, ist der Appell an die islamischen Länder, doch bitte für mehr Religionsfreiheit zu sorgen, wahrscheinlich „blauäugig". Aber so viel dürfte klar sein: Muslime wie Christen glauben, dass das Leben nach dem Tod wichtiger ist als unser irdisches Dasein. Aber wenn der Weg zum Himmel über eine Entscheidung läuft, die in die Ewigkeit hineinreicht, muss man Religionsfreiheit gewähren, damit die Menschen eine Gelegenheit haben, der Wahrheit zu begegnen.

13. Das Blut des Djihad

Am 23. Februar 1998 unterschrieben fünf Männer, die für radikale islamische Gruppen sprachen, eine Art Kriegserklärung. Sie riefen die muslimische Welt zum gemeinsamen Kampf gegen den großen Feind des Islam auf. Hier der volle Text:

> Erklärung, unterzeichnet von Sheikh Usama b. Muhammad Bin-Ladin; Ayman al-Zawahiri, Führer der Djihad-Gruppe in Ägypten; Abu Yasir Rifa'i Ahmad Taha, ein Führer der Islamic Group; Sheikh Mir Hamza, Sekretär der Jamaat-e-Islami; und Fazlul Rahman, Führer der Djihad-Bewegung in Bangladesh:
> Preis sei Allah, der das Buch offenbarte, die Wolken lenkt, Spaltungen besiegt und der in Seinem Buch sagt: „Sind aber die heiligen Monate verflossen, so erschlaget die Götzendiener, wo ihr sie findet, und packet sie und belagert sie und lauert ihnen bei jedem Hinterhalt auf." Und Friede sei mit unserem Propheten, Muhammad b. Abdallah, der gesagt hat: „Ich bin mit dem Schwert in den Händen gesandt, um dafür zu sorgen, dass niemand als Allah verehrt wird, Allah, der meinen Lebensunterhalt unter den Schatten meines Speers getan hat und der denen, die meinen Befehlen nicht gehorchen, Schmach und Demütigung schickt." Niemals, seit Allah sie flach machte und ihre Wüste schuf und sie mit Meeren umgab, ist die Arabische Halbinsel von Streitkräften gestürmt worden wie den Kreuzfahrer-Armeen, die sich heute wie Heuschrecken über sie ergießen, ihre Schätze auffressen und ihre Pflanzungen zerstören. All dies geschieht zu einer Zeit, wo Nationen die Muslime angreifen wie Menschen, die um einen Teller Essen kämpfen. Angesichts des Ernstes der Lage und des Mangels an Hilfe müssen wir mit euch über die aktuellen Ereignisse sprechen und uns einigen, wie wir die Sache beilegen.
> Niemand heute bestreitet drei Tatsachen, die jeder kennt; wir wollen sie zur Erinnerung hier nennen:

Erstens: Seit über sieben Jahren halten die USA die Länder des Islam am heiligsten Ort, der Arabischen Halbinsel, besetzt, plündern ihre Reichtümer, diktieren ihren Herrschern, demütigen ihr Volk, terrorisieren ihre Nachbarn und machen ihre Basen auf der Halbinsel zu einer Speerspitze zur Bekämpfung der benachbarten muslimischen Völker.
Wenn früher manche die Tatsache dieser Besetzung bestritten haben, so haben sie heute alle Menschen auf der Halbinsel erkannt. Der beste Beweis hierfür ist die fortgesetzte Aggression der Amerikaner gegen das irakische Volk, bei der sie die Halbinsel als Basis nutzen, obwohl alle ihre Regierenden dagegen sind, dass ihre Territorien so benutzt werden, aber sie sind hilflos.
Zweitens: Trotz der großen Verwüstungen, die die Allianz aus Kreuzfahrern und Zionisten dem irakischen Volk zugefügt hat, und trotz der riesigen Zahl der Todesopfer, über eine Million ... trotz all dem versuchen die Amerikaner erneut, diese ungeheuren Massaker zu wiederholen, als ob sie nicht zufrieden sind mit der andauernden Blockade, die sie dem Land nach dem grausamen Krieg, der Zerstückelung und der Verwüstung auferlegt haben. Jetzt kommen sie also, um den Rest dieses Volkes zu vernichten und ihre muslimischen Nachbarn zu demütigen.
Drittens: Wenn die Ziele der Amerikaner bei diesen Kriegen religiös und ökonomisch sind, so besteht ein weiteres Ziel darin, dem jüdischen Ministaat zu helfen und die Aufmerksamkeit von seiner Besetzung Jerusalems und dem Mord an den dort wohnenden Muslimen abzulenken.
Der beste Beweis hierfür ist ihr Verlangen, den Irak zu zerstören, den stärksten benachbarten arabischen Staat, und ihr Versuch, alle Staaten in der Region, wie den Irak, Saudi-Arabien, Ägypten und Sudan, zu kleinen Papier-Staaten zu machen, deren Uneinigkeit und Schwäche Israels Überleben und die fortgesetzte brutale Kreuzfahrerbesetzung der Halbinsel garantieren soll.
All diese Verbrechen und Sünden, die die Amerikaner begehen, sind eine klare Kriegserklärung gegen Allah, seinen Gesandten und die Muslime. Und die Ulama sind durch die Geschichte des Islam hindurch einhellig der Meinung gewesen, dass der Djihad die per-

sönliche Pflicht jedes Einzelnen ist, wenn der Feind die Länder der Muslime zerstört. Dies wurde von Imam Bin-Qadamah in „Al-Mughni“, von Imam al-Kisai in „Al-Badai“, von al-Qurtubi in seiner Auslegung und vom Sheikh al-Islam in seinen Büchern geoffenbart, wo es heißt: „Was den bewaffneten Kampf angeht, so soll er Heiligkeit und Religion verteidigen und ist eine Pflicht. Nichts ist heiliger als der Glaube, außer wenn es darum geht, einen Feind, der die Religion und das Leben angreift, zurückzuschlagen.“
Auf dieser Grundlage und im Gehorsam zu Allahs Befehl erlassen wir die folgende Fatwa an alle Muslime:
Das Prinzip, die Amerikaner und ihre Verbündeten – zivile wie militärische – zu töten, ist eine persönliche Pflicht für jeden Muslim, der dies tun kann, in jedem Land, in welchem dies möglich ist, um die al-Aqsa-Moschee und die heilige Moschee aus ihrem Griff zu befreien und damit ihre Armeen aus allen Ländern des Islam verschwinden, besiegt und unfähig, irgendeinen Muslim zu bedrohen. Dies ist in Übereinstimmung mit den Worten Allahs des Allmächtigen: „Und kämpfet zusammen gegen die Heiden, wie sie zusammen gegen euch kämpfen“, und: „Und bekämpfet sie, bis die Verführung aufgehört hat und der Glauben an Allah da ist.“
Dies zusätzlich zu den Worten Allahs des Allmächtigen: Und warum solltet ihr nicht kämpfen für Allah und für die Schwachen, Misshandelten und Unterdrückten, die Frauen und Kinder, die ausrufen: „Allah, rette uns aus dieser Stadt, deren Menschen Unterdrücker sind, und sende uns einen von Dir, der an Allah glaubt und seinen Lohn haben möchte und der Allahs Befehl, die Amerikaner zu töten und ihr Geld zu plündern, wann und wo sie es finden, ausführt“? Wir rufen auch alle muslimischen Ulama, Führer, Jugendlichen und Soldaten auf, die US-Truppen des Satans und die Teufelsanbeter, die mit ihnen verbündet sind, zu überfallen und die, die hinter ihnen stehen, zu verjagen, damit sie eine Lektion lernen.
Allah der Allmächtige hat gesagt: „O du, der du glaubst, antworte Allah und Seinem Gesandten, wenn Er dich zu dem ruft, was dir Leben gibt. Und wisse, dass Allah zwischen einen Mann und sein Herz kommt und dass Er es ist, zu dem ihr alle dereinst werdet versammelt werden.“

> Allah der Allmächtige sagt auch: „O du, der du glaubst, was ist mit dir, dass du dann, wenn der Befehl kommt, für Allah auszuziehen, dich so an die Erde klammerst? Hast du das Leben dieser Welt lieber als das Jenseits? Doch gering sind die Freuden dieses Lebens, verglichen mit dem Jenseits. Wenn du nicht ausziehst, so wird Er dich mit schlimmer Strafe strafen und andere an deine Stelle setzen, doch Ihm selber würdest du keinen Schaden tun. Denn Allah hat Macht über alle Dinge."
> Allah der Allmächtige spricht auch: „Lass dein Herz nicht sinken und verzweifle nicht. Denn du musst die Oberhand bekommen, wenn du treu im Glauben bist."[1]

Tausende Menschen verloren ihr Leben am 11. September 2001, als die USA den ersten Angriff dieses Djihad erlebten und das World Trade Center zum Trümmerhaufen wurde. Aber folgten die Männer, die die Flugzeuge in die Zwillingstürme und das Pentagon flogen, den Hassphantasien von Sektenführern, die die friedliche Religion des Islam pervertiert hatten, oder den Lehren des Islam selber? Wir sind der Meinung, dass die Idee der militärischen Eroberung wesensmäßig zum Islam dazugehört. Die Terroristen des 11. September waren nicht ein paar Verrückte, die den Koran für ihre politischen Ziele missbrauchten, sondern sie kannten ihren Koran gut und befolgten seine Lehre zum Djihad aufs Wort.
Im Koran wie im Hadith gilt, dass der Ungläubige *(kafir)* entweder bekehrt oder bekämpft werden muss. Muslime, die im Kampf gegen die Ungläubigen (also im Djihad) fallen, kommen unmittelbar ins Paradies. Diese Lehre bedient sich vieler Zitate aus dem Hadith, aber ihr solides Fundament hat sie bereits im Koran.

Djihad bedeutet Krieg

Der Koran zeichnet ein düsteres Bild der „Ungläubigen". *Djihad* bedeutet, streng genommen, einen andauernden *Krieg* gegen sie. Den Beschwichtigungsversuchen islamischer Apologeten nach dem 11. September zum Trotz ist die „eigentliche" Bedeutung des Djihad nicht der Kampf um die persönliche Frömmigkeit, sondern Djihad ist Krieg an allen Fronten – politisch, militärisch und kulturell. Mohammed selber gab das Beispiel, als er das Niedermetzeln von Tausenden von Menschen auf der Arabischen Halbinsel im Namen Allahs gutließ. Wenn der Djihad wirklich nur ein „innerer" Kampf ist, dann hat der Prophet die Menschen durch seine in dem Hadith niedergeschriebenen Worte und Taten gründlich irregeführt. Mohammed war – das bezeugt der Hadith eindeutig – die Personifizierung des militaristischen Gotteskämpfers. Und in Sure 2,190 sagt Allah: „Und bekämpft *[qatilu]* in Allahs Pfad, wer euch bekämpft *[yuqatilunakum]."* Die Definition dieses Kampfes schließt ausdrücklich die Gewalt mit ein:

> Und erschlagt sie, wo immer ihr auf sie stoßt, und vertreibt sie, von wannen sie euch vertrieben; denn Verführung ist schlimmer als Totschlag. (Sure 2,191)

Der scheinbare Widerspruch, die Ungläubigen mit Zwang zu erobern, damit alle durch Zwang an Allah glauben, löst sich auf, wenn man den Djihad richtig versteht. Der militärische Kampf ist eine absolute Notwendigkeit, wenn Allah die ihm zustehende Ehre erfahren soll. Die bloße Existenz der Ungläubigen führt zu Konflikt und Kampf – einem Kampf, den der Islam gewinnen muss: „Und bekämpfet sie, bis die Verführung aufgehört hat und der Glauben an Allah da ist. Und so sie ablassen, so sei keine Feindschaft, außer wider die Ungerechten" (Sure 2,193).

Der muslimische Apologet, der den Djihad zum Kampf des Herzens und der Gedanken umbiegen will, sollte sich Sure 2,216 gut anschauen: „Vorgeschrieben ist euch der Kampf *(qital)*, doch ist er euch ein Abscheu. Aber vielleicht verabscheut ihr ein Ding, das gut für euch ist, und vielleicht liebt ihr ein Ding, das schlecht für euch ist; und Allah weiß, ihr aber wisset nicht." Es ist unmöglich, das Wort *Kampf* in diesem Text in einem anderen Sinne als dem traditionell militärischen zu verstehen.

Auch der Hadith interpretiert den Djihad als Kampf oder Schlacht. Gleich im ersten Band von al-Bukhari heißt es: „Der Gesandte Allahs wurde gefragt: ‚Was ist die beste Tat?' Er erwiderte: ‚An Allah und an

seinen Gesandten (Mohammed) glauben.' Der Fragesteller fuhr fort: ,Und was ist die zweitbeste Tat?' Er antwortete: ,Für die Sache Allahs am Djihad teilnehmen.'" In dem von Abu Huraira überlieferten Hadith 3.46.724 sagt Mohammed: „Ein frommer Sklave bekommt eine doppelte Belohnung", und Abu Huraira fügt hinzu: „Bei Dem, in dessen Hand meine Seele ist: Wenn der Djihad, die Hadj und die Pflicht, meiner Mutter zu dienen, nicht wären, ich wäre gerne als Sklave gestorben."
Von besonderem Interesse für den Hadith-Studenten ist der Titel des 52. Buches von Bukharis Hadith: *Der Kampf für die Sache Allahs (Djihad).* Das Buch präsentiert sehr deutlich einige der Pflichten des Muslims in diesem Kampf. Ibn Abbas berichtet:

> Allahs Gesandter sprach: „Es gibt keine Hidjra (von Mekka nach Medina) mehr nach der Eroberung (Mekkas), aber der Djihad und die gute Absicht bleiben; und wenn du (von dem muslimischen Herrscher) in den Kampf gerufen wirst, dann geh sofort." (4.52.42)[2]

In völliger Übereinstimmung mit Ibn Abbas zitiert Sahl b. Sad as-Sa'idi die Sure 4,95:

> Ich sah Marwan b. al-Hakam in der Moschee sitzen. Ich trat zu ihm und setzte mich neben ihn. Er erzählte uns, dass Zaid b. Thabit ihm gesagt hatte, dass Allahs Gesandter ihm den göttlichen Vers diktiert hatte: „Und nicht sind diejenigen Gläubigen, welche (daheim) ohne Bedrängnis sitzen, gleich denen, die in Allahs Weg streiten mit Gut und Blut."

As-Sa'idi zitiert hier also den Koran, um die Lehre vom Heiligen Krieg zu untermauern.

Der Koran: Der Ungläubige darf nicht toleriert werden

Schon eine flüchtige Lektüre des Korans zeigt, dass dieser die vollständige Vertreibung bzw. Vernichtung des „Ungläubigen“ (*Kafir*) fordert:

> Und wer eine andre Religion als den Islam begehrt,
> nimmer soll sie von ihm angenommen werden,
> und im Jenseits wird er verloren sein. (Sure 3,85)

> Ergreifet sie und schlagt sie tot, wo immer ihr sie findet;
> und nehmet keinen von ihnen zum Freund oder Helfer.
> (Sure 4,89)

> Siehe, die Ungläubigen sind euch ein offenkundiger Feind.
> (Sure 4,101)

> Siehe, Allah hat für die Ungläubigen schändende Strafe bereitet.
> (Sure 4,102)

> Wahrlich in die Herzen der Ungläubigen werfe ich Schrecken.
> So haut ein auf ihre Hälse und haut ihnen jeden Finger ab. ...
> Und nicht erschlugt ihr sie, sondern Allah erschlug sie.
> (Sure 8,12 und 17)

> Kämpfet wider jene von denen, welchen die Schrift gegeben ward,
> die nicht glauben an Allah und an den Jüngsten Tag. (Sure 9,29)

Der Erzfeind des Islam ist das Christentum, dessen Lehren der Koran auf das heftigste verurteilt:

> O Volk der Schrift, überschreitet nicht euern Glauben und sprechet von Allah nur die Wahrheit. Der Messias Jesus, der Sohn der Maria, ist [nur] der Gesandte Allahs ... So glaubet an Allah und an Seinen Gesandten und sprechet nicht: „Drei“ [d. h. Dreieinigkeit]. Stehet ab davon, gut ist's euch. Allah ist nur ein einiger Gott; Preis Ihm, dass Ihm sein sollte ein Sohn! (Sure 4,171)

> Und mit denen, welche sprechen: „Siehe, wir sind Nazarener“, schlossen Wir einen Bund. Sie aber vergaßen einen Teil von dem, was ihnen gesagt ward; darum erregten Wir Feindschaft und Hass unter ihnen bis zum Tag der Auferstehung. Und sicherlich wird Allah ihnen ansagen, was sie getan. (Sure 5,14)

> Wahrlich, ungläubig sind, die da sprechen: „Siehe, Allah, das ist der Messias, der Sohn der Maria.“ (Sure 5,17)

> Wahrlich, ungläubig sind, welche sprechen: „Siehe, Allah, das ist der Messias, der Sohn der Maria.“ ... Wahrlich, ungläubig sind, die da sprechen: „Siehe, Allah ist ein Dritter von drei.“ Aber es gibt keinen Gott denn einen einigen Gott. Und so sie nicht ablassen von ihren Worten, wahrlich, so wird den Ungläubigen unter ihnen schmerzliche Strafe. ... Nicht ist der Messias, der Sohn der Maria, etwas andres als ein Gesandter; vorausgingen ihm Gesandte ... (Sure 5,72–73.75)

Auch für die Juden hat der Koran kein gutes Wort übrig:

> O ihr, die ihr glaubt, nehmt euch nicht die Juden und Christen zu Freunden; sie sind untereinander Freunde, und wer von euch sie zu Freunden nimmt, siehe, der ist von ihnen. (Sure 5,51)

> Er ist’s, welcher die Ungläubigen vom Volk der Schrift aus ihren Wohnungen zu der ersten Auswanderung trieb. Ihr glaubtet nicht, dass sie hinausziehen würden, und sie glaubten, dass ihre Burgen sie vor Allah schützen würden. Da aber kam Allah zu ihnen, von wannen sie es nicht vermuteten, und warf Schrecken in ihre Herzen. Sie verwüsteten ihre Häuser mit ihren eigenen Händen und den Händen der Gläubigen. (Sure 59,2)[3]

Das Zeugnis des Hadith

Der Hadith führt weiter aus, warum die Ungläubigen *(kafirun)* aus dem Land der Muslime zu vertreiben sind, getreu den letzten Worten Mohammeds: „Werft die Heiden aus der Arabischen Halbinsel hinaus" (Hadith 5.716).
Zentral in der islamischen Lehre ist auch das sozio-politische Element. Ibn Abbas zitiert Mohammed:

> Am Tage der Eroberung [Mekkas] sagte Allahs Gesandter: „Es gibt keine Hidjra (von Mekka nach Medina) mehr nach der Eroberung (Mekkas), aber der Djihad und die gute Absicht bleiben; und wenn du (von dem muslimischen Herrscher) in den Kampf gerufen wirst, dann geh sofort" (Hadith 4.52.79).

Die Eroberung des Landes – hier Mekkas – wird als der Sieg der Sache des Islam betrachtet, aber der Djihad geht weiter. In dem Besitz des „heiligen Landes" in Mekka, das Allah den Gläubigen als „Heiligtum" verheißen hat, erfüllt sich der islamische Glaube:

> Allahs Gesandter sagte auch, am Tage des Eroberung Mekkas: „Allah hat diese Stadt zum Heiligtum gemacht seit dem Tag, wo Er die Himmel und die Erde schuf. So ist sie nach Allahs Befehl ein Heiligtum bis zum Tage der Auferstehung." (Hadith 4.53.412)

Im weiteren Verlauf des 4. Bandes der Hadith-Sammlung von al-Bukhari wird der Leser mit der erklärten Absicht Allahs konfrontiert, die Ungläubigen zu vertreiben:

> Wenn der Prophet [vom Djihad] zurückkam, sprach er dreimal das Takbir und fuhr dann fort: „Wir kommen zurück, so Allah will, mit Buße und Anbetung und preisen [unseren Herrn] und werfen uns vor Ihm nieder. Allah hat Seine Verheißung erfüllt und Seinem Sklaven geholfen, und Er allein hat die [ungläubigen] Stämme besiegt." (Hadith 4.52.317)

Die Allianz zwischen Mohammed und Allah, Krieg und Sieg verquickt die Idee des Kampfes für immer mit der des Blutvergießens. Die Gleichsetzung von militärischem Sieg und dem Willen Allahs ist der Schlüssel, wenn wir verstehen wollen, warum der Islam den physischen wie metaphysischen Sieg fordert und den Einsatz von Gewalt nicht nur erlaubt, sondern empfiehlt.
Die Endverheißung der Austreibung und Vernichtung der Ungläubigen tritt uns in diesem Triumphlied im Hadith entgegen:

> Es erzählte Ata b. Abi Rabah: „'Ubaid b. 'Umar al-Laithi und ich besuchten Aisha und befragten sie über die Hidjra, und sie sagte: ‚Heute gibt es keine Hidjra. Früher lief der Gläubige mit seiner Religion zu Allah und Seinem Gesandten, damit er nicht ihretwegen vor Gericht gestellt wurde. Heute hat Allah den Islam triumphieren lassen, und heute kann der Gläubige seinen Herrn anbeten, wo immer er will.'" (Hadith 5.58.240; wiederholt in 5.59.602)

Vergebung und Macht im Djihad

Die Belohnung des Djihad-Kämpfers ist viel diskutiert worden. Haben die Täter des 11. September tatsächlich die Vergebung ihrer Sünden und einen Ehrenplatz im Paradies erwartet? Sowohl der Koran als auch der Hadith enthalten zu diesem Thema recht exakte Aussagen – Aussagen, auf die sich Bin Ladin eindeutig bezieht und die die Terroristen glaubten. Der Koran hat Folgendes über die Sühnekraft des Märtyrertums zu sagen:

> Und so soll kämpfen in Allahs Weg, wer das irdische Leben verkauft für das Jenseits. Und wer da kämpft in Allahs Weg, falle er oder siege er, wahrlich, dem geben Wir gewaltigen Lohn. (Sure 4,74)

Der Hadith wird hier deutlicher. Die Messlatte, die Mohammed an den Djihad anlegte, erfährt heute im Lichte der Selbstmordattacken eine bedrückende Aktualität:

1. Die Waagschalen werden ausbalanciert:

> Es erzählte Abu Burda b. Abi Musa al-Ashari: Dein Vater [d. h. Abu Musa] sagte: „Nein, bei Allah, wir nahmen nach dem Gesandten Allahs Teil am Djihad, beteten und taten viele gute Werke, und viele Menschen haben durch uns den Islam angenommen, und ohne Zweifel erwarten wir Belohnungen von Allah für diese guten Taten." Darauf sagte mein Vater [Umar]: „Was mich betrifft: Bei Dem, in dessen Hand meine Seele ist, ich wünsche, dass die Taten, die wir zur Zeit des Propheten taten, belohnbar bleiben mögen und dass das, was wir nach dem Tod des Propheten taten, ausreichen möge, uns vor der Strafe zu bewahren, indem die guten Taten die bösen aufwiegen." (Hadith 5.58.254)

2. Der Djihad erfordert den Einsatz des Lebens:

> Es erzählte Mujashi bin Masud: „Ich brachte Abu Mabad zum Propheten, auf dass er ihm den Treueeid für die Auswanderung gebe. Der Prophet sagte: „Die Auswanderung ist zu ihrem Volk gegangen, aber ich nehme den Eid von ihm [d. h. Abu Mabad] für den Islam und den Djihad." (Hadith 5.59.599)

3. Der Djihad ist für alle Pflicht:

> Es erzählte Ibn 'Abbas: „Der Prophet sprach am Tage der Eroberung Mekkas: ‚Es gibt keine Hidjra (nach der Eroberung), aber es gibt den Djihad und die guten Absichten, und wenn ihr zum Djihad gerufen werdet, so gehorcht dem Ruf sofort.'" (Hadith 4.52.311)

4. Der Djihad-Kämpfer soll bis zum Tod kämpfen:

> Es erzählte Nafi': „Während der Bedrängnis von Ibn as-Zubair kamen zwei Männer zu Ibn 'Umar und sagten: ‚Die Menschen sind verloren, und du bist der Sohn Umars und der Gefährte des Propheten; was hindert es, dass du hinauskommst?' Er sprach: ‚Was mich hindert, ist, dass Allah verboten hat, das Blut meines Bruders zu vergießen.' Sie sagten beide: ‚Hat Allah nicht auch gesagt: Und bekämpfet sie, bis die Verführung aufgehört hat?' Er antwortete: ‚Wir haben gekämpft, bis die Verführung aufgehört hat und allein Allah angebetet wird, während ihr kämpfen wollt, bis es Verführung gibt und bis andere als Allah angebetet werden.'" (Hadith 6.60.40)

5. Der Djihad ist eine der höchsten Berufungen im Leben:

> Abdullah Ibn Mas'ud berichtet: Ich fragte den Gesandten Gottes [Allahs]: „O Gesandter Gottes, welches ist das beste aller Werke?" Er erwiderte: „Das beste Werk ist die Verrichtung des Gebets zu den festgelegten Zeiten!" – „Und welches ist das zweitbeste Werk?" – „Die Achtung und Wertschätzung der Eltern!" – „Und was folgt als nächstes?" – „Der Einsatz [im Djihad] für die Sache Gottes!" Ich stellte dem Gesandten Gottes damals keine weiteren Fragen. Aber er hätte mir wohl noch mehr erzählt, wenn ich ihn weiter gefragt hätte! (Hadith 8.73.1).

Das Gegenstück des Muslim, der in den Djihad zieht, ist der bequeme Muslim, der nichts für die „heilige Sache" tut. Ihm mangelt es an der rechten Frömmigkeit, und er wird weniger Belohnung bekommen. Vgl. den bereits oben (S. 181) zitierten Hadith 4.52.85, erzählt von Sahl b. Sad as-Sa'idi, der die Sure 4,95 zitiert.
Ein Djihad-Kämpfer ist niemals des Mordes schuldig. „Mohammed sprach: Kein Muslim sollte getötet werden, weil er einen Ungläubigen getötet hat" (Hadith 9,50). Dass islamische Terroristen sich vor einem nichtislamischen Gerichtshof für ihre Taten verantworten sollten, ist für muslimisches Denken unvorstellbar.

Jungfrauen und Festmahle im Märtyrerhimmel

Was den Nichtmuslim mit am meisten erstaunt, sind die himmlischen Freuden, die dem Djihad-„Märtyrer" versprochen werden. Nicht nur, dass seine Sünden vergeben werden und die Waage des Gerichts sich zu seinen Gunsten senkt, nein, auf ihn wartet auch eine besondere Wohnung im Paradies und das Fest seines Lebens.
Dieser „himmlische Segen" im Märtyrerparadies wird von Mohammed selber bezeugt. In dem Buch *Kitab al Isra' wa l-Mi'radj* zitiert der Autor aus Mohammeds Beschreibung der Reise in die „Sieben Himmel", die er eines Nachts von Jerusalem antrat:

> Unter anderem berichtet er über die den Muslimen bereiteten Paradiese, dass jedes von ihnen viele Früchte enthielt, ungepflückt und nicht verboten. Auch gab es Flüsse von Honig, Milch und Wein, in denen die Gläubigen schwammen und aus denen sie tranken. Er schaute und sah Paläste aus Kristall, Saphiren und Diamanten, wie er sie noch nie gesehen hatte. Als er diese Paläste betrat, sah er in jedem von ihnen siebzig Diwane aus Gold und Smaragd, auf denen unberührte Jungfrauen auf ihre Bräutigame warteten. ... Als dies die Ohren seiner Jünger und Anhänger erreichte, gab es viele Fragen, darunter, ob im Himmel der Geschlechtsverkehr erlaubt sei und ob es weibliche Engel gebe, die Allah zu diesem Zwecke geschaffen habe. Als einer seiner Anhänger die Frage stellte: „O Gesandter Gottes, werden wir im Paradies Geschlechtsverkehr haben?", antwortete er mit verschwenderischen Worten ... und fügte hinzu: „Es gibt keine Junggesellen im Paradies." Von einem anderen befragt, wie ein Mann die Kraft für siebzig Mädchen an einem Tag haben könne, erwiderte er: „Er wird die Kraft von hundert Männern bekommen!"

Die drei Ausnahmen vom Djihad

Nach dem Hadith dürfen bestimmte Personengruppen nicht am Djihad teilnehmen: Frauen, Männer, die für ihre alten Eltern sorgen, und die Gebrechlichen und Behinderten. Für die Frauen gilt die Wallfahrt (Hadj) nach Mekka (der fünfte Pfeiler des Islam) als Äquivalent zum Djihad.

> Es erzählte Aisha, die Mutter der treuen Gläubigen:
> Ich bat den Propheten, mir die Teilnahme am Djihad zu erlauben, doch er sprach: „Dein Djihad ist das Vollbringen der Hadj."
> (Hadith 4.52.127)

Auch die Behinderten dürfen nicht im Heiligen Krieg kämpfen, obwohl auf ihrem Wunsch, mitzukämpfen, ein Segen liegt. Zaid berichtet:

> Ibn Maktum kam zu dem Propheten, während er mir eben diesen Vers diktierte. Da sagte Ibn Maktum: „O Allahs Gesandter! Wenn ich die Kraft hätte, ich würde gewiss am Djihad teilnehmen."
> Er war aber blind. So sandte Allah eine Offenbarung an Seinen Gesandten, während sein Schenkel auf meinem war und so schwer wurde, dass ich Angst hatte, mein Schenkel könne brechen.
> Dann war dieser Zustand des Propheten vorüber, nachdem Allah offenbart hatte: „... außer die, die behindert sind [durch eine Verletzung oder die blind oder lahm etc. sind]." (Hadith 4.52.85)[4]

Dass der Körperbehinderte nicht am Djihad teilnehmen kann, ist ein weiterer Beweis dafür, dass der Djihad ein physischer Kampf und nicht ein inneres Ringen ist. Mohammed fand den geistlichen Sieg im äußeren Erfolg, und der moderne Muslim hat dies ebenfalls zu tun, wenn er in den Kampf gerufen wird.
Die dritte und letzte Gruppe von Menschen, die vom Djihad ausgenommen sind, sind alle, die für ihre alten Eltern sorgen. In Hadith 4.52.248, erzählt von Abdullah b. 'Amr, heißt es: „Ein Mann kam zu dem Propheten und bat ihn um Erlaubnis, am Djihad teilzunehmen. Der Prophet fragte ihn: ‚Leben deine Eltern noch?' Er bejahte dies. Darauf sprach der Prophet: ‚Dann diene ihnen.'"

Der verheißene Sieg

Der Hadith sagt ausdrücklich, dass dem Muslim im Heiligen Krieg ewiger Sieg verheißen ist. Zu diesem Sieg gehören: der Sieg in der Schlacht, die Vergebung der Sünden und der Eingang ins Paradies. Und hier müssen wir den größten Kontrast feststellen zwischen dem christlichen und dem islamischen Denken: Die Selbstmordterroristen des 11. September waren der ehrlichen Überzeugung, dass Allah ihnen alle ihre Sünden vergeben würde. Sie folgten damit einem Denken, das dem christlichen völlig entgegengesetzt ist. Da Allah – der unendlich Ferne und Unpersönliche – nie Mensch geworden ist, gab es für die Terroristen nur eine Möglichkeit, die Gewissheit des Heils zu erlangen: den Heldentod im Djihad. Sie folgten den Quellen, die sie kannten und denen sie vertrauten und die ihnen das Paradies versprachen: dem Koran und dem Hadith in ihrem strikten Wortlaut.

Allah verspricht also erstens den militärischen Sieg.

Zweitens, und wichtiger, verheißt Allah den Djihad-„Märtyrern" die ewige Vergebung und das Paradies. Für den Muslim, der Angst hat, die Gerichtswaage könnte sich in Richtung auf seine ewige Verdammnis neigen, ist der Djihad die einzige Möglichkeit, Heilsgewissheit zu erlangen. Wohlgemerkt: nicht eine unter mehreren Möglichkeiten, sondern die einzige. Allah garantiert dem im Djihad gefallenen Muslim den Einzug ins Paradies:

> Es erzählte Abu Huraira: Der Gesandte Allahs sagte: „Dem Menschen, der für Seine Sache den Djihad ausführt und durch nichts dazu bewegt ward als durch den Djihad in Seiner Sache und den Glauben an Sein Wort, garantiert Allah, dass er ihn entweder ins Paradies aufnehmen wird oder mit seinem Lohn oder seiner Beute, die er sich verdient hat, in sein Haus zurückkehren lassen wird." (Hadith 9.93.549).

Das Paradies wird eingehend beschrieben im Hadith-Band 9, Buch 93. Es zeigt sich hier, dass der militärische Djihad dem Muslim, der von Herzen Allah dienen möchte, den größtmöglichen Lohn bringt. Dem frommen Muslim bleibt gar nichts anderes übrig als der militärische

Dienst. Der Begriff „muslimischer Fundamentalist" ist völlig korrekt, insofern er jemanden beschreibt, der Allah von ganzem Herzen und mit ganzer Hingabe entsprechend den heiligen Schriften des Islam zu dienen wünscht.

Abu Huraira berichtet: Der Gesandte Gottes [Allahs] sagte: ... „Im Paradies gibt es einhundert Rangstufen, die Gott für jene bestimmt hat, die für seine Sache eintreten [den Djihad führen]. Der Abstand zwischen zwei solchen Stufen entspricht dem zwischen Himmel und Erde. Und wenn ihr an Gott [Allah] eine Frage richtet, so fragt ihn nach al-Firdaus! Al-Firdaus ist der höchstgelegene und beste Teil des Paradieses! Oberhalb von al-Firdaus befindet sich der Thron des allbarmherzigen Gottes, aus dem die Flüsse des Paradieses strömen." (Hadith 9.93.519).

Es dürfte selbst bei flüchtiger Lektüre klar sein, dass der Djihad mitnichten ein innerer Frömmigkeitskampf ist, sondern ein echter militärischer Kampf, in welchem der Tod ein Segen ist: „Seid euch darüber im klaren, dass das Paradies im Schatten des Schwertes liegt!" (Hadith 4.73).

Djihad heute

Wenige Beispiele des islamischen heiligen Krieges sind beunruhigender als die Briefe, die uns die Terroristen vom 11. September hinterlassen haben. Am 28. September 2002 veröffentlichte die *Washington Post* Auszüge aus einem Brief, den man im Gepäck von Muhammad Atta gefunden hatte, dem angeblichen Führer der Selbstmordattentäter. Diese Auszüge enthielten keine größeren religiösen Elemente, doch der vollständige Text enthüllt uns, was in den Köpfen dieser Täter vor sich ging.[5] Kopien des handgeschriebenen fünfseitigen Briefes, die von US-Generalstaatsanwalt John Ashcroft freigegeben wurden, fanden sich auch in dem Gepäck anderer Mitglieder des Terrorteams.

Auch die islamischen Gelehrten und Medienleute, die nicht an den Djihad glauben oder ihn gerne anders definieren würden, können nicht bestreiten, dass die Terroristen genau wussten, was sie taten. Ihre

Aktionen waren Djihad pur, in Übereinstimmung mit der Kriegserklärung, die wir zu Beginn dieses Kapitels zitierten. Auch wenn die Tiraden in diesem Brief schwer zu verstehen sind, müssen wir sie untersuchen, und sei es nur, um diesen schwarzen Tag in der Geschichte Amerikas zu verarbeiten. Hier einige Auszüge:

> Lest die Sure *al-tauba* im Koran (Sure 9).
>
> Denkt darüber nach, was Allah den guten Gläubigen und den Märtyrern verheißen hat.
> Denkt an den Kampf des Propheten ... gegen die Ungläubigen, als er den islamischen Staat baute.
> Ihr solltet solche Dinge tun, ihr solltet beten, ihr solltet fasten.
> Bittet Allah um Führung, bittet ihn um Hilfe. ... Betet diese ganze Nacht hindurch. Sagt den Koran auf.
> Reinigt eure Herzen von allem Irdischen. Die Zeit des Spaßes und der Verschwendung ist vorbei, der Tag des Gerichts ist gekommen, und wir müssen diese wenigen Stunden nutzen, um Allah um Vergebung zu bitten. Ihr müsst davon überzeugt sein, dass die paar Stunden, die euch von eurem Leben bleiben, sehr wenige sind. Dann werdet ihr anfangen, das glückliche Leben zu leben, das unendliche Paradies. Seid optimistisch. Der Prophet war immer optimistisch.
> Denkt immer an die Verse, dass ihr euch den Tod wünschen würdet, wenn ihr nur wüsstet, was die Belohnung nach dem Tod sein wird.
> Jeder hasst den Tod, hat Angst vor ihm. Nur die Gläubigen, die um das Leben nach dem Tod und die Belohnung nach dem Tod wissen, suchen den Tod.
> Seid offen in eurem Kopf und eurem Herzen für das, was auf euch wartet. Ihr werdet in das Paradies eingehen, in das glücklichste aller Leben, das ewige Leben. Denkt daran, wenn ihr von einem Problem geplagt werdet ... Ein Gläubiger ist immer von Problemen geplagt. ... Ihr werdet nie ins Paradies gelangen, wenn ihr nicht ein großes Problem gehabt habt. Aber nur die, die durch dieses Problem fest gestanden sind, sind die, die es überwinden werden.[6]

Dieser Brief verknüpft die Ziele der Terroristen klar mit der Lehre vom Djihad und gibt uns einen Einblick in ihr Denken. Ihre Motive, Handlungen und Vorbereitungen standen ganz im Zeichen des muslimischen Märtyrertums.

14. Kampf der Kulturen: Das Christentum in den Augen des Durchschnittsmuslims

Die Geschichte eines suchenden Muslims

„Alles ist anders geworden." Diese Worte hörte man öfter nach dem 11. September 2001. Für selbstverständlich gehaltene Annahmen waren auf den Prüfstand geraten.
Im Magazin *Christianity Today* druckte der Schriftsteller Philip Yancey einen Brief ab, den er von einem in den USA lebenden pakistanischen Muslim erhalten hatte, der nach dem 11. September irre an seiner Religion wurde:

> Angesichts des Schrecklichen, das gestern geschehen ist, weiß ich nicht, ob dies der richtige Zeitpunkt ist, über etwas Persönliches zu schreiben. Aber vielleicht sollte ich diesen Brief gerade jetzt schreiben, denn jetzt weiß ich, dass es in dieser Welt Böses gibt.
> Ich bin in Pakistan als gemäßigt frommer Muslim aufgewachsen. In den letzten Monaten ließen einige Umstände in meinem Leben mich näher über Gott nachdenken. Einer meiner Freunde hatte einen Gehirntumor; das war furchtbar für mich und ließ mich nach einer Antwort auf die Warum-Frage suchen. Ich las mehrere Bücher über den Propheten Mohammed und den Islam, die westliche Experten geschrieben hatten. Schockiert las ich von Dingen, die ich noch gar nicht über meine Religion gewusst hatte.
> Ich kam mir verraten und verletzt vor, und dies ist immer noch so. In einer geschlossenen Gesellschaft wie Pakistan wird jegliche Kritik am Islam mit der Todesstrafe bedroht, so dass eine objektive Betrachtung des Glaubens unmöglich ist.[1]

Dieser Brief veränderte Yanceys Leben: „Dieser Brief ließ mir alles, was in der Welt geschah, plötzlich in einem anderen Licht erscheinen." Am eindringlichsten ist der Schlussabsatz des Briefes, in welchem dieser suchende Muslim ehrliche Fragen stellt:

> Glauben Sie, dass ich in der Kirche liebevolle und offene Freunde finden würde? Oder könnte man sagen, dass bei einigen Leuten die Klappe heruntergehen würde und sie nichts mit so einem, der zu einer fremden asiatisch-indischen Rasse gehört, zu tun haben wollten? Mit jemandem, der eine andere Hautfarbe hat und mit einem Akzent spricht?[2]

Der moderne Muslim lernt zunehmend das Christentum in seinen Inhalten kennen. Aber der Gegensatz zwischen Christentum und Islam in Theologie und Philosophie stellt dem suchenden Muslim hohe Hürden in den Weg.

Kampf der Kulturen

Im Kampf der Kulturen wird der Blick füreinander schärfer werden. Aber wie sehen die Muslime das Christentum heute? Die Untersuchung bisheriger muslimisch-christlicher Dialoge, die Gemeinsamkeiten zwischen beiden Religionen zu finden hofften, hilft hier nicht viel weiter. Dieser „Ökumenismus" (die Betonung von Gemeinsamkeiten) hat massive Unterschiede „unter den Teppich gekehrt" und ist einer ehrlichen Konfrontation ausgewichen. Eine solche Taktik mag einen trügerischen Waffenstillstand bringen, aber keine Heilung von tiefen Wunden. Echtes Verstehen ist nur möglich, wo ehrliche Fragen ehrlich beantwortet werden.

Die historische Perspektive

Der Kampf zwischen Christentum und Islam geht bis in die Zeit Mohammeds zurück. Der heftige Streit, der damals auf der Arabi-

schen Halbinsel zwischen den Christen und dem Propheten begann, hat im Grunde genommen nie aufgehört. Beide Seiten haben den Kampf nur dann und wann unterbrochen, um Luft zu holen.
Spätestens seit den Kreuzzügen des Mittelalters können Christen und Muslime die blutige Vergangenheit nicht vergessen. Vom 14. bis 17. Jahrhundert drangen die Türken tief nach Europa vor, 1683 belagerten sie schon Wien. Heute befinden sich beide Kulturen wieder einmal in einer Sackgasse, immer noch getrennt und mit wenig Kenntnissen übereinander.
Und es geht hier um mehr als eine Verschiedenheit der Kulturen. Viele Muslime und Christen wissen eigentlich gar nicht, was sie wirklich glauben, und aus dieser ungenügenden Information folgen falsche Reaktionen. Der politisch korrekte Ökumenismus und Relativismus („Wir glauben alle an einen Gott") hat die gegenseitige Ignoranz nur vertieft.
Der postmoderne „Sucher", der nicht an eine letzte Wahrheit glaubt, ist eigentlich kein Sucher, sondern nur ein Beobachter. Ein wirklich Suchender wird die Wahrheit finden und an ihr festhalten, was es auch kosten sollte.

Der Grundtenor: Allah ist auch euer Gott!

Die Muslime sehen alle Religionen durch die Brille des zentralen islamischen Glaubensbekenntnisses: „Es ist kein Gott außer Allah, und Mohammed ist sein Gesandter." Folglich ist Allah der Gott aller Menschen. Niemand kann sich seinen Gott aussuchen. Der Islam wird als *fitra* bezeichnet – als schöpfungsmäßige Veranlagung des Menschen. Ein Hadith ergänzt: „Alle Menschen werden als Muslime geboren; erst ihre Eltern machen sie zu Juden oder Christen." Niemand hat das Recht, irgendjemand oder irgendetwas anderes als Allah „Gott" zu nennen, und wer dies trotzdem tut, begeht eine Sünde, die – sofern er sie nicht bereut – unvergebbar ist.
Der muslimische Gelehrte Ishaq Zahid erklärt klipp und klar: „Es mag viele im Westen überraschen, aber es ist die nackte Wahrheit: Allah ist der Eine Gott aller Menschen."[3] Und obwohl er seine Position damit

zu verteidigen versucht, dass in allen arabischen Bibeln für Jahwe das Wort *Allah* steht, basiert sie in erster Linie auf dem Koran.
Die im Folgenden aufgeführten islamischen Positionen gegenüber dem Christentum basieren auf diesem Grundprinzip: Allah und seine Botschaft sind unwandelbar; es kann daher nicht sein, dass der Islam die christliche Lehre verändert hat, sondern das Christentum ist eine Verfälschung der islamischen Lehren.

Behauptung 1: Die Christen haben das ursprüngliche Evangelium verfälscht.

Die Christen folgen nicht dem historischen Jesus. Jesus war ein guter Diener Allahs, der die Israeliten zurück zur Anbetung des Gottes Abrahams und Moses führen sollte. Nie wäre es ihm in den Sinn gekommen, sich von irgendjemand anbeten oder Gott nennen zu lassen.
Nach Meinung der muslimischen Gelehrten haben, kaum dass Jesus zum Himmel gefahren war, Paulus und seine Gefährten begonnen, die Botschaft Jesu zu verändern. Um Nichtjuden für den neuen Glauben zu gewinnen, brach Paulus mit der Torah, schrieb das Leben Christi um und machte die Erlösung billig. Die heutigen Christen folgen Paulus, nicht Christus.
Aber wo findet man dann das „wirkliche" Leben Jesu? Im Koran. Jesus hatte keinen Vater, da Maria eine keusche Jungfrau war. Der Koran sagt insgesamt wenig über Jesu Leben, aber enthält einige Details, die in der Bibel nicht erwähnt werden. So soll der neugeborene Jesus gesagt haben:

> Und siehe, Allah ist mein Herr und euer Herr; so dienet Ihm; dies ist ein rechter Weg. Doch die Sekten sind untereinander uneinig; und wehe den Ungläubigen vor der Zeugnisstätte eines gewaltigen Tages! (Sure 19,36–37)

Für die Muslime war Jesus nur ein Prophet und kein Sühneopfer für unsere Sünden. Um dies zu belegen, versuchen die muslimischen Theologen nachzuweisen, dass die Jünger nicht bei der Kreuzigung zugegen waren, dass Jesus überhaupt nicht starb und dass die biblischen Berichte verfälscht sind.

Behauptung 2: Die Christen sind unter sich zerstritten und schwach.

Die Muslime weisen gerne auf die zahlreichen christlichen Konfessionen und Denominationen hin, wobei keine zwei übereinzustimmen scheinen. Die Anhänger des Islam dagegen seien unter einem Bekenntnis (*Shahada*) und den fünf Pfeilern vereinigt. Alle an Allah Gläubigen sprechen die gleichen Gebete, geben die gleichen Almosen und fasten jedes Jahr. Der Koran ist allerdings nur in seiner arabischen Urfassung verbindlich; alle Übersetzungen in andere Sprachen werden „Auslegungen" genannt.
Und wie sieht das bei den Christen aus? Können sie sich überhaupt einigen, welche Bibel die richtige ist? Die katholische enthält mehr Bücher (die so genannten Apokryphen) als die protestantische. Und welche Übersetzung, bitte sehr, ist die richtige? Die verschiedenen Konfessionen haben verschiedene Gottesdienste und Liturgien. Und theologisch gibt es alles Mögliche, von den Superliberalen bis zu den Stockkonservativen. Was für ein schwaches Bild!

Behauptung 3: Die Christen haben den wahren Islam schlechtgemacht.

Viele Muslime betrachten das neu erwachte Interesse an ihrer Religion mit Skepsis. Sie haben Angst vor Verdrehungen und unangemessener Kritik. Als größte Bedrohung betrachten sie den Missbrauch des Korans, um die islamische Religion zu verleumden. Man schaue sich nur an, was die Christen aus dem Djihad machen, der doch gar kein heiliger Krieg ist, sondern das innere Bemühen um das Beste der Seele und der ganzen Gemeinschaft ... Es gebe drei Hauptfeinde des Islam: Die „Kreuzfahrer" (= Christen, die mit Gewalt vorgehen), Missionare und Islamwissenschaftler (d. h. eine kritische Betrachtung des Islam wird als existenzgefährdend empfunden).

In den Augen der Muslime hat die Desinformation über den Islam System und dient zwei Zielen: 1. die Muslime als Gewalttäter zu diffamieren, und 2. Bekehrungen zu bewirken – vor allem unter solchen Muslimen, die ihre eigene Religion nicht kennen. Der Muslim hat sich dagegen zu wehren und den guten Ruf des Islam und der muslimischen Gemeinschaft zu schützen. Denn sich zum Christentum zu bekehren bedeutet, die unvergebbare Sünde des *Shirk* zu begehen und Jesus Christus als Mensch *und* Gott zu bezeichnen.

Behauptung 4: Die Christen sind blind und Argumenten nicht zugänglich.

Als Mohammed mit seinen Karawanen durch die Arabische Halbinsel zog, traf er auf viele kleine christliche Splittergruppen, die als Häretiker aus der Großkirche vertrieben worden waren. Viele heutige Christen sind ebenfalls Ignoranten, die ihren Glauben nicht überzeugend leben. Der durchschnittliche Muslim hält die Christen für unfähig, die Bibel als Wort Gottes, die Gottessohnschaft Jesu oder die Trinität zu verteidigen.

Die Muslime behaupten z. B., dass die 27 Bücher des Neuen Testaments nicht repräsentativ für die Worte und Taten Christi seien. Paulus, der ein Drittel des Neuen Testaments schrieb, sei ein Betrüger gewesen, der mit seinen ehrgeizigen Lügen den Lauf der Geschichte geändert habe. Ein Christ, der die vier vorliegenden Evangelien als authentisch betrachte, sei ein Betrüger oder selber ein Betrogener.

Der Muslim weist weiter darauf hin, dass die Christen die Hunderte von Widersprüchen in der Bibel nicht erklären könnten, während der Koran seit seiner Offenbarung im 7. Jahrhundert in seinem Original unverändert erhalten geblieben sei. Folglich kann ein Muslim nur die Teile der Bibel akzeptieren, die nicht mit dem Koran in Konflikt stehen. Das *Indjil* (Evangelium) ist mit Respekt, aber auch Vorsicht zu behandeln, da es durch solche falschen Propheten wie Petrus, Paulus und Johannes verfälscht worden sei.

Es ist löblich, dass die Christen an die Jungfrauengeburt Christi und an seine Wunder glauben. Aber sie begehen eine große Sünde, wenn sie an seine Göttlichkeit und an seinen stellvertretenden Sühnetod für die Menschen glauben.

Der bloße Gedanke, einen Menschen als Gott zu verehren, ist dem Muslim äußerst zuwider. Und was soll die Kreuzigung, dieses absolute Zeichen der Niederlage? Jesus kann doch wohl nicht so dumm gewesen sein, dass er sich hinrichten ließ! Dagegen hat Mohammed sich durch viele Siege als Krieger und Prophet erwiesen. Die Kreuzigung wird als Ohnmacht Gottes verstanden, der seinen Propheten nicht vor dem Tod retten konnte.

Der Gipfel des Irrationalen ist der Glaube, dass Gott einen Sohn haben kann. Eine „Sexualisierung" Gottes wird als Blasphemie betrachtet. Und gleich dahinter kommt der Glaube, dass dieser Sohn Gottes als Sklave und Diener auftrat. Dass der allmächtige Gott *Mensch geworden* sein soll – unmöglich! Gott ist unendlich erhaben über seine Schöpfung und würde nie so tief sinken, sich mit ihr zu identifizieren.

Kurz und gut: Jesus war nicht das Opferlamm für die Sünden der Welt, sondern nur ein Bote und Zeuge des geraden Weges zu Allah. Erlösung beruht folglich nicht auf Glauben (wie in Epheser 2,8–9), sondern auf Allahs Gnade und den guten Werken der Menschen. Wie kann es einen Glauben geben, der seiner selbst gewiss ist und nichts mit Werken zu tun hat? Wie ein Imam bemerkt hat: „Das ist zu schön, um wahr zu sein!"[4] Wer nichts tut, der bekommt auch nichts, hier und in der Ewigkeit; jeder andere Glaube ist selbstbetrügerischer Egoismus.

Der endgültige Beweis für die Unvernunft des christlichen Glaubens ist natürlich die Dreieinigkeit. Wie kann 1 + 1 + 1 = 1 sein? Der Glaube, dass Vater, Sohn und Heiliger Geist die drei Personen der Gottheit sind, ist *die* Gotteslästerung schlechthin. Für den Muslim hat Jesus selber nie an diese Lehre geglaubt, sondern den Glauben an den Einen Gott gepredigt, ja in der ganzen Bibel finde sich die Trinitätslehre überhaupt nicht. Sie wurde erst mit dem Konzil von Nicäa 325 n. Chr. zum Dogma erhoben und ist mithin eine von Menschen gemachte Lehre, an die selbst viele Christen (etwa die Unitarier oder Zeugen Jehovas) nicht glauben.

Behauptung 5: Der christliche Glaube duldet Unmoral.

Viele Muslime erfüllt die lose Moral im „christlichen" Europa und Amerika mit Abscheu. Sex- und Pornoindustrie, Drogenmissbrauch, Kriminalität und Spaßgesellschaft werden als Beweis dafür betrachtet, dass das Christentum nichts taugt. Die Dekadenz der christlichen Gesellschaft zeigt sich weiter in Säkularisierung und Modernisierung. Was tun die christlichen Kirchen denn gegen Unmoral und Heuchelei? In was unterscheidet sich das Leben eines Christen von dem eines Nichtchristen? Die Strenge des Islam gibt dem an Allah Gläubigen einen hohen Maßstab an die Hand; was er glaubt, das hat er auch zu leben. Der Sünder ist streng zu bestrafen, denn Sünde darf man nicht durchgehen lassen, soll die muslimische Welt nicht genauso dekadent wie die „christliche" werden.

Eine christliche Antwort

Die Antwort der Christen auf die fünf genannten Positionen muss deutlich und intelligent sein. Der Glaube muss beides sein: fest und vernünftig. Es geht hier nicht darum, jedes Einzelargument, das ein Muslim bringen kann, zu widerlegen, sondern allgemein die Vernünftigkeit des christlichen Glaubens zu demonstrieren und dem Christen zu helfen, von seinem Glauben Rechenschaft zu geben (1. Petrus 3,15). Wir möchten unsere Leser nicht dazu aufrufen, Theologie zu studieren, sondern ihre Bibel zu lesen.

Antwort auf das Grundprinzip der Muslime: Wir Christen glauben an einen ganz anderen Gott.

Christen und Muslime verehren *nicht* denselben Gott – es sei denn, der Muslim erkennt Jesus als Gott und Herrn an. Die beliebte Vorstellung, dass Juden, Christen und Muslime doch alle zu demselben Gott beten, ist in allen drei Religionen gotteslästerlich und ein typisches Produkt des modernen religiösen Pluralismus. Kein Jude und

kein Muslim betet Jesus an, und ein Christ, der nicht an den dreieinigen Gott glaubt, ist gar kein Christ!
Es gibt auch für Christen in der Tat nur *einen* Gott, der das All und die Menschen geschaffen hat und in seiner Hand hält. In der Tat (und darin sind sich alle drei Religionen einig), alle Menschen werden einmal vor Gottes Richterstuhl stehen. Aber zu behaupten, dass wir alle denselben Gott verehren, weil wir dasselbe Wort für ihn benutzen, ist ähnlich intelligent wie die Behauptung, dass jedes Mal, wenn jemand „Peter" sagt, dieselbe Person gemeint sein muss.

Antwort auf die Behauptung 1: Die historischen Fakten stützen die Bibel.

Zu behaupten, der Apostel Paulus habe das Evangelium verfälscht, heißt die Bibel selber angreifen, die vom Koran als „das Buch Gottes", „das Wort Gottes", „Licht und Leitung für die Menschen", „Antwort in allen Dingen", „Leitung und Gnade" und „das helle Buch" bezeichnet wird.[5] Wie kann aber ein „Buch Gottes" überhaupt verfälscht werden? Wie kann der allmächtige Allah so etwas zulassen? Es stünde in Widerspruch zu seinem Wesen!
Zweitens geht die muslimische Position davon aus, dass es Widersprüche zwischen den Briefen des Paulus, den übrigen neutestamentlichen Briefen und den Evangelien gibt. Diese Widersprüche existieren aber nicht wirklich. Der Christ kann das, was Paulus in Kolosser 2,9 über Christus sagt („Denn in ihm wohnt die ganze Fülle der Gottheit leibhaftig") ohne Probleme neben das stellen, was der Apostel Johannes im vierten Evangelium schreibt („Im Anfang war das Wort, und das Wort war bei Gott, und Gott war das Wort. ... Und das Wort ward Fleisch und wohnte unter uns", Johannes 1,1.14).
Es gibt keinerlei Hinweise darauf, dass Paulus die Worte Jesu verändert hätte. Im Gegenteil: Außerbiblische Quellen (sogar heidnische!) bestätigen jedes Detail der biblischen Berichte. Und weiter: Warum hätten die Augenzeugen, die mit Jesus gingen und später ihr Leben für ihn hingaben, es irgendjemand erlauben sollen, das, was sie mit eigenen Augen gesehen hatten und von ganzem Herzen glaubten, zu ver-

fälschen? Die Überlieferungsgeschichte der Bibel zeigt eine peinlich genaue Bewahrung des ursprünglichen Textes, in keiner Weise seine Verfälschung.

Antwort auf die Behauptung 2: Auch die Muslime sind unter sich zerstritten.

Kein Zweifel: Das Christentum ist in viel zu viele Denominationen aufgesplittert, und vielen Christen ist dies ein Dorn im Auge. Aber zu behaupten, dass die Muslime ein monolithischer Block seien, entspricht in keiner Weise den Tatsachen.

Schiiten, Sunniten und Sufis zerteilen die muslimische Welt in unterschiedliche Traditionen, die auf ihre Art gerade so verschieden sind wie etwa die römisch-katholische, orthodoxe und protestantische Kirche. Das Wort *Schia* bedeutet „Parteigänger“ und hat ganz ähnliche Obertöne wie das Wort *Protestant*. Die schiitischen Muslime glauben so fest an die direkte Nachfolge innerhalb der Familie Alis, dass sie das angeblich monolithische Glaubensbekenntnis dahingehend geändert haben, dass Ali der Führer der wahren Gläubigen und der Freund Allahs ist.[6] Das weicht selbstverständlich nicht den strikt durchgehaltenen Monotheismus des Islam auf.

Die Muslime weisen gern auf die Sonderlehren von Randgruppen hin, die von der großen Mehrheit der Christenheit nicht als Christen anerkannt werden. Doch ein solcher Vergleich pseudochristlicher Sekten mit dem traditionellen Christentum ist so ähnlich, als wenn man den ganzen Islam durch die Brille der *Nation of Islam* unter Elijah Poole betrachten würde. Der normale Muslim will mit Pooles synkretistischem Glauben nichts zu tun haben, unterstellt aber den Christen, jede Irrlehre zu tolerieren. Tatsache ist, dass unter rechtgläubigen Katholiken, Orthodoxen und Protestanten die Trinität, die Gottheit Christi und seine leibliche Auferstehung zum absoluten Grundbestand des Glaubens gehören. Das Christentum hat hier durchaus ein hohes Maß an Einheit.

Antwort auf die Behauptung 3: Der Islam macht das Christentum viel schlechter als dieses den Islam macht.

Wenn die Muslime den Christen vorwerfen, gegen Mohammed und den Islam zu polemisieren, werfen sie mit Steinen, während sie gleichzeitig in dem berühmten Glashaus sitzen. Die muslimischen Staaten sind Bastionen der Intoleranz. Ein Muslim, der für Demokratie, geschweige denn Religionsfreiheit eintritt, ist eine Seltenheit. Ein Christ, der in einem muslimischen Land offen seinen Glauben bezeugt, geht ein ungleich größeres Risiko ein als der Muslim, der in einem westlichen Land für den Islam eintritt. Wo Staat und Moschee miteinander verbunden sind, geht die Religion voll in die Gesetzgebung ein.
In vielen Ländern tobt heute der real existierende Djihad. Wenn der Islam „eigentlich“ eine friedliche Religion ist, woher kommt dann all diese Gewalt?
Die Muslime wünschen keine christliche Mission in ihren Ländern, aber der Islam muss über die ganze Welt verbreitet werden. Auch dies kann als Djihad bezeichnet werden! Sie erlauben kein öffentliches christliches Zeugnis in Saudi-Arabien, Pakistan und vielen anderen Ländern, erwarten aber selbstverständlich für sich selber volle Religionsfreiheit in den westlichen Ländern. Christen sollten nicht für eine „geschlossene Gesellschaft“ kämpfen, aber sie sollten die Muslime aufrufen, endlich ihre Kulturen für den Rest der Welt zu öffnen.

Antwort auf die Behauptung 4: Der christliche Glaube ist vernünftig und verstehbar.

Eines hat sich seit Mohammeds Tagen nicht geändert: Nach wie vor sind viele Christen nicht in der Lage, ihren Glauben zu erklären oder zu verteidigen. Nur wenige können sich in allgemein verständlicher Weise etwa über die Dreieinigkeit, die Offenbarung und die Person Jesu Christi äußern. Die Muslime können auch zu Recht darauf hinweisen, dass viele Christen ihren Glauben auf die leichte Schulter nehmen und in ihrem Leben nicht konkret werden lassen.

Doch der Islam hat ganz ähnliche Probleme. Nur die wenigsten Muslime beherrschen das Arabische, die einzige Sprache, in der der wahre Koran gelesen werden kann. Die Koranübersetzungen gelten bereits als Auslegungen, da sie ja nicht der Urtext sind. Nur wenige Muslime können den Gebetsruf auswendig oder verstehen, was er besagt. Es ist eine ähnliche Situation wie die der mittelalterlichen katholischen Kirche, als die Sprache der Kirche, das Lateinische, für die allermeisten Gläubigen eine Fremdsprache war und nur die wenigsten Zugang zur Bibel hatten.

Ein Christ muss dem Wort Gottes (der Bibel) vertrauen können und in der Lage sein, seinen Glauben zu verteidigen und offen über kontroverse Punkte zu sprechen. Die Lehre der Dreieinheit Gottes ist zwar ein Geheimnis, das nur dem Glauben aufgeschlossen wird, aber sie ist aus der Heiligen Schrift zu erheben und kann von jedem, der die Grundaussagen der Bibel kennt, auch verteidigt werden. Gott, der höher ist als jede menschliche Vernunft, kann letztlich nur in (menschlich verständlichen) Bildern und Analogien beschrieben werden. Wer meint, Gott vollständig „erklären“ zu können, der hat einen „kleinen“ Gott, aber nicht den Allmächtigen, den Schöpfer des Himmels und der Erde, im Blick.

In jeder Diskussion zwischen Christentum und einer anderen Religion geht es im Letzten um die Person Jesu Christi. Wenn Jesus Christus der Sohn Gottes ist, der Mensch wurde, um für die Sünden der Welt zu sterben, müssen alle anderen Aussagen und Argumente sich an dieser Tatsache orientieren. Der aufgeklärte Muslim weiß sehr wohl, dass dann, wenn Jesus wirklich am Kreuz starb und am dritten Tage leibhaftig auferstand, sein (muslimischer) Glaube leer ist. Und ein denkender Christ weiß ebenso, dass ohne Sühnetod Jesu am Kreuz und ohne Auferstehung Jesu von den Toten, *sein* (christlicher) Glaube sinnlos ist (siehe 1. Korinther 15, 3–19).

Eine detaillierte Verteidigung des Lebens, des Todes und der Auferstehung Jesu übersteigt den Rahmen dieses Buches, aber wo sie versucht wird, muss man von Tatsachen wie den folgenden ausgehen:

1. Die Augenzeugenberichte in den Evangelien sind viel glaubwürdiger als die Jesus-Legenden, die Mohammed und andere muslimische Autoren Jahrhunderte später zusammentrugen.

2. Heidnische Geschichtsschreiber wie Tacitus (1. Jahrhundert n. Chr.) lassen keinen Zweifel daran, dass Christus in der Tat unter Pontius Pilatus hingerichtet wurde. Und 20 Jahre nach Jesu Tod bestätigt der palästinensische Historiker Thallus die Finsternis beim Tod Jesu.[7]
3. Der auferstandene Jesus wurde von über 500 Zeugen gesehen (vgl. 1. Korinther 15,6). Wenn sein Tod oder seine Auferstehung nur vorgetäuscht gewesen wäre, hätte es jede Menge Zeugen gegeben, um den Betrug zu entlarven.

Dies sind nur einige der vielen guten Gründe, die es gibt, an Jesus Christus zu glauben. Die Christen müssen es lernen, diese Gründe im Gespräch mit Andersgläubigen einzusetzen.

Antwort auf die Behauptung 5: Die heutigen westlichen Länder sind keine christlichen Länder.

Die Muslime, die den Islam in ihren eigenen Ländern nur als Staatsreligion kennen, gehen davon aus, dass die westlichen Länder entsprechend „christlich" seien. Doch die heutigen westlichen Gesellschaften sind weitgehend heidnisch und haben ihre christlichen Wurzeln weit hinter sich gelassen. Im so genannten christlichen Abendland findet man heute mit den höchsten Anteil an Atheisten. Europa ist nicht christlich, und in keinem anderen Land der Welt ist der religiöse Pluralismus ausgeprägter als in den USA. Die Vereinigten Staaten sind zwar ein religiöses Land, aber nicht unbedingt ein christliches!

Schwerer wiegt da schon der Hinweis auf die vielen Menschen, die nur dem Namen nach Christen sind und sich nicht an Gottes Gebote und Ordnungen halten. Ein Christ, der dem Islam mit Argumenten begegnen will, muss ein verbindliches christliches *Leben* führen. Christen sind aufgerufen, ihr Denken und ganzes Sein von Gott her erneuern zu lassen (Römer 12,1–2). Nur dann werden sie bei Menschen, die das Christentum nicht kennen, aber ehrlich nach Wahrheit suchen, offene Ohren finden.

Wenn morgen ein Gott suchender Muslim in Ihre Gemeinde kommt, werden Sie ihm die schwierigen Fragen, die einem lebendigen Glauben an Jesus Christus im Wege stehen, beantworten können?

15. Jesus im Koran

„Wir glauben auch an Jesus"

„Ein Muslim ist erst dann ein wahrer Muslim, wenn er an Jesus glaubt!" Wo die Person Jesu Christi zum Diskussionsthema wird, hört man diesen Satz. Die Muslime legen großen Wert darauf, dass sie Hochachtung vor Jesus und seiner Mutter Maria haben. Jesu Name erscheint im Koran neunzig Mal, darunter in den folgenden Texten:

> Und Wir gaben Jesus, dem Sohn der Maria, die deutlichen Zeichen und stärkten ihn mit dem Heiligen Geist. (Sure 2,87)

> Und in ihren Spuren ließen Wir folgen Jesus, den Sohn der Maria, zu bestätigen die Tora, die vor ihm war, und Wir gaben ihm das Evangelium, darinnen eine Leitung und ein Licht ... war. (Sure 5,46)

> Und den Zacharias und Johannes und Jesus und Elias; alle waren Rechtschaffene. (Sure 6,85)

Solche Zitate scheinen die Behauptung der Muslime, dass sie den Sohn der Maria in Ehren halten, zu untermauern. Doch sobald man unter die politisch korrekte Oberfläche der Suche nach religiöser Einheit hinuntergeht, stößt man auf Differenzen zwischen dem christlichen und dem islamischen Jesus-Bild, die fundamental sind. Eine hohe Sicht von Jesus Christus ist nicht notwendig auch eine korrekte Sicht. Die Muslime legen großen Wert darauf, dass Jesus von einer Jungfrau geboren wurde und dass er die Wahrheit predigte. Die Christen glauben aber, dass er nicht nur von einer Jungfrau geboren wurde, sondern dass er *die Wahrheit in Person ist* (Johannes 14,6).

Jesus war nicht bloß ein Beispiel für Gerechtigkeit, er war das Sühneopfer, das es den Menschen ermöglicht, Gottes Gerechtigkeit zu erlangen. Er ist der Heiland. Die Unterschiede zwischen Muslimen und Christen hängen letztlich an der Sicht des Kreuzes für unsere Erlösung.

Jesus im Koran und in der Bibel

Wer nach dem wahren historischen Jesus im Koran sucht, wird nicht fündig werden. Wie ein Autor erklärt: „Der Koran enthält ... keine Gleichnisse, keine von Jesu mutmachenden Worten an die Armen und Entrechteten, keine seiner harten Gerichtsworte an das religiöse Establishment seiner Zeit.“[1] Es scheint dem Koran lediglich darum zu gehen, das biblische Christusbild zu „korrigieren“.

Fragen Sie den Durchnittsmuslim, was er von Jesus hält, und er wird Ihnen antworten, dass er ein großer Prophet war. Aber wo finden wir Jesus, wenn nicht in der Bibel? Der muslimische Apologet wird erwidern, dass die Evangelien verfälscht worden sind. Aber woher will er das wissen? Nur weil der Koran (der für ihn *die* Offenbarung Allahs ist) es behauptet. Aber wie will er wissen, dass Jesus ein Gerechter war, wenn er die Quellen, auf die die Historiker sich seit zweitausend Jahren stützen, verwirft?[2]

Jesus in den Augen von Ungläubigen

Zahlreiche säkulare Gelehrte lehnen die Bibel wie den Koran als historisch unzuverlässig ab. Tun wir einen Augenblick lang so, als hätten sie Recht, und schauen wir uns an, was außerbiblische Quellen uns über den historischen Jesus sagen.

Flavius Josephus, ein jüdischer Priester und Geschichtsschreiber des 1. Jahrhunderts n. Chr., erzählt Folgendes über den Prozess und den Tod Jesu:

> Um diese Zeit lebte Jesus, ein weiser Mensch ... Er war nämlich der Vollbringer ganz unglaublicher Taten und der Lehrer aller

> Menschen, die mit Freuden die Wahrheit aufnahmen. So zog er viele Juden und auch viele Heiden an sich. Er war der Christus. Und obgleich ihn Pilatus auf Betreiben der Vornehmsten unseres Volkes zum Kreuzestod verurteilte, wurden doch seine früheren Anhänger ihm nicht untreu. ... Und noch bis auf den heutigen Tag besteht das Volk der Christen, die sich nach ihm nennen, fort.[3]

Dass Josephus derart mit Jesus sympathisierte, machte ihn in den Augen der übrigen Juden zu einem Verräter der schlimmsten Sorte. Aber der Sanhedrin (Hohe Rat), der für den Schutz der religiösen Gesetze Israels zuständig war, bestätigte die Angaben des Josephus, indem er feststellte: „Aber sie fanden nichts zu seinen [Jesu] Gunsten und hängten ihn am Vorabend des Pesachfestes [Passafestes]."[4]
Plinius der Jüngere (61–113 n. Chr.), römischer Gouverneur von Pontus und Bithynien, gibt uns interessante Informationen aus der Perspektive der Christen selber, von denen einige noch den historischen Jesus direkt gekannt hatten. In einem 96 n. Chr. geschriebenen Brief an den römischen Kaiser Trajan beschreibt er seine Erfahrungen mit den Christen und ihrer Lehre von ihrem auferstandenen Heiland:

> Sie behaupteten aber, ihre ganze Schuld – oder ihr ganzer Irrtum – habe darin bestanden, dass sie sich an einem bestimmten Tage vor Sonnenaufgang zu versammeln pflegten, Christus zu Ehren, wie einem Gotte, im Wechselgesang ein Lied anstimmten und sich eidlich nicht etwa zu einem Verbrechen verpflichteten, sondern keinen Diebstahl, keinen Raub, keinen Ehebruch zu begehen, kein gegebenes Wort zu brechen, kein anvertrautes Gut, wenn es zurückgefordert wird, abzuleugnen. Darauf seien sie in der Regel auseinandergegangen und wieder zusammengekommen, um ein Mahl einzunehmen, das jedoch ganz gewöhnlich und harmlos war.[5]

Man beachte, wie diese Christen ganze zwei Generationen nach dem historischen Christus diesen in Anbetungsliedern als Gott verehren, wogegen die Muslime behaupten, dass Jesus nicht anbetungswürdig sei, da er nur ein Bote Allahs gewesen sei.

Jesus als Muster-Muslim

Und als Jesus ihren Unglauben wahrnahm, sprach er: „Welches sind meine Helfer zu Allah hin?" Es sprachen die Jünger: „Wir sind Allahs Helfer; wir glauben an Allah, und bezeug [du], dass wir Muslime sind." (Sure 3,52)

Nach Meinung dieser Sure war Jesus eigentlich nur ein guter Muslim, der allen, die sie hören wollten, die Botschaft des Islam predigte. Es war also nicht sein Ziel, Verlorene zu suchen und zu *retten* (vgl. Lukas 19,10), sondern seine Sendung war viel begrenzter. „Kein Gesandter aber konnte ohne Allahs Erlaubnis ein Zeichen bringen" (Sure 13,38).

Ein Mensch wie Adam

Die Frage, wer Jesus war, geht letztlich bis zum Ursprung der Menschheit zurück. Die Muslime glauben, dass Jesus den gleichen Ursprung hatte wie Adam. Der Koran sagt: „Siehe, Jesus ist vor Allah gleich Adam; Er erschuf ihn aus Erde, alsdann sprach Er zu ihm: ‚Sei!', und er ward" (Sure 3,59). Jesus war mithin nur ein Mensch, und nicht der ewige Gottessohn.[6]

Der Vergleich mit Adam ist dem Muslim wichtig. Wie Adam wurde Jesus direkt von Allah erschaffen, ohne menschlichen Vater. Die Größe Jesu entstammt hier nicht seinem eigenen Wesen, sondern allein Allahs Schöpfungswort „Sei!" Vor seiner Erschaffung durch Allah war er buchstäblich Staub – Ton in den Händen des Töpfers.

Weihnachten im Koran

Was manche erstaunen wird: Die Muslime glauben an die Jungfrauengeburt Christi. Im Koran heißt es: „Sie [Maria] sprach: ‚Mein Herr, woher soll mir ein Sohn werden, wo mich kein Mann berührte?' Er sprach: ‚Also schafft Allah, was Er will'" (Sure 3,47). Doch diese Jung-

frauengeburt war nicht ein Zeichen des göttlichen Wesens und der Macht Christi, sondern allein ein Zeichen (*aya*) von Allahs Allmacht, der tut, was er will.
Es gibt Ähnlichkeiten zwischen der biblischen Weihnachtsgeschichte und der im Koran. In Lukas 1,28ff. lesen wir:

> Und der Engel kam zu ihr hinein und sprach: „Sei gegrüßt, du Begnadete! Der Herr ist mit dir!" Sie aber erschrak über die Rede und dachte: Welch ein Gruß ist das? Und der Engel sprach zu ihr: „Fürchte dich nicht, Maria, du hast Gnade bei Gott gefunden. Siehe, du wirst schwanger werden und einen Sohn gebären, und du sollst ihm den Namen Jesus geben." ... Da sprach Maria zu dem Engel: „Wie soll das zugehen, da ich doch von keinem Mann weiß?"

Im Koran heißt es:

> ... die Engel sprachen: „O Maria, siehe, Allah hat dich auserwählt und hat dich gereinigt und hat dich erwählt vor den Weibern aller Welt. ... O Maria, siehe, Allah verkündet dir ein Wort von Ihm; sein Name ist der Messias Jesus, der Sohn der Maria ..." Sie sprach: „Mein Herr, woher soll mir ein Sohn werden, wo mich kein Mann berührte?" (Sure 3,42.45.47)

Doch es gibt auch viele Unterschiede zwischen Bibel und Koran. In der Bibel heißt es:

> Josef aber, ihr Mann, war fromm und wollte sie nicht in Schande bringen, gedachte aber, sie heimlich zu verlassen. Als er das noch bedachte, siehe, da erschien ihm der Engel des Herrn im Traum und sprach: „Josef, du Sohn Davids, fürchte dich nicht, Maria, deine Frau, zu dir zu nehmen; denn was sie empfangen hat, das ist von dem heiligen Geist. Und sie wird einen Sohn gebären, dem sollst du den Namen Jesus geben, denn er wird sein Volk retten von ihren Sünden." (Matthäus 1,19–21)

> Der wird groß sein und Sohn des Höchsten genannt werden; und Gott der Herr wird ihm den Thron seines Vaters David geben, und er wird König sein über das Haus Jakob in Ewigkeit, und sein Reich wird kein Ende haben. (Lukas 1,32–33)

Der Koran vermerkt:

> Und Er [Allah] wird ihn lehren das Buch und die Weisheit und die Tora und das Evangelium und wird ihn entsenden zu den Kindern Israel. (Sure 3,48–49)

Josef wird im Koran überhaupt nicht erwähnt, und über Jesu Gottessohnschaft heißt es:

> Und Wir gaben Jesus, dem Sohn der Maria, die deutlichen Zeichen und stärkten ihn mit dem Heiligen Geist. (Sure 2,87)

> Der Messias Jesus, der Sohn der Maria, ist der Gesandte Allahs und Sein Wort, das Er in Maria legte, und Geist von Ihm. (Sure 4,171)

> Und es sprechen die Nazarener [Christen]: „Der Messias ist Allahs Sohn." Solches ist das Wort ihres Mundes. ... Allah schlag sie tot! Wie sind sie verstandeslos! (Sure 9,30)

Die Unterschiede sind eindeutig größer als die Ähnlichkeiten. Der Islam glaubt zwar an die Jungfrauengeburt Jesu, aber während Jesus in der Bibel der Erlöser und HERR ist, dessen Reich nie enden wird, ist er im Islam ein bloßer menschlicher Bote Allahs, der wie Adam aus Staub erschaffen wurde. Nirgends zeigen sich die tiefgreifenden Unterschiede zwischen den beiden größten Weltreligionen deutlicher als in ihren so radikal unterschiedlichen Jesusbildern.

Die Wunder Jesu

Ein muslimischer Gelehrter gibt diese Zusammenfassung der islamischen Sicht von Jesus:

> Alle Propheten, über die wir genauere Kenntnisse haben, hatten Frauen und Kinder. Alle außer einem, und diese Ausnahme ist Jesus, der Sohn der Maria. Aber sein Leben war unvollständig; sein Wirken dauerte ganze drei Jahre; sein Auftrag war begrenzt, und er hatte sich nicht mit den vielfältigen Problemen auseinanderzusetzen, die in einer hochorganisierten Gesellschaft oder einem Staat auftreten. Wir achten ihn genauso wie die anderen Propheten, weil er Allahs Bote war, aber dies bedeutet nicht, dass seine Botschaft genauso allumfassend ist wie die von al-Mustafa [Mohammed].[7]

Dieses Zitat aus dem Kommentar einer offiziellen englischen Übersetzung des Korans spricht Bände und sagt mehr aus als alle höflichen Floskeln, die man heute von muslimischen Apologeten hört. Für den Muslim ist Jesus nur einer unter vielen, und nicht Gottes endgültige Offenbarung. Seine Aufgabe und Botschaft war auf die Juden begrenzt und ist nicht für die Menschheit allgemein gültig.

Der Koran erkennt Jesus als einen gewaltigen Wundertäter an. Er machte aus Ton einen lebendigen Vogel, heilte Blinde und Aussätzige und weckte Tote auf (Sure 5,110). Aber diese Wunder geschahen nicht, um den Menschen zu zeigen, wer Jesus war, sondern „mit Meiner [Allahs] Erlaubnis“ (5,110), als „Zeichen von euerm Herrn [Allah]“ (3,49). Wie andere Boten Allahs, hatte auch der Sohn der Maria die Aufgabe, die Menschen zu Allah zu führen.

Die Botschaft Christi nach dem Koran

Nach dem Koran wurde Jesus gesandt, um das Evangelium *(indjil)* zu verkündigen, das zum Glaubensgehorsam gegenüber Allah auffordert. Nach Meinung der muslimischen Theologen ist im Koran alles überlie-

fert, was die Menschen heute über Christus wissen müssen (Sure 5,47). Für den Islam ist das wahre Evangelium ein Evangelium der Werke, das nicht mit dem „verfälschten" Evangelium der Gnade in den ersten vier Büchern des christlichen Neuen Testaments vereinbart werden kann. In den Augen der Muslime enthalten das Neue Testament und andere Quellen nur Fragmente der „eigentlichen" Botschaft Jesu.
Jede Lehre, die zum Koran in Konflikt steht, wird in den Bereich der Lüge oder des Mythos verwiesen. Ein Jesus, der nicht mit dem Koran in Übereinstimmung steht, ist schlicht nicht akzeptabel. Jesu Auftrag war es angeblich, für den wahren (sprich: muslimischen) Gottesdienst einzutreten. Der Koran stellt klar:

> Und wenn Allah sprechen wird: „O Jesus, Sohn der Maria, hast du zu den Menschen gesprochen: ‚Nehmet mich und meine Mutter als zwei Götter neben Allah an?'" Dann wird er sprechen: „Preis sei Dir! Es steht mir nicht zu, etwas zu sprechen, was nicht wahr ist. Hätte ich es gesprochen, dann wüsstest Du es." (Sure 5,116)

Diese Koranstelle ist eindeutig eine Reaktion auf christliche Häretiker, die nicht nur Christus verehrten, sondern auch Maria. Mohammed will hier zeigen, dass Jesus jede Erhöhung über das, was Allah für ihn vorgesehen hatte, weit von sich gewiesen hätte. Nach dem Koran soll Jesus gesagt haben: „Siehe, Allah ist mein Herr und euer Herr, drum dienet Ihm. Dies ist ein rechter Weg" (Sure 3,51).

Wesen und Namen Jesu Christi

Jesus ist nach dem Urteil des Koran nicht Gott. Dies ist der entscheidende Unterschied zwischen dem Jesus des Islam und dem der Christen. Der Koran sagt klipp und klar: „Nicht ist der Messias, der Sohn der Maria, etwas andres als ein Gesandter; vorausgingen ihm Gesandte" (Sure 5,75).
Der unerreichbar über seiner Schöpfung thronende Allah kann keinen Sohn haben, und wer etwas anderes behauptet, versucht, Allahs Licht

auszulöschen (Sure 9,31–32). Ja der Muslim, der Allah ein menschliches Wesen beilegen will, begeht die unvergebbare Sünde der „Beigesellung" (*shirk*).

Jesus ist im Islam daher in erster Linie als *Ibn Maryam* (Sohn der Maria) bekannt, ein Titel, der im Koran 23 Mal erscheint, um seine Menschlichkeit und Sterblichkeit zu betonen, während die Bibel nur an einer Stelle (Markus 6,3) von „Marias Sohn" spricht. Zweitens wird Jesus auch *al Masih* (Messias) genannt, doch dieser Titel ist im Koran nur Ehrentitel ohne inhaltliche Füllung.

Der am dritthäufigsten im Koran für Jesus benutzte Titel ist *Rasul* (Gesandter). Jesus war als Gottes Sprachrohr (aber nicht als jemand, der wesensmäßig Gott ist) zu den Juden gesandt, so wie andere zu anderen Völkern gesandt wurden. Als Gesandter war Jesus ein „Prophet", denn Allah gab durch ihn Offenbarungen: „Gegeben hat Er mir das Buch, und Er machte mich zum Propheten" (Sure 19,30).

In der Bibel ist niemand Jesus Christus gleich, außer dem Vater und Schöpfergott selber, mit dem Jesus identifiziert wird (Johannes 1,1; Kolosser 2,9; Hebräer 1,5). Der Koran ordnet Jesus in eine Traditionslinie menschlicher Vorgänger und Nachfolger ein:

- Adam: Der Erwählte Allahs
- Noah: Der Prediger Allahs
- Abraham: Der Freund Allahs
- Mose: Der von Gott Angeredete (Tora)
- Jesus: Das Wort Allahs (Indjil = Evangelium)
- Mohammed: Der Gesandte Allahs (Koran)

Christus soll sich selber als Knecht Allahs bezeichnet haben (Sure 3,51). Während er also in der Bibel sowohl Diener als auch Erretter ist, ist er im Koran lediglich Diener.

Christi Tod und Himmelfahrt

> Und weil sie (= die Juden) sprachen: „Siehe, wir haben den Messias Jesus, den Sohn der Maria, den Gesandten Allahs, ermordet" – doch ermordeten sie ihn nicht und kreuzigten ihn nicht, sondern einen ihm ähnlichen – ... Und siehe, diejenigen, die über ihn uneins sind, sind wahrlich im Zweifel in betreff seiner. Sie wissen nichts von ihm, sondern folgen nur Meinungen; und nicht töteten sie ihn in Wirklichkeit. Sondern es erhöhte ihn Allah zu Sich; und Allah ist mächtig und weise. Und wahrlich vom Volke der Schrift wird jeder an ihn glauben vor seinem Tode; und am Tag der Auferstehung wird er wider sie Zeuge sein.
> (Sure 4,157–159)

Eines ist im Islam absolut gewiss: Jesus starb nicht am Kreuz. Die Muslime wissen nicht genau, was damals geschah, aber für sie ist sehr klar, was *nicht* geschah. Die Passionsberichte in den Evangelien versuchen sie durch die Behauptung zu entkräften, dass keine Christen bei der Kreuzigung dabei gewesen seien. Dies ist eindeutig falsch; der Apostel Johannes, Maria, die Mutter Jesu, und andere Jünger waren zugegen (vgl. z. B. Matthäus 27,55–56; Markus 15,40–41; Lukas 23,49; Johannes 19,25–27).

Die muslimische Überlieferung kennt zahlreiche Versionen von dem, was am Tag der Kreuzigung „wirklich" geschehen sein soll. Hier die drei beliebtesten:

- Jesus versteckte sich, während einer seiner Jünger an seiner Stelle starb.
- Gott führte es so, dass Judas Ischariot Jesus ähnlich sah und an seiner Stelle gekreuzigt wurde.
- Kurz vor der Kreuzigung wurde Jesus durch Simon von Kyrene ersetzt.

Jesus kommt wieder

Der Koran behauptet, dass Jesus in Frieden geboren wurde und eines Tages friedlich sterben wird. Jesus selber soll gesagt haben: „Und Frieden auf den Tag meiner Geburt und den Tag, da ich sterbe, und den Tag, da ich erweckt werde zum Leben!" (Sure 19,33).
Die gängige muslimische Version ist, dass Jesus nicht starb, sondern von Allah zu sich geholt (*rafa'u*) wurde. Die Menschen vom „Volke der Schrift" werden „vor seinem Tode" an Jesus glauben (Sure 4,159).
Da Jesus, der genauso menschlich war wie Adam, nicht gestorben ist, kann sein Werk noch nicht vollendet sein. Nach der islamischen Überlieferung soll er den Menschen kurz vor dem Jüngsten Gericht erscheinen, wo er den Antichristen bekämpfen und besiegen, sich zum Islam bekennen, alle Schweine töten, alle Kreuze zerbrechen und ein Tausendjähriges Reich der Gerechtigkeit errichten wird. Manche Ausleger erklären weiter, dass Jesus anschließend sterben und neben dem Propheten Mohammed beigesetzt werden wird.[8]

16. Wie erreiche ich meine muslimischen Mitmenschen? Mission ohne Fettnäpfchen

Mit den besten Absichten

Ein junger Mann schreit mitten in einem Fußballspiel Bibelverse von der Tribüne.
Ein Christ, der zu einem Abendessen eingeladen ist, eröffnet seinem großzügigen Gastgeber zwischen Vorsuppe und Hauptspeise so laut, dass der ganze Tisch es hört, dass die Reichen alle in die Hölle kommen.
Ein christliches Ehepaar lädt ein jüdisches Paar zum Essen ein und serviert Schweinekoteletts.
Ein Straßenmissionar trägt zu einem Besuch im Gefängnis eine Mütze und einen Schal wie die führende Rockerbande der Stadt.
Wir alle kennen Geschichten, bei denen ein Christ, der das Evangelium unter die Leute bringen will, so in irgendein Fettnäpfchen tritt, dass er sein Zeugnis damit glatt ruiniert. Er hat zwar die allerbesten Absichten gehabt, aber das richtige Wort zur falschen Zeit, die falsche Geste, die falsche Kleidung. So muss er von vorne anfangen, sich entschuldigen, verlorenes Vertrauen mühsam neu erwerben.
Ein Christ, der den 1,2 Milliarden Muslimen das Evangelium bringen will, steht vor vielen kulturellen Hürden und Schlaglöchern. Das Missionsfeld ist übersät von den Trümmern fehlgeschlagener Missionsprojekte. Die meisten Christen, denen Jesu Missionsbefehl am Herzen liegt, haben den ehrlichen Wunsch, ihre muslimischen Freunde, Nachbarn und Kollegen zu erreichen. Wir werden bei unseren Vorträgen oft gefragt: „Ich habe Freunde/Nachbarn/Verwandte, die Muslime sind. Wie kann ich ihnen meinen Glauben an Jesus Christus vermitteln?“

Das ist die große Frage, auf die dieses Buch eine kleine Antwort zu geben hofft. Diese verlorene Welt zu erreichen, ist schwierig genug; da braucht es nicht auch noch unsere kulturellen und persönlichen Fehlhaltungen oder missverständlichen theologischen Formulierungen. Aber nur nicht den Mut verlieren! Wer ein paar einfache Regeln beachtet, kann sein Zeugnis gegenüber Muslimen wirkungsvoll gestalten.

Wie man es richtig macht

In unserer liberalen Gesellschaft treten Christen bei ihren Evangelisationsbemühungen oft allzu „locker vom Hocker" auf. In der islamischen Kultur spielt aber der Respekt eine tragende Rolle. Einen Muslim (und sei es noch so ungewollt) beleidigen oder vor seinen Verwandten bloßstellen heißt unweigerlich Sand in das Beziehungsgetriebe streuen. Und umgekehrt können sich Türen öffnen, wo die missionarischen Versuche von kulturellem Feingefühl begleitet sind. Alle im Folgenden aufgeführten Prinzipien und Regeln sind von allergrößter Wichtigkeit.

Form der Begrüßung

Man sollte einem Muslim zur Begrüßung niemals die linke Hand reichen. Die Linke wird in der muslimischen Kultur zur persönlichen Hygiene, z. B. auf der Toilette, benutzt, und es ist unanständig, sie zur Begrüßung zu benutzen.

Einen Muslim „Bruder" nennen

Der wohlinformierte Muslim weiß um die abgrundtiefen Unterschiede zwischen Christentum und Islam. Wir erlebten es einmal, wie ein Evangelist, der mit einem Muslim diskutierte, diesen als „mein Bruder" bezeichnete. Der Muslim (ein Imam) korrigierte ihn unverzüglich. Der Evangelist hatte nicht nur einen kulturellen, sondern auch einen theologischen Fehlgriff getan, denn der Titel „Bruder" (oder „Schwester") setzt in muslimischen (und zum Teil auch in christlichen) Kreisen theologische Übereinstimmung voraus. Sagen wir statt „Bruder" lieber „Freund" – ein positives Beziehungswort, das keinen gemeinsamen Glauben voraussetzt.

Verhalten bei Einladungen

Muslime, die sich nicht als Djihadkämpfer verstehen, sind sehr gastfreundlich. Ihre Einladung einfach auszuschlagen, ist eine persönliche Beleidigung. Der bei einem Muslim zum Essen eingeladene Christ sollte sich aber den Gepflogenheiten seines Gastgebers anpassen. Dies kann bedeuten, dass er beim Betreten der Wohnung seine Schuhe auszieht. Essen Sie alles, was Ihnen vorgesetzt wird, auch wenn Sie nicht wissen, was es ist. Die nahöstliche Küche ist sehr gut und wird Ihnen gut tun. Danken Sie Ihrem Gastgeber für das Mahl und sagen Sie es, wenn es Ihnen geschmeckt hat.

Selber Gastgeber sein

Eine sehr gute Brückenbau-Methode ist es, den Muslim zu sich einzuladen. Dabei sind jedoch bestimmte Regeln zu beachten. Da Muslime keinen Alkohol trinken dürfen, sollten Sie auch keinen anbieten. Vermeiden Sie auch Schweinefleisch und Schweinefett sowie Meeresfrüchte. Erklären Sie Ihren Gästen, dass Sie vor dem Essen zu Tisch beten („Sie haben doch sicher nichts dagegen, dass wir ..."). Halten Sie das Tischgebet aber kurz und benutzen Sie es nicht als verkappte Missionspredigt! Wir, die Autoren, schämen uns des Evangeliums Christi ganz gewiss nicht, aber es bereits in das Tischgebet einbauen heißt das Vorrecht des Gebets missbrauchen. Erklären Sie Ihren Gästen die verschiedenen Gerichte, damit sie wissen, dass nichts darin ist, was sie nicht essen dürfen.

Das Gespräch mit dem anderen Geschlecht

In den meisten islamischen Kulturen ist es tabu, sich einfach so mit jemandem vom anderen Geschlecht zu unterhalten. Eine Frau, die gegenüber einem Mann kein Blatt vor den Mund nimmt, verhält sich respektlos, und ein christlicher Mann, der mit einer muslimischen Frau spricht, ohne dass ihr Mann zugegen ist, beleidigt den Mann. Unter Muslimen, die in westlichen Ländern leben, können die Regeln weniger strikt sein, aber gehen Sie nicht vorschnell davon aus.

Gottesdienstbesuche

Sie können viele Freundschaftspunkte sammeln, wenn Sie die Einladung zum Gottesdienst in der Moschee annehmen. Keine Angst, als Christ gelten Sie nicht als Teilnehmer am Gottesdienst. Sich ruhig in eine Ecke zu stellen und vielleicht hin und wieder Ihren Gastgeber leise etwas zu fragen, gilt als höflich. Sich auf den Gebetsteppich stellen und mitten im Gebet seine Fragen hinausposaunen ist unhöflich.

Die religiöse Sensibilität erstreckt sich auch auf andere Lebensbereiche. Versuchen Sie nicht, Ihrem muslimischen Freund ausgerechnet im Ramadan eine Einladung zum Mittagessen aufzudrängen. Stellen Sie ihm aber auch keine spitzen Fragen, wenn Sie sehen, dass er während des Ramadans zu normalen Zeiten isst.

Taktvoll evangelisieren

Angesichts der historischen Feindschaft zwischen Christen und Muslimen sollte man, bevor man mit der Darlegung des Evangeliums beginnt, immer zunächst Brücken der Freundschaft bauen. Gott hat verheißen, uns die Türen zum Zeugnis zu öffnen, wenn wir darauf achten, was in der jeweiligen Situation das Richtige ist. Für den Christen gibt es immer einen richtigen Zeitpunkt und eine richtige Art, das Rechte zu tun.

Manche Christen ziehen in ihrem Eifer, Muslime für Jesus Christus zu gewinnen, schon nach einer Minute die Bibel aus der Tasche. Und die Konfrontationsevangelisation kann ihre Berechtigung haben und Erfolge bringen. Wir, die Autoren, haben so ziemlich alle Evangelisationsmethoden gelernt und fast immer ein Traktat dabei. Aber wenn er es mit Muslimen zu tun hat, muss der Christ sich erst einmal das Recht verdienen, gehört zu werden. Der Muslim ist in einer Tradition der Feindschaft gegenüber dem Christentum aufgewachsen, und hier heißt die erste Aufgabe: Brücken bauen. Dieses *langsame* Brückenbauen ist der Grund dafür, warum Bekehrungen unter Muslimen seltener sind und länger brauchen als bei anderen Menschen.

Der Aufbau von Vertrauen gegenüber dem christlichen Freund braucht bei dem Muslim seine Zeit. Und Vertrauen bedeutet noch lange nicht immer Offenheit. Diese kommt vielleicht erst dann, wenn der eine Freund den anderen nach einem schmerzlichen Erlebnis tröstet und sich in dieser Leidensgemeinschaft so ganz natürlich eine Gelegenheit ergibt, zu erklären, warum ein Christ niemals ohne Trost und Zuversicht ist.

Es ist ein riesiger Unterschied, ob ich die offenen Türen, die Gott mir gibt, nutze oder versuche, mit der Brechstange Türen zu öffnen. Gerade gegenüber dem Muslim braucht man ein Gespür dafür, wie und wann man seinen Glauben weitergibt. Die Methode der Konfrontationsevangelisation hat ihre Tugenden in der hochtechnisierten, unter dem Diktat der Uhr stehenden westlichen Kultur; für das Gespräch mit dem Muslim ist sie wenig wirksam.

Politische Diskussionen vermeiden

Es kann sein, dass Ihr muslimischer Nachbar die Darlegung des Evangeliums als einen Versuch missversteht, Propaganda für Israel oder gegen die islamischen Staaten zu machen. Passen Sie auf, dass Ihr Gespräch nicht ins Politische abgleitet und damit weg von dem Hauptthema: Jesus Christus.

Das Evangelium und mein Land

Für die Muslime ist jeder Mensch aus dem „Abendland“ automatisch ein Christ. Wenn der türkische Gemüsehändler an der Ecke von einem deutschen Kunden beleidigt wird, hat ihn ein „Christ“ beleidigt, auch wenn dieser Kunde noch nie eine Kirche von innen gesehen hat. Achten Sie darauf, Ihre Liebe zu Christus nicht mit Patriotismus zu verwechseln! Wir, die Autoren, sind gerne amerikanische Staatsbürger, aber man kommt nicht dadurch in den Himmel, dass man Amerikaner wird. Für Christus eintreten ist nicht dasselbe wie für die Politik eines Landes einzutreten.

Die Sache mit den Kreuzzügen

Jeder informierte Muslim weiß, dass Papst Urban II. 1095 auf der Synode von Clermont zum ersten Kreuzzug ins Heilige Land aufrief. Dieses Zeitalter des „christlichen Djihad“ ist und bleibt ein dunkles Kapitel in der Geschichte. Die päpstliche Zusage der Sündenvergebung an die Kreuzfahrer, die in den Kreuzzügen fielen, ist keinen Deut besser als die entsprechende Zusage, die im Islam den Djihadkämpfern gemacht wird. Versuchen Sie gar nicht erst, die Kreuzzüge zu verteidigen, oder Ihr muslimischer Freund stellt Sie in die Heuchlerecke.

Vergessen Sie nicht den Preis der Bekehrung

Bei uns wird jemand, der sich zu Christus bekehrt, nur in den seltensten Fällen aus seiner Familie ausgestoßen. In islamischen Ländern muss der Neubekehrte damit rechnen, von seiner Familie verstoßen, des Landes verwiesen oder im schlimmsten Falle mit dem Tode bestraft zu werden. Wir sollten es verstehen, wenn ein Muslim zögert, zum Christentum überzutreten. Er kann dadurch seine Verwandten und Freunde und sein Erbe verlieren, in islamischen Ländern auch seine Arbeit, seine Freiheit, seinen Besitz oder sein Leben.

Die klare Botschaft

Manche Leute scheinen unfähig zu sein, über Jesus Christus zu reden, ohne in die „Sprache Kanaans“ zu fallen. In christlichen Kreisen gehören solche Ausdrücke wie *wiedergeboren, Sühne, erlöst* und *verloren* zum Grundwortschatz, für den Muslim sind sie lauter Fremdwörter. Ein Evangelist, der wiederholt dazu aufrief, Jesus „in sein Herz aufzunehmen“, fand kaum Widerhall. Als er nachforschte, woran das lag, erfuhr er, dass viele seiner Hörer den Ausdruck als Aufforderung zu einer Herzoperation missverstanden hatten. Benutzen Sie eine allgemein verständliche Sprache, die kein frommes „Insiderwissen“ voraussetzt.

Die klare Botschaft: Gnade

Die meisten Muslime, die zum Christentum übergetreten sind, bezeugen, dass es die Botschaft vom vollbrachten Sühneopfer Christi am Kreuz war, das uns von der Waage des Gerichts erlöst, die entscheidend zu ihnen sprach. Betonen Sie, dass Christus alle unsere Sünden vergibt und unsere Schuld voll bezahlt hat. Die Gnade ist eine wunderbare Botschaft.

Die klare Botschaft: Gottes Liebe

Der Islam kennt keinen persönlichen, liebenden Gott. Allah ist der unnahbare Schöpfer und Richter. Die einzige Stelle im Koran, wo er den Menschen nahe kommt, spricht von seinem Gericht: „... denn Wir sind ihm [dem Menschen] näher als die Halsschlagader“ (Sure 50,16). Die Allbarmherzigkeit Christi am Kreuz und seine sich zu uns herablassende Liebe sind überwältigend für den Muslim.

Offenbarung: Wo die theologischen Fäden zusammenlaufen

Eine Religion ist nur so stabil wie ihr Fundament. Die Wahrheit des Islam steht und fällt mit der Behauptung Mohammeds, dass die Bibel verfälscht und der Koran das vollkommene Wort Gottes sei. Die Ablehnung der Trinität, der Gottheit Christi, der Kreuzigung und Auferstehung und der Erlösung aus Gnade steht und fällt mit dieser Grundannahme.

Ein Christ, der mit einem Muslim oder sonstigen Nichtchristen spricht, muss bereit sein, die Bibel und ihr klares Zeugnis zu verteidigen, dass Jesus Christus, der Mensch gewordene Gott, auf die Erde kam, um die Sünden der Welt zu vergeben und die Menschen mit Gott zu versöhnen. Auf was für einer Basis kann jemand behaupten, dass Gott in Christus in die Geschichte eingegriffen hat? Die letztliche Quelle ist die Bibel.

Erfahrung und Gefühle können wahr scheinen und doch falsch sein. Allein die vom Schöpfer und Erhalter des Alls selber kommende Offenbarung kann uns ein Wissen geben, das zwar hinterfragt, aber niemals entkräftet werden kann.

Welchem Buch vertraue ich?

Islam wie Christentum behaupten, Gottes Wort zu besitzen. Nach dem auf Aristoteles zurückgehenden logischen Prinzip vom verbotenen Widerspruch (d. h. das Wort Gottes kann nicht gleichzeitig *nicht* das Wort Gottes sein) und dem Prinzip vom ausgeschlossenen Dritten (eine Eigenschaft wird einem Gegenstand stets entweder zu- oder abgesprochen, ein Drittes gibt es nicht) ergeben sich hier drei Möglichkeiten:

- Der Koran ist das Wort Gottes.
- Die Bibel ist das Wort Gottes.
- Weder Koran noch Bibel sind das Wort Gottes.

Der Koran und die Bibel können nicht beide das Wort Gottes sein, weil Gott nicht zu verschiedenen Zeitpunkten der Geschichte verschiedene, einander widersprechende Dinge lehrt. Bibel und Koran sind in ihren Kernaussagen einander widerstreitend. Der tolerante Postmodernist behauptet zwar, dass beide Bücher göttlich seien, weil sie beide ein Stückchen Wahrheit enthielten. Aber wenn Gott nicht lügt, es sich nicht anders überlegt und keine Fehler macht – sonst wäre er nicht mehr Gott –, kann es nicht sein, dass beide Bücher göttlich sind. Wenn Gott nicht mehr Gott ist, sind jegliche Diskussionen über Erlösung, Himmel und Hölle sinnlos, weil es keine verbindlichen Aussagen Gottes gibt.

Die Bibel spricht für sich selber

Ein Christ, der das Vorrecht hat, zu einem Muslim über seinen Glauben zu sprechen, sollte darlegen können, dass die Bibel sich selber für vollkommen vertrauenswürdig erklärt. Sie tut dies an drei Stellen, die jeder Christ auswendig können sollte:

Erstens glaubte Jesus selber, dass die Worte des Alten Testaments von Gott eingegeben waren und nicht verfälscht werden konnten (Matthäus 5,17–18).

Zweitens glaubte der Apostel Paulus, dass die Worte der Bibel aus dem Munde Gottes selber kamen (2. Timotheus 3,16).

Und drittens glaubte der Apostel Petrus, dass der Heilige Geist den Verfassern der Bibel genau eingab, was sie zu schreiben hatten (2. Petrus 1,20–21).

Diese Verse an sich werden natürlich niemanden von der Wahrheit der Bibel überzeugen, aber sie geben uns einen Ausgangspunkt für das Gespräch. Ein Christ, der noch nicht einmal weiß, was die Bibel über sich selbst aussagt, befindet sich in einer denkbar schlechten Position. Wir Christen haben die Aufgabe, unseren Glauben weise und auf der Grundlage der Bibel darzustellen (vgl. 1. Petrus 3,15). Die meisten „Christen“, die zum Islam konvertieren, kennen den christlichen Glauben gar nicht. Ob die biblischen Argumente nun den Muslim überzeugen oder nicht – sie stärken auf jeden Fall das Herz des Christen. Die Bibel ist entweder absolut oder obsolet. Entweder sie schützt den Gläubigen vor Irrlehre, oder sie schließt die Tür zum Willen Gottes.

Die Bibel aus einer muslimischen Perspektive

Viele Christen lesen nur Bücher, die von Glaubensgenossen verfasst sind. Dabei könnten sie viel aus den Korankommentaren lernen. Der Koran enthält viele Verse, die die Bibel in einem positiven Licht sehen. Sure 3,70–71 z. B. unterstellt den Christen, dass sie in der Bibel ein Stück Wahrheit finden:

> O Volk der Schrift, weshalb verleugnet ihr die Zeichen Allahs, wo ihr sie doch bezeugt? O Volk der Schrift, weshalb kleidet ihr die Wahrheit in Lüge und verbergt die Wahrheit wider euer Wissen?

Mohammed glaubte, dass der Text der Bibel ursprünglich die Wahrheit enthielt, aber dass die christliche Auslegung ihn verfälscht hatte:

> Und siehe, wahrlich ein Teil ist unter ihnen, der mit seinen Zungen die Schrift verkehrt, damit ihr es für einen Teil der Schrift haltet, während es nicht zur Schrift gehört. Und sie sprechen: „Es ist von Allah"; jedoch ist es nicht von Allah, und sie sprechen eine Lüge wider Allah, obwohl sie es wissen. (Sure 3,78)

Die falschen Lehren, so Mohammed, kommen von Juden, die ihr eigenes Altes Testament nicht gelesen haben:

> Unter ihnen gibt's auch Ungelehrte, welche die Schrift nicht kennen, sondern nur Phantasien und nur Vermutungen haben. (Sure 2,78)

Damit steht aber der Muslim, der die Evangelien oder das „Volk der Schrift" hochhält, vor einem Dilemma: Wie kann er die in Ehren halten, die die Worte Gottes verfälscht haben? Ist nicht jemand, der das geschriebene Wort Gottes verfälscht, der schlimmste Ungläubige? Der Muslim kann nicht beides haben. Entweder die Christen tun als „Volk der Schrift“ Recht daran, der Bibel zu folgen, wie sie über die Jahrtausende überliefert ist, oder sie haben die Offenbarung Gottes verfälscht – die größte Katastrophe in der Geschichte der Menschheit und der Religion.

Mohammed und die Reinheit der Bibel

Der beunruhigendste Koranvers für den Muslim ist die Sure 10,94, und jeder Christ, der seinen Glauben einem Muslim bezeugen möchte, sollte sie auswendig kennen:

> Und so du in Zweifel bist über das, was Wir zu dir hinabsandten,
> so frage diejenigen, welche die Schrift vor dir lasen. Wahrlich,
> gekommen ist zu dir die Wahrheit von deinem Herrn;
> drum sei keiner der Zweifler.

Hier stellt Mohammed die Wahrheit seiner eigenen Worte auf eine Stufe mit der Wahrheit der Bibel, wie sie im 7. Jahrhundert vorlag. Was heißt das?

1. Wenn die damalige Bibel dieselbe war wie die heutige, steht jede Behauptung, dass sie verfälscht sei, in Widerspruch zu den Worten Mohammeds, der doch die endgültige Offenbarung Allahs an die Welt empfangen haben wollte. Hätte Mohammed wohl von seinen Anhängern verlangt, eine verfälschte Version des Neuen Testaments anzunehmen?
2. Das Neue Testament zur Zeit Mohammeds ist in der Tat das gleiche wie das heutige und basiert auf Manuskripten, die bereits Jahrhunderte vor Mohammed vorlagen.

Nach der Logik von Sure 10,94 sind die Muslime also dazu aufgerufen, die Wahrheit der heutigen Bibel anzuerkennen.[1]
Ein Christ, der mit der Lehre von der Offenbarung vertraut ist, kann dem Muslim die Worte aus seinem eigenen Koran vorhalten und damit

eine Basis schaffen, auf der man über schwierigere Lehren, wie etwa die der Dreieinigkeit, sprechen kann. Eine gewisse Vertrautheit mit dem Koran ist auch eine der besten Methoden, ein offenes Ohr bei Muslimen zu bekommen. Die meisten Muslime glauben (durchaus zu Recht!), dass die Christen noch nie einen Koran in der Hand gehabt, geschweige denn ihn gelesen haben. Der Christ, dem es wirklich um das Seelenheit des Muslims geht, wird versuchen, sich in sein Denken hineinzuversetzen.

Intellektuelle Ehrlichkeit

Das Gesetz vom verbotenen Widerspruch ist ein einfaches Gesetz. Es besagt schlicht, dass etwas nicht das sein kann, was es nicht ist. Eine Rose z. B. kann nicht *nicht* eine Rose sein; alles andere wäre ein Widerspruch in sich selbst. Dieses logische Gesetz geht auf den griechischen Philosophen Aristoteles (384–322 v. Chr.) zurück, den Lehrer Alexanders des Großen, der von Christen wie Muslimen als einer der größten Denker der Geschichte anerkannt wird. Im Goldenen Zeitalter des Islam hatten die Werke des Aristoteles einen Ehrenplatz in der berühmten Bibliothek in Bagdad.

Auf die Religion angewendet, bedeutet das Gesetz vom verbotenen Widerspruch, dass das Wort Gottes nicht *nicht* das Wort Gottes sein kann. Folglich kann der Christ den Koran benutzen, um die Wahrheit der Bibel zu demonstrieren. Denn der Koran sagt, dass die Bibel das Wort Gottes ist:

> Wünscht ihr, dass sie euch Glauben schenken? Aber ein Teil von ihnen hat Allahs Wort vernommen und verstanden und hernach wissentlich verkehrt. (Sure 2,75)

Nach dem Koran kann die Bibel nicht nicht das Wort Gottes sein.

> Siehe, Wir sandten die Warnung herab, und siehe, Wir wollen sie hüten. (Sure 15,9)

Wenn die Bibel aber Gottes Wort ist, kann sie nicht nachträglich verändert worden sein. Falls sie verändert wurde, dann war sie überhaupt nie das Wort Gottes – etwas, das in der Lehre des Islam undenkbar ist. Wie kann das Wort Gottes von Menschen verfälscht werden? Sind sie etwa größer als ihr Schöpfer? Oder hat der Schöpfer aus irgendeinem Grunde, den wir nicht kennen, die Verfälschung zugelassen?

Das Ende des biblischen und religiösen Analphabetentums

Viele Jahre lang hat der durchschnittliche Christ seine Bibel nicht gekannt, nicht gelesen und nicht befolgt. Der Dialog mit den Muslimen könnte hier positive Auswirkungen haben. In seinem frommen muslimischen Nachbarn oder Kollegen wird der Christ mit einem Rivalen konfrontiert, der seine heilige Schrift kennt und ihr gehorcht. Gut, es gibt auch viele Muslime, die blinde Mitläufer sind, aber noch mehr, die ihren Glauben und seine Praxis ernst nehmen.

Die Begegnung mit intelligenten Menschen, denen der Glaube an Gott nicht gleichgültig ist, sollte die Christen aus ihrem biblischen und theologischen Tiefschlaf aufwecken. Vielleicht lernen sie es, wieder selber ihre Bibel zu öffnen und zu lesen, anstatt auf die nächste Sonntagspredigt ihres Pastors zu warten.

Wenn die Christen sich nicht endlich aufraffen und neu nach der Wahrheit suchen – nach dem Evangelium des gekreuzigten und auferstandenen Heilands Jesus Christus –, sind die Muslime im Recht, wenn sie mit dem Finger auf die Dekadenz des ehemals christlichen Abendlandes zeigen. Doch der Christ, dem die Seele und das Herz seines muslimischen Nächsten ein Anliegen ist, wird bei ihm ein offenes Ohr finden. Die Wahrheit bleibt gültig!

Anhang A

Sachindex zum Koran

Es gibt Konkordanzen zum Koran, doch die meisten enthalten nur die arabischen Ausdrücke. Das folgende Sachregister, das wir aus vielen Quellen zusammengestellt haben, soll Christen den Zugang zum Koran erleichtern. Das Register erhebt keinen Anspruch auf Vollständigkeit. Die Zahlenangaben beziehen sich auf die Suren und deren Abschnitte, in der Zählung der Ausgabe von Max Henning (Reclam).

Anhang B

Freier Wille, Fatalismus und der Koran

Freier Wille

Sure 76,29:
Siehe, dies ist eine Ermahnung, und wer da will, der nimmt zu seinem Herrn einen Weg.
Kontext von Sure 76,29:
Dieses Passage wird von dem ihr folgenden Vers erklärt: „Doch könnt ihr nicht wollen, es sei denn, dass Allah will.“ Hieraus folgt, dass ein Mensch, der Böses tut, Allahs Willen ausführt.

Sure 4,26:
Allah will euch dies kundtun und will euch nach der Weise derer, die vor euch lebten, leiten und sich zu euch kehren. Und Allah ist wissend und weise.
Kontext von Sure 4,26:
Diese Verheißung der Leitung gilt nur für die an Allah Gläubigen, nicht für „jene, die den Lüsten folgen“ (4,27). Wieder ist die Güte Allahs selektiv und nicht universal wie im Christentum (Johannes 3,16).

Sure 5,6:
Allah will euch keine Last auflegen, jedoch will Er euch reinigen und Seine Gnade an euch vollenden; vielleicht seid ihr dankbar.
Kontext von Sure 5,6: Dies ist eine weitere Verheißung, die nur den Gläubigen („ihr, die ihr glaubt") gilt. Allahs Gnade gilt nur denen, die er auserwählt hat, und nicht allen Menschen.

Sure 33,33:
Siehe, Allah will von euch als den Hausleuten den Greuel nehmen und euch völlig reinigen.
Kontext von Sure 33,33:
Diese Passage bezieht sich auf das „Haus" (die Anhänger) des Propheten und ist nicht eine universale Verheißung für alle Muslime, geschweige denn für die ganze Welt.

Fatalismus

Sure 6,35:
Und so Allah wollte, so versammelte Er sie unter der Leitung; drum sei keiner der Unwissenden.
Kontext von Sure 6,35:
In der islamischen Theologie ist Allah allmächtig und allwissend. Aber er gibt nicht allen Menschen seine Leitung. Dies ist der Schlüsselvers zum Verständnis des Willens und Wirkens Allahs.

Sure 10,25:
Und Allah lädt ein zur Wohnung des Friedens und leitet, wen Er will, auf einen rechten Pfad.
Kontext von Sure 10,25:
Noch gefährlicher wird der Fatalismus dadurch, dass Allahs Gnade zum Teil von den guten Werken der Menschen abhängt. Allah will die, die Böses tun, *nicht* auf einen rechten Pfad leiten. Was die „Wohnung des Friedens" betrifft, so erklärt der Hadith: „Ein Engel wird zu ihm [im Mutterleib] gesandt und erhält vier Befehle bezüglich seines Lebensunterhalts, der Dauer seines Lebens und ob er elend oder glücklich sein wird."

Sure 6,125:
Und wen Allah leiten will, dem weitet Er seine Brust für den Islam, und wen Er irreführen will, dem macht Er die Brust knapp und eng, als wollte er den Himmel erklimmen. Also straft Allah die Ungläubigen.

Kontext von Sure 6,125:
Obwohl die muslimischen Theologen den Leser des Korans immer wieder an seine Verantwortung erinnern, demonstriert dieser Vers eindeutig, dass Allah manche Menschen in die Irre gehen lassen will, obwohl er dies nicht müsste. Im Christentum will Gott, dass alle, wie böse sie auch sind, gerettet werden (2. Petrus 3,9). Ein früher muslimischer Gelehrter, Ibn Hazm, schrieb: „Nichts ist gut, außer weil Allah es so gemacht hat, und nichts ist böse, außer durch Seinen Willen.“

ANHANG C

Christentum und Islam: Ein Vergleich der Grundlehren

Gott und Allah: Das Wesen Gottes

■ *Gott ist ewig und ändert sich nicht* Alle gute Gabe und alle vollkommene Gabe kommt von oben herab, von dem Vater des Lichts, bei dem keine Veränderung ist noch Wechsel des Lichts und der Finsternis. (Jakobus 1,17)	■ *Allah ändert sich* Was Wir auch an Versen aufheben oder in Vergessenheit bringen, Wir bringen bessere oder gleiche dafür. Weißt du nicht, dass Allah über alle Dinge Macht hat? (Sure 2,106)
■ *Gott liebt völlig* Denn also hat Gott die Welt geliebt, dass er seinen eingeborenen Sohn gab, damit alle, die an ihn glauben, nicht verloren werden, sondern das ewige Leben haben. (Johannes 3,16)	■ *Allahs Zuneigung ist veränderlich* Und hätten Wir gewollt, wahrlich, Wir hätten jeder Seele ihre Leitung gegeben; jedoch soll das Wort von Mir wahr werden: „Wahrlich, erfüllen will Ich Dschahannam mit Dschinn und Menschen allzumal.“ (Sure 32,13)

■ *Gott ist ein Gott in drei Personen*

Jesus antwortete: Wenn ich mich selber ehre, so ist meine Ehre nichts. Es ist aber mein Vater, der mich ehrt, von dem ihr sagt: Er ist unser Gott. (Johannes 8,54)
Denn in ihm wohnt die ganze Fülle der Gottheit leibhaftig. (Kolosser 2,9; vgl. Johannes 1; Johannes 8,58)
Petrus aber sprach: Hananias, warum hat der Satan dein Herz erfüllt, dass du den heiligen Geist belogen ... hast? ... Du hast nicht Menschen, sondern Gott belogen. (Apostelgeschichte 5,3–4)

■ *Allah ist Einer; die Trinität ist Gotteslästerung*

Wahrlich, ungläubig sind,
die da sprechen: „Siehe, Allah ist ein Dritter von drei."
Aber es gibt keinen Gott
denn einen einigen Gott.
(Sure 5,73)

■ *In dem dreieinigen Gott sind die Personen des Vaters, des Sohnes und des Heiligen Geistes.*

Darum gehet hin und macht
zu Jüngern alle Völker:
Tauft sie auf den Namen
des Vaters und des Sohnes
und des heiligen Geistes.
(Matthäus 28,19)

■ *Die christliche Trinität beinhaltet drei Götter: der Vater, die Mutter (Maria) und der Sohn (Jesus).*

Und wenn Allah sprechen wird:
„O Jesus, Sohn der Maria, hast du zu den Menschen gesprochen:
‚Nehmet mich und meine Mutter als zwei Götter neben Allah an?'"
... (Sure 5,116)

Der Jesus (Jeschua) der Bibel und der Isa (Jesus) der Korans	
Er ist der ewige, unerschaffene Gott Und er ist vor allem, und es besteht alles in ihm. (Kolosser 1,17)	*Er ist ein erschaffenes menschliches Wesen* Siehe, Jesus ist vor Allah gleich Adam; Er erschuf ihn aus Erde ... (Sure 3,59) Und um jene zu warnen, die da sprechen, Allah habe einen Sohn gezeugt, ... Sie sprechen nichts als Lüge. (Sure 18,4–5)
Er ist HERR, der einzige Weg zu Gott Jesus spricht zu ihm: Ich bin der Weg und die Wahrheit und das Leben; niemand kommt zum Vater denn durch mich. (Johannes 14,6)	*Er ist einer von Allahs Gesandten* O Volk der Schrift, überschreitet nicht euern Glauben und sprechet von Allah nur die Wahrheit. Der Messias Jesus, der Sohn der Maria, ist der Gesandte Allahs ... (Sure 4,171)
Seine Kreuzigung war ein Opfertod zur Sühne unserer Sünden Denn ich hielt es für richtig, unter euch nichts zu wissen als allein Jesus Christus, den Gekreuzigten. (1. Korinther 2,2) In ihm haben wir die Erlösung durch sein Blut, die Vergebung der Sünden, nach dem Reichtum seiner Gnade. (Epheser 1,7)	*Jesus wurde nur scheinbar gekreuzigt* Und weil sie sprachen: „Siehe, wir haben den Messias Jesus, den Sohn der Maria ... ermordet" – doch ermordeten sie ihn nicht und kreuzigten ihn nicht, sondern einen ihm ähnlichen ... (Sure 4,157)

Jesus und Mohammed

■ *Jesus ist der ewige Gottessohn*
Und das Wort ward Fleisch und wohnte unter uns, und wir sahen seine Herrlichkeit, eine Herrlichkeit als des eingeborenen Sohnes vom Vater, voller Gnade und Wahrheit. (Johannes 1,14)

■ *Mohammed war nur ein Prophet*
Und Muhammad ist nur ein Gesandter; schon vor ihm gingen die Gesandten dahin. (Sure 3,144)

■ *Jesus kannte die Gedanken der Menschen*
Und alle Gemeinden sollen erkennen, dass ich es bin, der die Nieren und Herzen erforscht ... (Offenbarung 2,23)

■ *Mohammed kannte nicht die Gedanken der anderen*
Und nicht spreche ich zu euch: „Bei mir sind Allahs Schätze“; auch nicht: „Ich weiß das Verborgene“. (Sure 11,31)

■ *Jesus ist unser Fürsprecher beim Vater*
Meine Kinder, dies schreibe ich euch, damit ihr nicht sündigt. Und wenn jemand sündigt, so haben wir einen Fürsprecher bei dem Vater, Jesus Christus, der gerecht ist. Und er ist die Versöhnung für unsre Sünden, nicht allein aber für die unseren, sondern auch für die der ganzen Welt. (1. Johannes 2,1–2)

■ *Mohammed ist kein Fürsprecher*
Bitte um Verzeihung für sie oder bitte nicht um Verzeihung für sie; ob du auch siebzig Mal um Verzeihung für sie bätest, so wird ihnen doch Allah nimmer verzeihen. Solches, darum dass sie nicht glaubten an Allah und Seinen Gesandten; und Allah leitet nicht die Frevler. (Sure 9,80)

■ *Jesus verbot seinen Jüngern, ihn mit dem Schwert zu verteidigen*
Da sprach Jesus zu ihm: Stecke dein Schwert an seinen Ort! Denn wer das Schwert nimmt, der soll durchs Schwert umkommen. (Matthäus 26,52)

■ *Mohammed forderte dazu auf, das Schwert zu gebrauchen*
O du Prophet, feuere die Gläubigen zum Kampfe an; sind auch nur zwanzig Standhafte unter euch, sie überwinden zweihundert, und so unter euch hundert sind, so überwinden sie tausend der Ungläubigen, dieweil sie ein Volk ohne Einsicht sind. (Sure 8,65)

■ *Jesus lehrte die Vergebung*
Ihr habt gehört, dass gesagt ist: »Auge um Auge, Zahn um Zahn.« Ich aber sage euch, dass ihr nicht widerstreben sollt dem Übel, sondern: wenn dich jemand auf deine rechte Backe schlägt, dem biete die andere auch dar. (Matthäus 5,38–39)

■ *Mohammed lehrte Rache*
Der heilige Monat – für den heiligen Monat und (für) die heiligen Stätten Vergeltung! Wenn sich einer wider euch erhebt, erhebt euch wider ihn, so wie er sich wider euch erhob. (Sure 2,194)

■ *Jesus war ohne Sünde*
Denn dazu seid ihr berufen, da auch Christus gelitten hat für euch und euch ein Vorbild hinterlassen, dass ihr sollt nachfolgen seinen Fußtapfen; er, der keine Sünde getan hat und in dessen Mund sich kein Betrug fand. (1. Petrus 2,21–22)

■ *Mohammed war ein Sünder*
Sprich: „Ich bin nur ein Mensch wie ihr; geoffenbart ward mir, dass euer Gott ein einiger Gott ist. Und wer da hofft, seinem Herrn zu begegnen, der wirke ein rechtschaffen Werk, und bete niemand neben seinem Herrn an." (Sure 18,110)

Erlösung

■ *Der Mensch ist von Natur ein Sünder*
Sie sind allesamt Sünder und mangeln des Ruhmes, den sie bei Gott haben sollten. (Römer 3,23) Deshalb, wie durch einen Menschen die Sünde in die Welt gekommen ist und der Tod durch die Sünde, so ist der Tod zu allen Menschen durchgedrungen, weil sie alle gesündigt haben. (Römer 5,12)

■ *Der Mensch wird nicht als Sünder geboren, sondern durch seine Missetaten zum Sünder.*
Und keine lasttragende Seele trägt die Last einer anderen. Und wenn eine Schwerbeladene (zum Mittragen) ihrer Last aufruft, wird nichts davon (für sie) getragen, und ginge es auch dabei um einen Verwandten. Du kannst nur die warnen, die ihren Herrn im Verborgenen fürchten und das Gebet verrichten. (Sure 35,18)

Jesus ist der einzige Weg zum Heil
... und werden ohne Verdienst gerecht aus seiner Gnade durch die Erlösung, die durch Christus Jesus geschehen ist. Den hat Gott für den Glauben hingestellt als Sühne in seinem Blut zum Erweis seiner Gerechtigkeit, indem er die Sünden vergibt, die früher begangen wurden in der Zeit seiner Geduld, um nun in dieser Zeit seine Gerechtigkeit zu erweisen, dass er selbst gerecht ist und gerecht macht den, der da ist aus dem Glauben an Jesus. (Römer 3,24–26)

Jesus war nur ein Diener Allahs
Er [der neugeborene Jesus] sprach: „Siehe, ich bin Allahs Diener. Gegeben hat Er mir das Buch, und Er machte mich zum Propheten.“ (Sure 19,30)

Gottes Angebot der Erlösung gilt allen
Denn »wer den Namen des Herrn anrufen wird, soll gerettet werden«. (Römer 10,13)

Allah bestimmt vorher, wer gerettet wird
Er verzeiht, wem Er will, und straft, wen Er will; und Allah ist mächtig über alle Dinge. (Sure 2,284)

Erlösung ist Gottes Gnadengeschenk
Denn aus Gnade seid ihr selig geworden durch Glauben, und das nicht aus euch: Gottes Gabe ist es, nicht aus Werken, damit sich nicht jemand rühme. (Epheser 2,8–9)

Erlösung beruht auf unseren Werken
Siehe, die guten Werke vertreiben die bösen. (Sure 11,114)

Die Erlösten haben Heilsgewissheit
... und ich gebe ihnen das ewige Leben, und sie werden nimmermehr umkommen, und niemand wird sie aus meiner Hand reißen. (Johannes 10,28)

Heilsgewissheit gibt es nur im Djihad
Und wahrlich, so ihr im Wege Allahs erschlagen werdet oder sterbet, wahrlich, Verzeihung von Allah und Barmherzigkeit ist besser, als was ihr zusammenscharrt. (Sure 3,157)

Gott zwingt niemandem das Heil auf	*Allah zwingt dazu, ihn anzubeten*
Kommt her zu mir, alle, die ihr mühselig und beladen seid; ich will euch erquicken. Nehmt auf euch mein Joch und lernt von mir; denn ich bin sanftmütig und von Herzen demütig; so werdet ihr Ruhe finden für eure Seelen. Denn mein Joch ist sanft und meine Last ist leicht. (Matthäus 11,28–30)	Und bekämpfet sie, bis die Verführung aufgehört hat, und der Glaube an Allah da ist. (Sure 2,193) Kämpft wider jene von denen, welchen die Schrift gegeben ward, die nicht glauben an Allah und an den Jüngsten Tag und nicht verwehren, was Allah und Sein Gesandter verwehrt haben, und nicht bekennen das Bekenntnis der Wahrheit, bis sie den Tribut aus der Hand gedemütigt entrichten. (Sure 9,29)

Anhang D

Glossar arabischer islamischer Wörter und Begriffe

A. H. „Anno Hidjra", Jahr der Flucht Mohammeds von Mekka nach Medina (622 n. Chr.).
Abu Bakr Reicher Händler aus Mekka, einer der ersten Konvertiten zum Islam.
Aisha Tochter Abu Bakrs und Mohammeds jüngste Frau.
al-Fara'id Erbrecht
al-Jana'iz Begräbnis
Ali Schwiegersohn und Vetter Mohammeds; 4. Kalif; erster von den Schiiten anerkannter Kalif.
Allah Gottesname im Islam
Allahu akbar „Allah ist größer."
Ayat Vers im Koran
Ayatollah „Zeichen Allahs". Höchster Rang der schiitischen Muslime.
Baraka Segen
Bismillah „Im Namen Allahs". Eingangsformel des rituellen Gebets.
Chadidja Die erste Frau Mohammeds
Din Glaube, Religion
Dhu l-Hidja Feiertag, „Tag von Arafat"
Djihad Heiliger Krieg

Djinn	Wesen zwischen Himmel und Erde, erschaffen aus rauchloser Flamme
'Id al-Adha	Einer der beiden islamischen Hauptfeiertage – „Opferfest"
'Id al-Fitr	Der zweite der Hauptfeiertage – Fastenbrechen im Ramadan
Fana'	Sufi-Ausdruck für das „Vergehen" des Ichs und die Vereinigung mit Allah.
Fatima	Tochter Mohammeds, Ehefrau Alis
Fatwa	Religiöser Erlass, Rechtsgutachten
Fiqh	Jurisprudenz
Ghusl	Große Waschung vor dem Gebet
Hadith	„Geschichte". Sammlung von Aussprüchen und Beispielen Mohammeds; nach dem Koran die höchste Autorität für den Muslim.
Hadj	Pilgerfahrt nach Mekka, die jeder Muslim einmal im Leben unternehmen sollte. Eine der „fünf Säulen" des Islam.
Hafiz	Jemand, der den Koran auswendig lernt
Hidjra	Mohammeds Flucht von Mekka nach Medina 622 n. Chr. Offizieller Beginn des Islam als Religion und Jahr Null des islamischen Kalenders.
Ibada	Anbetung; gottesdienstliche Riten
Iblis	Koran-Name für den Satan (Teufel).
Iftar	Abendmahlzeit im Ramadan
Idjma	Konsens der islamischen Rechtsgelehrten
Idjtihad	Persönliche Meinung zu Gesetz und Ethik
Imam	Vorbeter; geistlicher Führer in der Moschee vor Ort
Indjil	Evangelium, steht für das ganze Neue Testament
Isa	Arabisch für *Jesus* im Koran
Islam	„Unterwerfung" unter den Willen Allahs
Ismael	Sohn Abrahams durch Saras Magd Hagar. Ismael ist der legendarische Ahnherr Mohammeds, Vater der Araber.
Ka'aba	„Haus Allahs", ein rechteckiges Gebäude in Mekka mit dem schwarzen Stein; Gebetsrichtung der Muslime. Es soll von Abraham und Ismael erbaut worden sein.
Kafir	Ungläubiger
Kalif	Nachfolger, Stellvertreter; Titel der islamischen Führer nach Mohammed
Kismet/ Qadar	Fatalistische Lehre, dass alles, Gutes wie Böses, von Allah kommt und im voraus festgelegt ist.
Koran	Die gesammelten Texte der Offenbarung Allahs an Mohammed, die einem im Himmel aufbewahrten Original entsprechen sollen.

Lailat al-Qadr „Nacht der Macht". 27. Nacht des Ramadan. In ihr soll Mohammed die ersten Verse des Korans erhalten haben.
Madrasa Islamische religiöse Schule
Mahabba „Liebe Allahs" (Sufismus)
Mahdi Kommender Weltherrscher in der islamischen Eschatologie, entrückter Imam der Schiiten.
Medina Zweitheiligste Stadt des Islam, in die Mohammed 622 n. Chr. auswanderte.
Mekka Geburtsort Mohammeds in Saudi-Arabien und heiligste Stadt des Islam; Ziel der Hadj.
Minarett Gebetsturm von Moscheen, von dem aus der Muezzin zum Gebet aufruft.
Mohammed Im Islam Allahs größter u. endgültiger Prophet, „Siegel der Propheten".
Moschee Islamisches Gottesdiensthaus
Mu'amalat Werke
Mudjahid Muslim, der im Djihad kämpft.
Muezzin Gebetsrufer, der fünf Mal täglich zu den rituellen Gebeten aufruft.
Muharram 1. Monat im islamischen Kalender
Muslim „Der sich Allah unterwirft." Bezeichnung für einen Anhänger des Islam.
Nabi Prophet
Nikah Ehe
Umar Zweiter Kalif
Uthman Dritter Kalif, der alle Versionen des Korans bis auf eine vernichten ließ.
Qadar s. Kismet
Ramadan 9. Monat im islamischen Mondkalender; Fastenmonat, der an die Offenbarung des Korans an Mohammed erinnert.
Rasul „Allahs Gesandter". Allgemeine Bezeichnung für die Propheten, darunter Adam, Noah, Abraham, Mose, Jesus, Mohammed.
Salam Friede, arabischer Friedensgruß
Salat Rituelles Gebet
Sawm Fasten während des Ramadans. Einer der „fünf Pfeiler".
Scharia Islamisches Gesetz
Schiite „Anhänger Alis". Muslime, die glauben, dass Ali der rechtmäßige Nachfolger Mohammeds war.
Shahada Das Glaubensbekenntnis des Islam: „Es ist kein Gott außer Allah, und Mohammed ist sein Gesandter."

Shirk	Götzendienst, „Beigesellung“
Suhur	Im Ramadan die Morgenmahlzeit vor Sonnenaufgang
Sunna	Lebensweise, Beispiel Mohammeds
Sunni	„Volk des Weges“. Anhänger der ersten 3 Kalifen als der Nachfolger Mohammeds. Kalif wird von den Muslimen gewählt, nicht Abstammungsprinzip der Schiiten.
Sure	Kapitel im Koran
Tafsir	Kommentar zum Koran
Tahajud	Abendgebet
Tahrif	Lehre, dass die Bibel verfälscht ist
Tariqa	Innerer Weg der Meditation in Allah (Sufismus)
Tawhid	Allahs totale Einheit; Leugnung der Trinität
Tayammum	Abreiben der Hände und Füße mit Sand, als Ersatz für die rituelle Waschung vor dem Gebet bei Wassermangel.
Ulama	Islamische Gelehrte oder Theologen
Wudu	Waschung vor dem islamischen Gebet
Zakat	Almosengeben. Muslime haben ein Vierzigstel ihres Einkommens als Almosen zu geben.
Zawadj al-Mut'a	Zeitlich begrenzte Ehe (nur bei Schiiten)

Als deutsche Koran-Ausgaben sind zu empfehlen:

Der Koran. Aus dem Arabischen übersetzt von Max Henning. Einleitung und Anmerkungen von Annemarie Schimmel, Stuttgart (Reclam-Verlag) 1991.

Der Koran. Übersetzung von Adel Theodor Khoury. Unter Mitwirkung von Muhammad Salim Abdullah. Mit einem Geleitwort von Inamullah Khan. Gütersloh (Gütersloher Verlagshaus) 3. Auflage 2001.

Anmerkungen

Einleitung

[1] Alle Bin Laden-Zitate nach dem Video, das im Dezember 2001 von der US-Regierung freigegeben wurde. Die englische Übersetzung und Anmerkungen wurden unabhängig voneinander von George Michael (Übersetzer im Diplomatischen Sprachendienst) und Dr. Kassem M. Wahba (Koordinator für Arabisch an der School of Advanced International Studies, John Hopkins University) vorbereitet. Die Herren Michael und Wahba arbeiteten bei ihrer Übersetzung zusammen und verglichen sie dann mit den Übersetzungen offizieller Regierungsstellen. Es gab keine Widersprüche und Unstimmigkeiten.
Achtung: Verzeichnis und Erklärung arabisch-islamischer Begriffe siehe S. 245ff..

[2] Aus der zweiten Aufnahme aus dem Band, die unbestimmte Zeit nach der ersten erfolgte.

[3] *World Tribune*, Washington, D.C., 19. Dezember 2001, A1.

[4] Die Koranzitate in diesem Buch folgen der Übersetzung von Max Henning (*Der Koran*, Stuttgart: Reclam, durchgesehene und verbesserte Ausgabe 1991). Man beachte jedoch, dass für jeden Muslim die einzige gültige Version des Korans der arabische Originaltext ist; alle Übersetzungen gelten nur als *Auslegungen* der heiligen Schrift, wie sie Muhammad geoffenbart wurde.

1. Sicherheit, Politik und Heiliger Krieg

[1] Zur Übersetzung der Hadith-Passagen: Eine deutsche Gesamtausgabe des Hadith (der muslimischen Überlieferungen von Taten und Aussprüchen Mohammeds und seiner Gefährten) gibt es nicht. Die vorhandenen Teilsammlungen (z. B. Sahih al-Bukhari, *Nachrichten von Taten und Aussprüchen des Propheten Muhammad*, Stuttgart: Reclam, 1991, und Adel Theodor Khoury, *So sprach der Prophet*, Gütersloh: Gütersloher Verlagshaus, 1988) konzentrieren sich auf Passagen zu Einzelfragen der islamischen Lebenspraxis.
Wo diese Ausgaben verwendet werden konnten, sind sie in Klammern angegeben. Ansonsten sind die Hadith-Passagen in diesem Buch aus dem Englischen übersetzt.

[2] Ironischerweise erklärte Mohammed andererseits das Trinken von Kamelurin zu einem Heilmittel. „Der Prophet befahl ihnen, seinen Kamelen zu folgen und ihre Milch und Urin zu trinken. So folgten sie den Kamelen und tranken ihre Milch und Urin, bis ihre Leiber gesund wurden.“ (Hadith 7,590)

[3] Mushaf Al-Madinah An-Nabawiyah, Übersetzung und Kommentar, *The Holy Quran*, 1024.

[4] Timothy Abraham, „In the Valley of Tears“ (www.answering-islam.org, besucht am 26. November 2001).

[5] Ebd. Timothy und die Autoren sind gute Freunde geworden.
Es ist uns ein Vorrecht, sein Zeugnis für dieses Buch benutzen zu dürfen.

2. Mohammed: Der militante Bote

[1] „Gattinnen“: Wörtlich „Gefährtinnen (der Reinheit)“. Die Ehefrauen Mohammeds waren außergewöhnliche Frauen, die aufgrund ihrer Ehe mit dem Propheten besondere Pflichten hatten.

[2] Ibn Ishâq, *Das Leben des Propheten* (Goldmann Verlag, 1. Aufl. 1988), S. 43f.

[3] Vgl. M. H. Haykal, *Life of Muhammad* (Plainfield, Ind.: American Trust Publications, 1976), S. 80.

[4] Haykal, S. 337.

[5] Haykal, S. 496.

[6] Norman Geisler und Abdul Saleeb, *Answering Islam: The Crescent in the Light of the Cross* (Grand Rapids: Baker, 1993), S. 193.

[7] Geisler und Saleeb, S. 157.

[8] Haykal, S. 238.

[9] Haykal, S. 298. Siehe auch Geisler und Saleeb, *Answering Islam*, S. 176. Hervorhebung im Zitat von uns.

[10] Einige Übersetzungen haben statt „schlagt sie“ „schlagt sie mäßig“, was jedoch keine Stütze im Text hat. Auch hier hat ein mehrdeutiger Text zu viel Ungerechtigkeit geführt.

[11] Vgl. Sahih al-Bukhari, *Nachrichten von Taten und Aussprüchen des Propheten Muhammad* (Stuttgart: Reclam, 1991), S. 349, und Adel Theodor Khoury, *So sprach der Prophet* (Gütersloh: Gütersloher Verlagshaus, 1988), Nr. 481.

[12] Haykal, S. 154.

[13] Fahd, *Holy Quran,* S. 1254 (Fußnote 3723).

[14] Betty Kelen, *Muhammad: The messenger of God* (e-reads, 1975), S. 207.

[15] Caesar E. Farah, *Islam, Beliefs and Observances* (Hauppauge, N.Y.: Barrons Educational Services, 2000), S. 58.

[16] Zitiert in Geisler und Saleeb, *Answering Islam*, S. 84.

3. Die Geschichte des Islam: Eine blutige Spur

[1] George und Alec Gallup, „American Teens Need a History Lesson“, 5. Mai 2000; www.gallup.com/poll/releases/pr000505.asp; besucht am 17. Dez. 2001.

[2] Bernard Lewis, „The Roots of Muslim Rage“, *The Atlantic Monthly* 266.3 (September 1990), S. 47–60.

[3] Ebd., S. 49.

[4] *Behind the Veil;* www.answering-islam.de/Behind/Veil; besucht am 17. Dezember 2001.

[5] Ebd. Siehe Kapitel 2 von *Behind the Veil*: „Offensive War to Spread Islam.“

[6] Jacques Jomier, *How to Understand Islam* (New York: Crossroad, 1991), S. 20. Jomier sieht (wie wir auch) Parallelen zwischen dem Apostel Paulus und Umar.

[7] The Rightly-Guided Caliphs, www.usc.edu/dept/MSA/politics. firstfourcaliphs.html; besucht am 17. Dezember 2001.

[8] John Kelsay, *Islam and War* (Louisville: John Knox, 1993) S. 33–34.

[9] *Behind the Veil.* Siehe Kapitel 4: „Discrimination Between a Muslim and a Non-Muslim.“

[10] The Right-Guided Caliphs, S. 5–6.
[11] George Braswell, *Islam* (Nashville: Broadman & Holman, 1996), S. 26.
[12] Paul Halsall, „Medieval Sourcebook: Arabs, Franks, and the Battle of Tours, 732: Three Accounts", www.fordham.edu/halsall/source/732tours.htm; besucht am 17. Dezember 2001.
[13] Braswell, *Islam*, S. 31.
[14] Es gab damals durchaus auch Gruppen von Christen, die einen pazifistischen Standpunkt vertraten und sich nicht am Krieg beteiligten. Sie waren relativ zahlreich und wurden von der Amtskirche oft als Ketzer verfolgt. Man kann also nicht pauschal „die Christen" als Gesamtheit für die Kreuzzüge verantwortlich machen.
[15] Annalist of Nieder-Altaich, The Great German Pilgrimage of 1064–65, übers. von James Brundage, *Internet Medieval Sourcebook*, www.fordham.edu/halsall/source/1064pilgrim.html; besucht am 12. Februar 2002.
[16] The Mongol Empire: A Historical Website, www.geocities.com/Athens/Forum/2532/page2.html; besucht am 17. 12. 2001.
[17] Muhammad El-Halaby, „The Liberation of Constantinople", *Nida'ul Islam* (Juli–September 1996); www.islam.org.au; besucht am 17. Dezember 2001.
[18] J. Dominguez, Islam: The So-Many Totalitarian Regimes, www.biblia.com/islam/islam.htm; besucht am 17. Dezember 2001.
[19] Bernard Lewis, S. 50.
[20] Paul Marshall, *Their Blood Cries Out* (Dallas: Word, 1997), S. 44–68.
[21] H. Wayne Pipkin und John H. Yoder, *Balthasar Hubmaier, Theologian of Anabaptism* (Scottdale, Pa.: Herald, 1989), S. 62. Als „Wiedertäufer" wurden in der Reformationszeit jene christlichen Gruppen bezeichnet, die die Kindertaufe verwarfen und forderten, dass man sich als (glaubender) Erwachsener (nochmals) taufen lassen solle.

4. Der Koran – „Mutter des Buches"

[1] Jeder Vers wird als *aya* bezeichnet, was sowohl „Vers" als auch „Wunder" bedeuten kann. Mohammed behauptete, dass der Koran sein einziges Wunder sei, obwohl er zu seinen Lebzeiten noch nicht in schriftlicher Form existierte (damit meinte Mohammed die einzelnen Suren, die ja alle in den Gottesdiensten rezitiert wurden).
[2] Al-Waqidi berichtet über diese Angst und ebenso über eine extreme Abneigung Mohammeds gegen das Kreuz. Alles, was in sein Haus kam und die Kreuzform hatte, zerbrach er.
[3] al-Bukhari, Hadith, comp. and ed.: 6,477. (Nicht enthalten in der deutschen Hadith-Sammlung von al-Bukhari, *Nachrichten von Taten und Aussprüchen des Propheten Muhammad* (Stuttgart: Reclam, 1991).
[4] Eine eingehendere Analyse des Korans geben: Robert Morey, *The Islamic Invasion* (Eugene, Oregon: Harvest House, 1992) und Anis Shorrosh, *Islam Revealed* (Nashville: Thomas Nelson, 1988).

5. Sunna und Hadith – Die anderen Bücher

[1] M. M.Azami, *Studies in* Hadith *Methodology and Literature* (New York: American Trust, 1978), S. 23.

[2] *Survey of Islam* (Institute for the Study of Islam and Christianity, 2000), CD-ROM-Version, Kapitel 4.

[3] Die im Buchhandel erhältliche al-Bukhari-Ausgabe *Nachrichten von Taten und Ausprüchen des Propheten Muhammad* (Stuttgart: Reclam, 1991) ist nur eine Teilsammlung, die nicht die ursprüngliche Buch- und Kapiteleinteilung widerspiegelt. Die Hadith-Zitate in diesem Kapitel sind aus dem Englischen übersetzt.

[4] Vgl. Bill Musk, *Das unbekannte Gesicht des Islam* (Marburg: Francke, 1992), S. 217f.

[5] Malik b. Anas (gestorben 795) war Professor der Rechtswissenschaft und Gründer einer Rechtsschule, der über tausend Studenten gelehrt haben soll. Malik hat sein *Muwatta* sein Leben lang immer wieder revidiert.

[6] Aus: www.usc.edu/dept/MSA/fundamentals/hadithsunnah/.

[7] Ebd. Nach einem Referat, Islamic Society of Greater Kansas City, Kansas.

[8] Teile dieses Kapitels wurden von den Autoren erstmals als Referat in einem Seminar auf der Jahreskonferenz der International Evangelical Theological Society am 15. November 2001 in Colorado Springs (Colorado) vorgetragen.

6. Allah: Namen des Schreckens und des Ruhmes

[1] Der Moderator war Jason Martin, der Leiter von „Venue“, der Studentenmissionsgruppe der Denton Bible Church, und selber Student am Criswell College. Er leitete die Veranstaltung mit einer geistlichen Reife, die seinen Jahren weit voraus war; die Lage hätte jederzeit zu einem Tumult führen können, aber seine feste Hand ermöglichte einen fairen Meinungsaustausch. „Venue“ wie auch Campus für Christus erreichten das „fast Unmögliche“: eine offene Debatte zwischen Christen und Muslimen – ohne Gewalt der Fäuste oder der Worte.

[2] Norman Geisler und Abdul Saleeb, *Answering Islam* (Grand Rapids: Baker, 1993, 2. Auflage 2003, 9. Nachdruck), S. 13–14. Sie zitieren hier den muslimischen Autor Maurice Bucaille, *Bibel, Koran und Wissenschaft* (München: SKD Bavaria Verlag & Handel GmbH; Kuwait: Scientific Research House, 1984), S. 124. Das Buch von Geisler und Saleeb ist ein Standardwerk der christlichen Apologetik geworden und unseres Erachtens ein unverzichtbares Buch, wenn man von der Position der Autoren zur Bezeichnung von Allah als „Gott“ absieht.

[3] Ebd., mit Zitat aus Kenneth Cragg, *The Call of the Minaret* (New York: Oxford University Press, 1964), S. 36.

[4] Geisler und Saleeb, S. 17; sie zitieren Al-Bukhari, *The Translation of the Meanings of Sahih Al-Bukhari*, übers. von Muhammad Muhsin Khan (Al-Medina: Islamic University), 6,493–495.

[5] Die Liste von Muhammad al-Mandani ist abgedruckt in Geisler und Saleeb, *Answering Islam*, S. 22–24. Die Liste von Abu Huraira findet sich in H.U. Weitbrecht Stanton, *The Teaching of the Qu'ran* (New York: Biblio and Tannen, 1969), S. 33.

7. Die Fünf Pfeiler

[1] Evan Thomas, „American Taliban", *Newsweek* (17. Dezember 2001), S. 30.
[2] Charles Colson, „The Strange Odyssey of John Walker", *Breakpoint with Charles Colson* (17. Dezember 2001), S. 2.
[3] George Braswell, *Islam* (Nashville: Broadman and Holman, 1996), S. 59–60.
[4] Ishaq Zahid, „The Five Pillars of Islam", http://islam101.com/dawah/pillars.html#Salah; besucht am 17. Dezember 2001.
[5] Braswell, *Islam*, S. 62.
[6] www.usc.edu/dept/MSA/law/fiqhussunnah/fus1_02.html; besucht am 17. Dezember 2001.
[7] George Braswell, *What You Need to Know About Islam and Muslims* (Nashville: Broadman and Holman, 2000), S. 33.
[8] Braswell, *Islam*, S. 63. Es ist in der Hadith-Literatur umstritten, ob das Gemeinschaftsgebet nur 25 oder sogar 27 Mal besser ist als das private. Vgl. Adel Theodor Khoury, *So sprach der Prophet*, Nr. 256.
[9] www.unn.ac.uk/societies/islamic/islam/charity.htm; besucht am 17. Dez. 2001. Diese Website ist auch unter dem Titel „About Islam and Muslims" bekannt.
[10] Sheikh Tajuddin B. Shu'aib, „Essentials of Ramadan, The Fasting Month", www.usc.edu/dept/MSA/fundamentals/pillars/fasting/tajuddin/fast_1.html; besucht am 17. Dezember 2001.
[11] Michael Wolfe, „An American in Mecca" (18. April 1997), abcnews.com; besucht am 18. Dezember 2001.
[12] Braswell, *What You Need to Know*, S. 36.
[13] Richard Sheinin, „Journey to the Heart", *San Jose Mercury News* (4. April 1998).
[14] Braswell, *What You Need to Know*, S. 36.
[15] Ebd., S. 36–37.
[16] Council on Islamic Education, „Hajj Intro for People of Other Faith", http://islamicity.com/mosque/hajj/hajjintro.htm; besucht am 18. Dez. 2001.

8. Frauen: Liebe, Ehe, Besitz

[1] Die Namen der Personen in dieser wahren Geschichte sind geändert.
[2] Hadith 7,30 und 7,33. Das 7. Hadith-Kapitel enthält auch eine Ermahnung gegen das Tragen von Perücken: „Gott [Allah] verflucht die Frauen, die künstliches Haar herstellen oder tragen!" (7,133; Sahih al-Bukhari, *Nachrichten von Taten und Aussprüchen des Propheten Muhammad*, S. 421).
[3] In Sure 4,3 heißt es: „Und so ihr fürchtet, nicht Gerechtigkeit gegen die Waisen zu üben, so nehmt euch zu Frauen, die euch gut dünken, (nur) zwei oder drei oder vier; und so ihr (auch dann) fürchtet, nicht billig zu sein, heiratet nur eine oder was eure Rechte [Hand] (an Sklavinnen) besitzt. Solches schützt euch eher vor Ungerechtigkeit." Manche muslimischen Koranausleger halten dies für eine Ermahnung zur Gütigkeit, doch man beachte, wie dieses System die Entscheidung darüber, ob er für mehrere Frauen sorgen kann, ganz dem Mann überlässt; seine Frau hat keinerlei Mitspracherecht, wenn er sich eine zusätzliche Frau nimmt. Neuerdings kann dies aber in einem Ehevertrag festgelegt werden, dass die Zustimmung der 1. Frau notwendig ist.

[4] Hadith 7,64. Mohammed war damals 55 Jahre alt.
[5] Auf Arabisch: *Hia thaman, wa alaiha dhaman.*
[6] Es gibt Spekulationen, dass Chadidja aus einer koptischen Familie kam und dass ihre Interpretation der Natur Jesu möglicherweise Mohammeds Christus-Bild beeinflusste.
[7] Die Burka ist heutzutage ein Gewand, das die Frau von Kopf bis Fuß verhüllt, einschließlich einer speziellen Bedeckung für die Augen.
[8] Nach Al Hakim geht dieser Ausspruch auf Mohammed zurück.
[9] Für einen Vergleich der Strafen für Unzucht mit den Strafen etwa für Diebstahl siehe P. Newton, M. Rafiqul Haqq, *Ist Allah Gott? Frauen im Islam – Toleranz im Islam* (Uhldingen: Stephanus, 1995), S. 10–50. Bereits der zufällige äußerliche Kontakt mit einer Frau macht einen Mann unrein.

9. Erlösung: Auf der Waage

[1] www.arabianebazaar.com/ac/convv.htm; besucht am 1. Dezember 2001.
[2] Norman Geisler und Abdul Saleeb, *Answering Islam* (Grand Rapids: Baker, 1993), S. 126.

10. Heilige Tage: Der islamische Kalender

[1] Das Abendland ist nicht ohne seine eigenen Kalenderprobleme. Den von Papst Gregor XIII. eingeführten Gregorianischen Kalender mit seinen 365 und einviertel Tagen gibt es erst seit 1582, in den USA gar erst seit Mitte des 18. Jahrhunderts. Die Russen benutzten den Vorgänger des Gregorianischen Kalenders, den Julianischen Kalender, bis ins 20. Jahrhundert hinein, mit dem Ergebnis, dass z. B. 1908 die russische Mannschaft mit 12 Tagen Verspätung zu den Olympischen Spielen in London anreiste.
[2] Die Muslime feiern auch *Maulid al-Nabi*, den Geburtstag Mohammeds; 2002 fiel er auf den 24. Mai.

11. Islamische Denominationen und Sekten

[1] Ignaz Goldziher, *Introduction to Islamic Theology and Law* (Princeton, N. J.: Princeton University Press, 1981), S. 167.
[2] Charles Waddy, *The Muslim Mind* (London: Longman, 1976), S. 151ff.
[3] Phil Parshall, *Bridges to Islam* (Grand Rapids: Baker, 1983), S. 31–37.
[4] Weitere Informationen über die Nation of Islam gibt Vibert L. White, *Inside the Nation of Islam: A Historical and Personal Testimony by a Black Muslim* (Orlando: University of Florida Press, 2001).
[5] Zum Islam in Deutschland siehe: Ursula Spuler-Stegemann, *Muslime in Deutschland*, Freiburg (Herder), 3. Aufl. 2002.

12. Die Illusion der Religionsfreiheit: Terrorismus von innen

[1] Paul Marshall, *Their Blood Cries Out: The Worldwide Tragedy of Modern Christians Who Are Dying for Their Faith* (Dallas: Word, 1997), S. 18. Dieses Buch ist ein „Muss“ für jeden, der sich einen fundierten Überblick über Christenverfolgungen in heutiger Zeit verschaffen möchte. Einen Großteil des Materials in diesem Kapitel haben wir von Marshall übernommen.

[2] Dies sind nur einige der „Höhepunkte“ in diesem Dokument.
[3] Marshall, *Their Blood Cries Out*, S. 49–50.
[4] Mittlerweile gibt es auch in verschiedenen Ländern Europas Trends zur Einschränkung der Religionsfreiheit durch entsprechende Gesetze. Von den „großen“ Kirchen, die solche Gruppen gerne in die Sektenecke stellen, gibt es kaum Widerstand gegen diese Entwicklung.
[5] Siehe im Internet persecution.org und projectpersecution.org. Hier erfahren Sie auch, wie Sie helfen können.
[6] „Prayer for the Persecuted Church in Sudan“, CBN News, 12. Dez. 1999.
[7] Marshall, *Their Blood Cries Out*, S. 21–22.

13. Das Blut des Djihad

[1] Veröffentlicht in *Al-Quds al'Arabi*, 23. Februar 1998. Übersetzung und Hervorhebungen von den Autoren dieses Buches.
[2] Dieser Hadith findet sich in der Sammlung von al-Bukhari, *Nachrichten von Taten und Aussprüchen des Propheten Muhammad* auf S. 299 in folgender Formulierung: „Nach der Eroberung Mekkas gibt es keine Auswanderung (= Hidjra) mehr! Aber es gibt weiterhin den Einsatz für die Sache Gottes und die Absicht, diesem Gebot nachzukommen! Wenn ihr zum Einsatz für die Sache Gottes aufgefordert werdet, so kommt diesem Ruf unverzüglich nach!“ Der verharmlosende Effekt der Formulierung „Einsatz für die Sache Gottes“ ist deutlich. (Anmerkung des Übersetzers)
[3] Der Ausdruck „Volk der Schrift“ (*ahl al-kitab*) ist eine übliche koranische Bezeichnung für Juden und Christen.
[4] Es ist interessant, wie Mohammed seine Bereitschaft zum Kampf segnete.
[5] Der vollständige Text: islamrview.com/articles/religiousmindset.html (25. November 2001).
[6] „Letters to the attack leaders“, freigegeben vom United States Federal Bureau of Investigation, *The Washington Post*, 28. September 2001, A18.

14. Kampf der Kulturen: Das Christentum in den Augen des Durchschnittsmuslims

[1] Philip Yancey, „Letter from a Muslim Seeker“, in: *Christianity Today* 45.15 (3. Dezember 2001), S. 80.
[2] Ebd., S. 81.
[3] Ishaq Zahid, „Allah in the Bible?“, www.islam101.com/religions/arbible.htm; besucht am 13. Dezember 2001.
[4] Wendy Murray Zoba, „How Muslims See Christianity“, in: *Christianity Today* 44.4 (3. April 2000), S. 40.
[5] Norman Geisler und Abdul Saleeb, *Answering Islam* (Grand Rapids: Baker, 1993), S. 207.
[6] George Braswell, *What You Need to Know about Islam and Muslims* (Nashville: Broadman and Holman, 2000), S. 64.

[7] Genaueres zu diesem Thema bei Geisler und Saleeb, *Answering Islam*, S. 271–286. Siehe auch F.F. Bruce / Eberhard Güting, *Außerbiblische Zeugnisse über Jesus und das frühe Christentum*, Gießen (Brunnen-Verlag) 3. Auflage 1993.

15. Jesus im Koran

[1] Andy Bannister, „The Quest for the Lost Jesus", answeringislam.org/Andy/quest1. htm; besucht am 10. Dezember 2001.

[2] Es sei hier erwähnt, dass liberale Gelehrte manchmal Quellen benutzen, die nicht als kanonisch gelten, wie z. B. das außerbiblische Thomasevangelium. Weiter gibt es etliche nichtchristliche Historiker, die die Kreuzigung Jesu bestätigen. Siehe ausführlich dazu: F. F. Bruce / Eberhard Güting, *Außerbiblische Zeugnisse über Jesus und das frühe Christentum*, Gießen (Brunnen-Verlag) 3. Auflage 1993.

[3] Dieses Zitat aus Josephus, *Jüdische Altertümer*, Buch 18, Kap. 3.3 (Übersetzung von Heinrich Clementz, Wiesbaden: Fourier-Verlag, 8. Aufl. 1989) ist die längste Erwähnung Jesu in nichtchristlichen Quellen aus dem 1. Jahrhundert n. Chr. (Josephus schrieb sein Werk in den Jahren 93–94). Ca. 200 Jahre später wird es in der *Kirchengeschichte* des Eusebius von Caesarea wiederholt (Buch 1, Kap. 11.7–8; deutsche Ausgabe: München: Kösel-Verlag, 3. Aufl. 1989). Einige Teile des Originalzitats des Josephus sind möglicherweise spätere Einfügungen. Wir haben diese in unserem Zitat im Sinne größtmöglicher Authentizität nicht wiedergegeben. Eine eingehendere Diskussion der Authentizität dieser wichtigen historischen Erwähnung gibt Paul L. Maier in seiner Josephus-Ausgabe: Paul L. Maier (Hg.), *Josephus. Ein Zeuge aus der Zeit Jesu berichtet* (Neuhausen-Stuttgart: Hänssler, 1994), S. 284f.

[4] Babylonischer Talmud, *Sanhedrin* 43a. Hier zitiert nach: *Der Talmud* (Ausgewählt, übersetzt und erklärt von Reinhold Mayer, München: Goldmann, 5. Aufl. 1980), S. 207.

[5] C. Plinius Caecilius Secundus, *Sämtliche Briefe* (Zürich: Artemis, 1969), S. 423f. (10. Buch, Brief 96); siehe auch F. F. Bruce/Eberhard Güting (Anmerkung 2).

[6] Dies steht in Widerspruch zu Christi Selbstaussage in Johannes 8,58: „Wahrlich, wahrlich, ich sage euch: Ehe Abraham wurde, bin ich." Dieser Vers ist nicht nur ein Hinweis auf die Präexistenz Jesu vor seiner Geburt, sondern auch eine Bekräftigung seiner Göttlichkeit; Jahwe selber hatte sich in 2. Mose 3,14 als der „Ich bin" geoffenbart (Elberfelder Übers.).

[7] Al-Madinah An-Nabawiyah (Hg.), *The Holy Qur'an* (Saudi-Arabien: King Fahd Printing Complex, 1956), S. 686.

[8] George Braswell, *What You Need to Know About Islam and Muslims* (Nashville: Broadman and Holman, 2000), S. 120.

16. Wie erreiche ich meine muslimischen Mitmenschen?

[1] Norman Geisler und Abdul Saleeb, *Answering Islam* (Grand Rapids: Baker, 1993), S. 212.